Bernhard Gotto, Horst Möller, Jean Mondot, Nicole Pelletier (Hrsg.)
Nach „Achtundsechzig"

Schriftenreihe der Vierteljahrshefte für Zeitgeschichte
Sondernummer

Im Auftrag des
Instituts für Zeitgeschichte München – Berlin

herausgegeben von
Helmut Altrichter, Horst Möller,
Andreas Wirsching

Oldenbourg Verlag München 2013

*Bernhard Gotto, Horst Möller, Jean Mondot,
Nicole Pelletier (Hrsg.)*

Nach „Achtundsechzig"

Krisen und Krisenbewusstsein in Deutschland
und Frankreich in den 1970er Jahren

Oldenbourg Verlag München 2013

Bibliografische Information der Deutschen Nationalbibliothek

Die Deutsche Nationalbibliothek verzeichnet diese Publikation in der Deutschen Nationalbibliografie; detaillierte bibliografische Daten sind im Internet über http://dnb.d-nb.de abrufbar.

© 2013 Oldenbourg Wissenschaftsverlag GmbH
Rosenheimer Straße 143, D-81671 München
Tel: 089 / 45051-0
www.oldenbourg-verlag.de

Das Werk einschließlich aller Abbildungen ist urheberrechtlich geschützt. Jede Verwertung außerhalb der Grenzen des Urheberrechtsgesetzes ist ohne Zustimmung des Verlages unzulässig und strafbar. Das gilt insbesondere für Vervielfältigungen, Übersetzungen, Mikroverfilmungen und die Einspeicherung und Bearbeitung in elektronischen Systemen.

Titelbild: Bundeskanzler Helmut Schmidt im Gespräch mit Valéry Giscard d´Estaing, Präsident Frankreichs während einer Pressekonferenz, 11. Juli 1980; Fotograf: Engelbert Reineke; Presse- und Informationsamt der Bundesregierung, B 145 Bild-00011969
Einbandgestaltung: hauser lacour
Konzept und Herstellung: Karl Dommer
Satz: Typodata GmbH, Pfaffenhofen a.d. Ilm
Druck+Bindung: Grafik+Druck GmbH, München

Dieses Papier ist alterungsbeständig nach DIN/ISO 9706

ISBN   978-3-486-72195-9
eISBN   978-3-486-74343-2

Inhalt

Vorwort der Herausgeber VII

1. Politik- und Ideengeschichte

Horst Möller
Die 1970er Jahre als zeithistorische Epochenschwelle 1

Udo Wengst
Die unregierbare Demokratie? Parteien und politisches System in der
Bundesrepublik Deutschland in den 1970er Jahren 13

Sylvie Guillaume
L'actualité du discours libéral dans les années 1970–1980 23

Bernhard Gotto
Von enttäuschten Erwartungen: Willy Brandts „Mehr Demokratie wagen"
und Valéry Giscard d'Estaings „Démocratie française" 31

2. Gesellschaft und Kultur

Jean-François Sirinelli
1973–1974: la fin des „Trente Glorieuses", mais le cœur des „Vingt
Décisives" 45

Hélène Miard-Delacroix
Le choc pétrolier et la crise de société en Allemagne et en France 51

Pierre Guillaume
Les ajustements de l'Etat-providence en France dans les années
soixante-dix 61

Bernard Poloni
La citoyenneté dans l'entreprise: une asymétrie franco-allemande 69

Nicole Pelletier
„1968 et après?" Le regard de Peter Schneider 79

3. Internationale Beziehungen und internationale Entwicklungen

Georges-Henri Soutou
La France et la RFA au milieu des années 70: une prise de distance à
l'égard des Etats-Unis? 91

Veronika Heyde
Entspannung, Menschenrechte, Abrüstung: Die KSZE-Politik Frankreichs
in den 1970er Jahren 105

Verena Sattler
Frankreichs Nahostpolitik während der Präsidentschaft von Georges
Pompidou (1969–1974) 121

4. Terrorismus und innere Sicherheit

Markus Lammert
Die Unruhen vom Mai 1968 und die Politik der inneren Sicherheit in
Frankreich 135

Jean Mondot
Le terrorisme des années 70 en RFA vu de France et de gauche. Quelques
moments forts 147

Eva Oberloskamp
Terrorismusbekämpfung und Immigrationskontrolle. Zur deutsch-
französischen Zusammenarbeit der Innenministerien in den 1970er
Jahren 161

Anhang

Forschungsliteratur und gedruckte Quellen 177

Abkürzungen 186

Personenregister 191

Autorinnen und Autoren 194

Vorwort der Herausgeber

Nach dem vorhergehenden 2012 veröffentlichten Band „Krisen und Krisenbewusstsein in Deutschland und Frankreich in den 1960er Jahren" legt die deutsch-französische Arbeitsgruppe der Universität Bordeaux 3 und des Instituts für Zeitgeschichte München-Berlin ein weiteres Ergebnis vor, an dem wiederum auch Historiker und Literaturwissenschaftler anderer französischer Universitäten beteiligt sind, darunter der Universität Paris-Sorbonne (Paris IV), des Instituts d'études politiques Paris (Sciences Po), der Universität Orléans und der Universität Metz. Die für die Veröffentlichung bearbeiteten Beiträge gehen auf eine Arbeitstagung im IfZ in München im September 2010 zurück und behandeln unter anderem die Frage, wie sich die Dialektik von Krisen und Krisenbewusstsein nach dem Schlüsseljahr 1968 in der Bundesrepublik Deutschland und Frankreich entwickelt hat und wie die Signatur der 1970er Jahre durch sie geprägt wurde. Dieses Jahrzehnt wird nicht allein in der Geschichtswissenschaft beider Länder intensiv erforscht, sondern gilt gemeinhin als Epochenschwelle, die zahlreiche Deutungsversuche und begriffliche Einordnungen provoziert hat. Neben der historiographischen Diskussion konzentrieren sich die Autoren auf das politische System beider Länder, die Parteien, die gesellschaftlichen und soziokulturellen, die wirtschaftlichen und die außenpolitischen bzw. internationalen Tendenzen, schließlich die unterschiedlichen Wahrnehmungen des Terrorismus und seine Bekämpfung. Dabei weisen Krisen und Krisenbewusstsein während der 1970er Jahre zwar Kontinuitäten zum vorhergehenden Jahrzehnt auf, gehen aber zum Teil auf ganz andere Ursachen oder Ausgangspunkte zurück, beispielsweise den ‚Ölschock' von 1973.

Wieder zeigen die unterschiedlichen Perspektiven und thematischen Schwerpunkte, vor allem die vergleichenden Fragestellungen, den Gewinn gegenüber monothetischen oder national begrenzten Vorgehensweisen. Sie beweisen aber auch die geringe Reichweite restriktiver Deutungen, die aus der Untersuchung nur eines Sektors Gesamtinterpretationen ableiten, die der Widersprüchlichkeit und Vielfalt der historischen Realität nicht gerecht werden.

Erneut handelt es sich um eine höchst angenehme und fruchtbare Erfahrung der freundschaftlichen Kooperation von Wissenschaftlern beider Länder, die umso wichtiger ist, als in der öffentlichen Debatte derzeit eher die Unterschiede als die in Jahrzehnten gewachsenen Gemeinsamkeiten betont werden: Die deutsch-französische Freundschaft hat sich erfreulicherweise in vielen Sektoren entwickelt, die bilateralen Aktivitäten beschränken sich nicht auf aktuelle europapolitische Diskussionen, wie oft suggeriert wird.

Die Vorbereitung der Tagung durch die Herausgeber und im Institut für Zeitgeschichte wurde auf französischer Seite wiederum von Sylvie Guillaume, Professorin für Zeitgeschichte an der Universität Bordeaux 3, unterstützt, im Institut war Annette Wöhrmann einmal mehr eine unentbehrliche Helferin. Für tatkräftige Hilfe bei der Vorbereitung des Manuskripts für den Druck danken wir überdies Anna Greithanner. Der Dank der Herausgeber gilt auch dem Oldenbourg Verlag und der zuständigen Lektorin Gabriele Jaroschka.

In der Überzeugung, dass die Wissenschaft beider Länder zumal in den Geisteswissenschaften von ihrer jeweiligen Sprachkultur nicht zu trennen ist, wurden die Beiträge in der Originalsprache belassen, in denen sie die Autoren zur Diskussion gestellt haben. Wie der vorausgehende Band – und das 2008 von Nicole Pelletier herausgegebene Buch „Crises et conscience de crise dans les pays de langue allemande (années vingt et trente)" – strebt auch das nun vorgelegte letzte Werk zu den vier gemeinsamen Kolloquien keine enzyklopädische Gesamtschau an, sondern problemorientierte Zugriffe, die nicht abschließen, sondern aufschließen, also die wissenschaftliche Diskussion multiperspektivisch anregen sollen.

Bordeaux und München,   Horst Möller
im Februar 2013   Jean Mondot
                                                                       Nicole Pelletier
                                                                       Bernhard Gotto

Horst Möller
Die 1970er Jahre als zeithistorische Epochenschwelle

Die begriffliche Einordnung

Kaum je ist ein so kurzer Zeitraum mit so zahlreichen und so widersprüchlichen Epitheta charakterisiert worden[1]. „Ende der Nachkriegszeit", „Nach dem Boom"[2], „Les vingt décisives"[3], „Postmoderne"[4], „Krise des Sozialstaats", „Wertewandel"[5], „Umgründung der Bundesrepublik"[6], „Reformära"[7], „Dritte Industrialisierung", Übergang zur „nachindustriellen Gesellschaft"[8], „Krise des Spätkapitalismus"[9], „Risikogesellschaft"[10], „Postfordismus"[11] usw.

Ach wie schön wäre es, hätten wir zwar noch nicht den Stein der Weisen, so doch wenigstens den weisen Begriff gefunden. Doch ein kritischer Blick auf den Gehalt mehrerer dieser Charakterisierungen zeigt schnell: Die Analyse der Epochenschwelle der 1970er Jahre müsste mit einer Dekonstruktion einsetzen, doch nicht im Sinne von Jacques Derrida und Michel Foucault einer Dekonstruktion der Quellentexte, sondern derjenigen Begriffe, die zur Charakterisierung der Epoche den Quellen übergestülpt worden sind.

Ich begnüge mich mit wenigen Stichworten und beginne mit dem Wort ‚Postmoderne', dem Titel des gleichnamigen 1979 veröffentlichten Buches von Jean-François

---

[1] Vgl. die Überblicke bei Hans-Peter Schwarz, Der Ort der Bundesrepublik in der deutschen Geschichte, Opladen 1996; Andreas Rödder, Die Bundesrepublik Deutschland 1969–1990, München 2004, S. 118–121; Edgar Wolfrum, Die Bundesrepublik Deutschland 1949–1990, Stuttgart 2005, S. 65–76; Axel Schildt, Die Sozialgeschichte der Bundesrepublik Deutschland bis 1989/90, München 2007, S. 67–86; Alexander Gallus, Zäsuren in der Geschichte der Bundesrepublik, in: Hans-Peter Schwarz, Die Bundesrepublik Deutschland: Eine Bilanz nach 60 Jahren, Köln/Weimar/Wien 2008, S. 35–56; Thomas Raithel/Andreas Rödder/Andreas Wirsching (Hrsg.), Auf dem Weg in eine neue Moderne? Die Bundesrepublik Deutschland in den siebziger und achtziger Jahren, München 2009.
[2] Anselm Doering-Manteuffel/Lutz Raphael, Nach dem Boom. Perspektiven auf die Zeitgeschichte seit 1970, Göttingen 2008.
[3] Jean-François Sirinelli, Les vingt décisives. Le passé proche de notre avenir 1965–1985, Paris 2007.
[4] Jean-François Lyotard, La condition postmoderne. Rapport sur le savoir, Paris 1979; die deutsche Übersetzung erschien 1986 unter dem Titel „Das postmoderne Wissen. Ein Bericht".
[5] Ronald Inglehart, The Silent Revolution. Changing Values and Political Styles among Western Publics, Princeton 1977.
[6] Manfred Görtemaker, Geschichte der Bundesrepublik Deutschland. Von der Gründung bis zur Gegenwart, München 1999, S. 475.
[7] Hans Günther Hockerts, Rahmenbedingungen: Das Profil der Reformära, in: ders. (Hrsg.), Geschichte der Sozialpolitik in Deutschland seit 1945, Bd. 5: Bundesrepublik Deutschland 1966–1974. Eine Zeit vielfältigen Aufbruchs, Baden-Baden 2006, S. 1–155.
[8] Daniel Bell, Die nachindustrielle Gesellschaft, Reinbek bei Hamburg 1979.
[9] Jürgen Habermas, Legitimationsprobleme im Spätkapitalismus, Frankfurt am Main 1973.
[10] Ulrich Beck, Risikogesellschaft. Auf dem Weg in eine andere Moderne, Frankfurt am Main 1986.
[11] Amin Ash (Hrsg.), Post-Fordism. A Reader, Oxford/Cambridge 1994.

Lyotard: Linguistisch gesehen bringt die Charakterisierung ‚post' wenig, außer der Feststellung, ein Phänomen liege zeitlich nach einem anderen, ist damit nichts gesagt: So sind wir alle beispielsweise post-antik. Na und? Und was heißt in Bezug auf die 1970er Jahre Moderne? Welche Moderne? Haben wir nicht schon die ‚Frühmoderne' am Beispiel des ‚frühmodernen Staates', die Klassische Moderne für die Kunst des frühen 20. Jahrhunderts – ein Begriff, der dann etwas verkrampft auf die Politik der 1920er Jahre übertragen wird?!

Wird der Begriff ‚Moderne' nicht mehr epochenspezifisch verwandt, dann wird er noch inhaltsleerer, als dies das Beispiel des Begriffs ‚Renaissance' zeigt: Dann gibt es viele Renaissancen, folglich konnten die Mediävisten von ‚karolingischer Renaissance' sprechen und Erwin Panofsky ein Buch über „Renaissancen in der europäischen Kunst"[12] schreiben – vom Begriff Moderne jedoch kann man nicht einmal einen Plural bilden. Eins steht jedenfalls fest: Jede Epoche, jede Generation fühlt sich moderner als die vorherige und sich insofern ihr überlegen seit das Fortschrittspathos der Aufklärung jegliche Tradition unter permanenten Legitimationsdruck gesetzt hat: ‚La Querelle des Anciens et des Modernes' des 17. und 18. Jahrhunderts zeigt das sehr klar. Marc Fumaroli hat daraus gefolgert: „La question est résolue: ‚Les anciens sont les anciens, et nous sommes les gens de maintenant' a tranché depuis les XVII siècle l'Angélique du M a l a d e i m a g i n a i r e de Molière. Cette adorable jeune fille avait raison, comme ont toujours raison toutes les jeunes générations qui veulent vivre avant de se souvenir."[13] Tatsächlich folgt eine Moderne der anderen, tatsächlich sagt dies über den Gehalt nichts aus, zumal jede Moderne stets auch postmodern ist. Aber im Gegensatz zu Angélique ist das Geschäft des Historikers, unser Geschäft also, die – professionalisierte Erinnerung.

Wenden wir uns nun der Kennzeichnung „Nach dem Boom" zu. Zunächst provoziert sie die Frage, nach welchem Boom, und dann: wie lange nach dem Boom und vielleicht auch vor welchem Boom! Wirtschaftliche Wechsellagen, konjunkturelle Abschwünge und Einbrüche sind die Regel in der Wirtschaftsgeschichte und haben grundsätzlich soziale Folgen, darunter eine ‚Krise des Sozialstaats'. Viel interessanter ist da schon die Frage, die zum Kern der 1970er Jahre führt: Woran liegt es, dass Wachstum derart als Normalfall der wirtschaftlichen Entwicklung angesehen wird, dass kein Politiker – und inzwischen auch kaum ein Historiker – es wagt, auf den Begriff zu verzichten und sich alle in den sprachlichen Unsinn ‚Null-Wachstum' oder gar ‚Negativ-Wachstum' flüchten? Und hier wird eine weitere Crux solcher Deutungen erkennbar, nämlich die sektorielle Reduktion einer Epochenkennzeichnung auf das Wirtschaftswachstum und die damit verbundenen Indikatoren, in diesem Fall für die 1970er Jahre die rapide wachsende Arbeitslosigkeit, die strukturelle und nicht konjunkturelle Ursachen hat und deshalb bis heute auf ungleich höherem Niveau als während der 1970er Jahre anhält. Die wirtschaftlichen Krisensymptome sind also nicht bloß ein Charakteristikum der 1970er Jahre, sondern Indikatoren einer damals begin-

---

[12] Erwin Panofsky, Die Renaissancen der europäischen Kunst, Frankfurt am Main 1979. Erstmals erschien das Buch 1960 in Stockholm unter dem Titel „Renaissance and Renascences in Western art".
[13] Marc Fumaroli, Les abeilles et les araignées, in: La querelle des anciens et des modernes. XVIIe–XVIIIe siècles, Paris 2001, Klappentext sowie S. 198. Das Molière-Zitat: Le malade imaginaire, in: Œuvres de J.B. Poquelin de Molière, t. 8, Paris 1811, S. 250.

nenden langfristigen Entwicklung: Insofern trifft natürlich die ökonomische Diagnose eines Umbruchs in diesem Jahrzehnt zu, da alle folgenden Auf- und Abschwünge, alle zwischenzeitliche konjunkturelle Belebung nichts an der tatsächlich hohen ‚Sockelarbeitslosigkeit' geändert haben – auch wenn es einen wesentlichen Unterschied macht, ob die Erwerbslosigkeit in Deutschland heute etwas unter drei Millionen statt wie vor zehn Jahren über fünf Millionen liegt. Doch sind die absoluten Zahlen allein nicht aussagekräftig, da die Bezugsgrößen – also die Einwohner- bzw. Erwerbsfähigenzahl – der alten und der neuen Bundesrepublik seit 1990 unterschiedlich sind.

Aber natürlich heißt ‚nach dem Boom' auch nach den ‚trente glorieuses' – aber waren es trotz des Wachstums denn wirklich dreißig ausschließlich glorreiche Jahre, steckte nicht zumindest das erste Nachkriegsjahrzehnt voller Schwierigkeiten? Hatte es nicht bereits Mitte der 1960er Jahre einen Abschwung gegeben, der die Zeitgenossen zu einem wirtschaftlich begründeten Krisenbewusstsein geführt hatte – auch wenn unter heutiger Perspektive die damaligen Krisensymptome ausgesprochen niedlich erscheinen? Mit anderen Worten: Alle hier genannten Periodisierungsbegriffe sind Relationsbegriffe und Perzeptionen, die die 1970er Jahre, aber auch alle anderen Epochen, in Beziehung zueinander setzen und sich deshalb durch die wechselnden Perspektiven immer neuer Gegenwart ständig verändern. Und mit dem Begriff Moderne verhält es sich übrigens nicht anders.

Eine wesentliche Differenz liegt allerdings in der Frage, ob die Epochenkennzeichnung der 1970er Jahre inhaltlich – oder nur wie in den eben genannten Termini – bloß temporal oder formal definiert wird. ‚Nach dem Boom' oder nach den ‚trente glorieuses' trifft natürlich bei allen hier gemachten Einschränkungen die Tatsache des Wandels. Inhaltliche Bewertungen aber, wie ‚postindustriell', ‚dritte Industrialisierung' usw. enthalten neben aufschließenden Aspekten grundsätzlich auch irreführende. Natürlich leben wir nach wie vor in einer industriellen Welt, selbst wenn es – beispielsweise im Ruhrgebiet oder in den neuen Bundesländern – zweifelsfrei De-Industrialisierungen gibt. Und die Revolution der Informationstechnologie verändert zwar die industrielle Welt, schafft sie aber nicht ab. Der Nachteil dieser Begrifflichkeit liegt im übrigen in seiner Reduktion, nicht allein der thematischen, sondern der nationalen – also der Reduktion auf die hochindustrialisierten Staaten. Zugleich aber erleben wir in anderen Regionen der Welt, beispielsweise in China, eine derart rasante, nachgeholte Industrialisierung in den Metropolregionen des Landes, die jedes vorher bekannte Tempo weit überschreitet. Der Begriff ‚postindustriell' ist also nur von sehr begrenzter Reichweite. Ich breche hier die Diskussion über generelle Charakterisierungen der 1970er Jahre ab. Trotz meiner kritischen Bemerkungen treffen die erwähnten Begriffe einen wichtigen Punkt, den zweifellos in den europäischen Industriegesellschaften einsetzenden, langfristigen strukturellen Wandel von Wirtschaft, Gesellschaft und Kultur: Doch diese Feststellung allein reicht wegen ihres Abstraktionsgrads nicht aus, den Epochenumbruch der 1970er Jahre zu charakterisieren.

Die zeitliche Dimension

Die Begriffe Jahrzehnt, Jahrhundert oder vergleichbarer Zeiteinheiten sind keine inhaltlichen Kategorien. Deswegen haben manche Historiker Zuflucht zu sprachlich seltsamen Formulierungen wie das ‚lange' 19. Jahrhundert oder das ‚kurze' 20. Jahrhundert gesucht, beispielsweise Eric Hobsbawm, um die inhaltliche Füllung eines formalen Zeitabschnitts zu ermöglichen, das ‚lange' 19. Jahrhundert reicht dann von 1789 bis 1914, das ‚kurze' 20. als ‚Zeitalter der Extreme' von 1914 bis 1989/91[14]. Können damit, obwohl sich diese Kennzeichnung schon zur Mode entwickelt hat, wirklich interpretatorische Zugänge eröffnet werden? Lassen sich nicht mit ebenso stichhaltiger Begründung andere Abgrenzungen denken, etwa ein Zeitalter der Revolutionen von 1789 bis 1848/49, das sich klar von den Jahrzehnten zwischen 1850 und 1914 unterscheidet? Und sind die Jahrzehnte zwischen 1917/18 und 1945 nicht stärker von den Jahren 1945 bis 1989/91 zu differenzieren als mit ihnen in einem Zeitalter zu identifizieren? Auf die Probleme solcher zeitlichen Abgrenzungen gehe ich jedoch nur am Beispiel der 1970er Jahre ein:

Es versteht sich, dass die Jahreswenden 1970 bzw. 1980 keine hinreichende inhaltliche Signifikanz für eine Epochenabgrenzung besitzen, weshalb deutsche Historiker meist die Jahre 1969 und 1982 nennen, die die zeitgeschichtliche Periode der 1970er Jahre begrenzen. Bleiben wir einen Augenblick bei der Geschichte der Bundesrepublik. Sie erlebte in diesem Zeitraum unterschiedliche, ja gegensätzliche Tendenzen: zuerst den zukunftsorientierten, visionären Aufbruch Willy Brandts mit umfassend gedachten und partiell realisierten Gesellschaftsreformen, mit der schließlich scheiternden Überzeugung der systematischen Planbarkeit der Politik, für die Horst Ehmke stand und die er selbst später so charakterisierte: „Aber das Ganze blieb Stückwerk"[15], schließlich der konsequent gewollten und umgesetzten Ost- und Deutschlandpolitik und den berühmten Worten der ersten Regierungserklärung Brandts vom 28. Oktober 1969: „Wir wollen mehr Demokratie wagen"[16] und dem ebenso programmatischen Schluss: „In den letzten Jahren haben manche in diesem Lande befürchtet, die zweite deutsche Demokratie werde den Weg der ersten gehen. Ich habe das nie geglaubt. Ich glaube dies heute weniger denn je. Nein: Wir stehen nicht am Ende unserer Demokratie, wir fangen erst richtig an"[17]. Die Opposition reagierte mit empörten Rufen, die neuen Regierungsparteien mit anhaltendem und lebhaftem Beifall, wie das Protokoll vermerkt. Doch schon die Regierungserklärung Willy Brandts am 18. Januar 1973, nach einem grandiosen Wahlsieg, einer schwierigen Kabinettsbildung und der faktischen Kaltstellung Ehmkes klang nicht mehr nach neuen Ufern, sondern bescheiden – resigniert: „Machen wir uns an die Arbeit, tun wir unsere Pflicht."[18]

Wenn Helmut Schmidt boshaft bemerkte, „Wer Visionen hat, sollte zum Arzt gehen", so war das wohl nicht zuletzt auf Willy Brandt gemünzt. Und auch seine im

---

[14] Vgl. Eric Hobsbawm, Das Zeitalter der Extreme. Weltgeschichte des 20. Jahrhunderts, München 1995.
[15] Horst Ehmke, Mittendrin. Von der großen Koalition zur Deutschen Einheit, Berlin 1994, S. 116.
[16] Regierungserklärung Willy Brandts vor dem Deutschen Bundestag, 28.10.1969, in: Presse- und Informationsamt der Bundesregierung (Hrsg.), Bundeskanzler Brandt. Reden und Interviews, Melsungen 1971, S. 13–30, hier S. 13.
[17] Ebd., S. 30.
[18] Regierungserklärung Willy Brandts vor dem Deutschen Bundestag, 18.1.1973, in: Presse- und Informationsamt der Bundesregierung (Hrsg.), Bundeskanzler Brandt. Reden und Interviews (II), Melsungen 1973, S. 519–537, hier S. 537.

persönlichen Gespräch geäußerte Einschätzung, der Rücktritt Willy Brandt 1974 sei nicht notwendig gewesen und er selbst habe nicht Bundeskanzler werden wollen, trifft kaum zu. Sicher hätte Brandt nicht unbedingt wegen des Spions Guillaume und der sehr persönlichen Begleitumstände zurücktreten müssen. Doch die Gründe waren weniger offensichtlich und weniger vordergründig: Seine zukunftsorientierte Politik besaß 1974 keine Zukunft mehr, selbst die innerparteiliche Autorität war aufgebraucht, wie nicht nur Herbert Wehners Moskauer Attacken auf den eigenen Kanzler bewiesen. Die anschließende Welle der innerparteilichen Sympathie für Brandt ändert daran nichts und ist eher sozialpsychologisch als politisch zu erklären.

Mit Antritt der Kanzlerschaft durch Helmut Schmidt wichen Zukunftsvisionen und Planungseuphorie der Ernüchterung, pragmatischer Politik und reaktivem Krisenmanagement. Die Fülle der Reformen auf nahezu allen Gebieten von Wirtschaft und Gesellschaft war nicht nur an inhaltliche Grenzen gestoßen, sondern vor allem an der mangelnden Finanzierbarkeit gescheitert. Neben Wachstumsschwäche und Verminderung der Erwerbstätigkeit zählte die von nun an unaufhörlich steigende Staatsverschuldung zu den Charakteristika der 1970er Jahre. Ihr konnte nur kurzzeitig in den ersten Jahren der Regierung Helmut Kohl seit 1982 zu Zeiten des Finanzministers Gerhard Stoltenberg Einhalt geboten werden. Aufgrund der unvermeidlichen immensen Folgekosten der Wiedervereinigung 1989/90 wurde die langfristige Staatsverschuldung bis heute zum Dauerproblem. Dabei ist bemerkenswert, dass die Verschuldung in den anderen großen Industrieländern – ohne einen so entscheidenden Grund wie die Wiedervereinigung – in der Regel erheblich höher ist als im wiedervereinigten Deutschland, wofür meist die steigenden Kosten des Sozialstaats und der Arbeit verantwortlich sind, die eben nicht mehr durch eine vergleichbare Steigerung der Produktivität aufgefangen werden. Mit anderen Worten: Von allen erwähnten Charakterisierungen trifft allein die Bezeichnung ‚Krise des Sozialstaats' – gerade sie aber ist langfristig zu definieren und nicht auf die 1970er Jahre beschränkt.

Wie steht es mit anderen Problemen, die den 1970er Jahren das Gepräge geben? Die gesellschaftliche Partizipation und sogenannten basisdemokratischen, neuen sozialen Bewegungen verwiesen auf die Grenzen der Regierbarkeit moderner Massendemokratien. Die terroristische Bedrohung von Staat, Gesellschaft und Rechtsordnung hatte sich seit ihrem Beginn 1968 trotz der 1972 erfolgenden Gefangennahme des harten Kerns der Baader-Meinhof-Bande und damit der ersten Generation der Terroristen in der zweiten Hälfte der 1970er Jahre verschärft und unter anderem zur Ermordung des Generalbundesanwalts Siegfried Buback, des Bankiers Jürgen Ponto, des Berliner Oberlandesgerichtspräsidenten Günter von Drenkmann und des Arbeitgeberpräsidenten Hanns Martin Schleyer sowie deren Bewacher geführt. 1975 griff die politisch motivierte Kriminalität durch Entführung des Berliner CDU-Politikers und Oppositionsführers Peter Lorenz gar in den Wahlkampf ein.

Während der 1970er Jahre standen also Bewährung des Parlamentarismus und außerparlamentarische Bedrohung in einer seit Gründung der Bundesrepublik Deutschland 1949 nicht gekannten Form auf der Tagesordnung. Resignation und Krisenbewusstsein standen am Ende eines Jahrzehnts, dass so frohgemut begonnen hatte. Kann man das alles auf einen Nenner bringen, und wie verhalten sich die Kontinuitätselemente, ist die Entwicklung in Frankreich vergleichbar?

Aufgrund ihrer inneren Widersprüchlichkeit ist der Zeitraum von 1969 bis 1982 nicht von allen Historikern mit einem einzigen aufschließenden Begriff belegt, sondern in verschiedene Abschnitte eingeteilt worden. Karl Dietrich Bracher hat beispielsweise von drei zeitgeschichtlichen Phasen geistiger Tendenzen innerhalb dieses Zeitraums gesprochen und sie auf die Jahre, die 1969, 1973 und 1977 beginnen, also die Regierungszeit Brandts sowie die ersten Jahre der Regierung Helmut Schmidts bis 1977 bezogen[19]. Auch sind Periodisierungen versucht worden, die sich auf die beiden Ölschocks 1973 und 1979 bzw. ihre ökonomischen Wirkungen beziehen, wobei für das Jahr 1973 dann die Krise des Weltwährungssystems durch die Aufgabe der 1944 in Bretton Woods beschlossenen festen Währungsparität noch nachhaltigere Konsequenzen hatte. Und schließlich begegnet auch für die deutsche Geschichte die in Frankreich oft verwendete Periodisierung nach Regierungszeiten, in Frankreich der Staatspräsidenten, in Deutschland der Bundeskanzler.

Doch so klar man Politik, Stil und Ziel der Regierung Willy Brandts und Helmut Schmidts unterscheiden kann, so schwer wird die Differenzierung Helmut Schmidts und Helmut Kohls: Sehr viel stärker verkörpern die beiden, die sich seinerzeit nicht sehr schätzten, in grundlegenden Politikfeldern eine Kontinuität. Und das besagt: Der Regierungswechsel von 1982, oft als ‚Wende' bezeichnet, änderte in wesentlichen Sektoren nichts an der fortbestehenden Zielorientierung und stellt jedenfalls keine dem ‚Machtwechsel' von 1969, dem Ölschock und dem Ende der Kanzlerschaft Brandts vergleichbare Zäsur dar. Man könnte mit guten Gründen sagen: Von der parteigeschichtlich relevanten Ausnahme abgesehen – nämlich dem langfristig die bundesdeutsche Politik verändernden Einzug der Grünen in den Bundestag – bilden innen- und außenpolitisch gesehen, die Jahre der Kanzlerschaft Schmidts und Kohls bis zur Wiedervereinigung 1989/90 eher eine konsistente Phase der Politik als die Amtszeiten der beiden sozialdemokratischen Kanzler Brandt und Schmidt: Die Außenpolitik blieb bei Schmidt und Kohl auf der Grundlage, die sich seit Kurt Georg Kiesinger vorbereitet hatte und seit Brandt, Scheel und Bahr intensiviert und konturiert hatte, wenngleich in dezidiert nüchterner Form. Die Sicherheitspolitik von Schmidt und Kohl war identisch, wie der NATO-Doppelbeschluss von 1979 zeigt, den Schmidt gewollt, aber nicht durchgesetzt hat, den Kohl zwar nicht erfunden, doch realisiert hat.

Für die internationalen Beziehungen und die Sicherheitspolitik jedoch bedeuteten tatsächlich die Jahre 1979/81 einen Einschnitt, ja zeitweilig das Ende der Entspannungspolitik, nicht allein wegen der westlichen Entscheidung, die sowjetische Aufstellung der SS 20-Raketen durch die Nachrüstung zu beantworten, sondern auch wegen des sowjetischen Einmarschs in Afghanistan am 26. Dezember 1979. In dieser Hinsicht könnte man tatsächlich die 1970er Jahre als eine Einheit betrachten: Sie wird konstituiert durch den Moskauer bzw. Warschauer Vertrag 1970, das Viermächte-Abkommen zu Berlin, den Grundlagen-Vertrag von 1972, die Aufnahme der beiden deutschen Staaten in die UNO 1973 und schließlich die KSZE-Schlussakte von Helsinki 1975. Diese Entspannungspolitik, die immerhin noch zu SALT II geführt hatte,

---

[19] Karl Dietrich Bracher, Politik und Zeitgeist. Tendenzen der siebziger Jahre, in: ders./Wolfgang Jäger/Werner Link, Republik im Wandel 1969–1974. Die Ära Brandt, Stuttgart 1986, S. 283–406, hier S. 285 f.

wurde erst durch die Aufstellung der SS 20-Raketen durch die Sowjetunion abgebrochen. Und nicht zu vernachlässigen ist der Beginn der Gewerkschaftsbewegung Solidarność in Polen 1981, der eine nationale gesellschaftlich-politische Bewegung eines einzigen Landes zum grundstürzenden Menetekel für eine viele Jahrzehnte die Weltordnung mitkonstituierende transnationale Herrschaftsordnung machte. Solidarność bedeutete indes nicht nur eine permanente Herausforderung der kommunistischen Diktaturen innerhalb des Warschauer Paktes, sondern bildete für die Außenpolitik aller NATO-Staaten, insbesondere der Bundesrepublik, einen entscheidenden Faktor möglicher Veränderung und ständiger Beratung. Auch hier verfolgten Schmidt und Kohl keine gegensätzliche Politik, wenngleich Kohl sehr viel intensiver und sensibler auf die Veränderungen in Polen reagierte als seine beiden Vorgänger Brandt und Schmidt und es ihm deshalb gelang, zu polnischen Reformpolitikern bis zum Ende der 1980er Jahre eine Vertrauensbasis aufzubauen.

In der Innen-, Wirtschafts- und Haushaltspolitik sind die Unterschiede zwischen der Politik der Regierungen Schmidt und Kohl allerdings deutlicher, beispielsweise in der Haushaltspolitik. Doch sind sie wiederum nicht so grundsätzlicher Art, dass man von einer langfristig wirksamen Zäsur sprechen könnte, auch wenn der mediale Dauerbeschuss linksliberaler Journalisten und Intellektueller den Bundeskanzler Kohl als Feindbild inszenierte und zu einer nachhaltigen Fehlperzeption führte.

Wieder einmal zeigt sich: Periodisierungen sind von den jeweiligen systematischen Fragestellungen abhängig. Was für die internationalen Beziehungen gilt, muss nicht zwangsläufig in der wirtschaftlichen, gesellschaftlichen oder kulturellen Entwicklung Analogien besitzen. Und fragt man nach dem strukturellen Wandel, der den harten und zutreffenden Kern aller genannten Periodisierungsversuche bezeichnet, dann lässt er sich ohnehin kaum an Jahreszahlen festmachen. So sind zahlreiche Reformen, die Brandt in Gang bringen wollte, bereits in der Mitte der 1960er Jahre vorbereitet worden, beispielsweise die Bildungs- und die Universitätsreform nach dem bekannten Buch von Georg Picht über die deutsche „Bildungskatastrophe"[20], selbst die neue Ostpolitik wurde, wenngleich weniger radikal, bereits von der Großen Koalition unter Kurt Georg Kiesinger und Willy Brandt eingeleitet. Und auch der vielzitierte und unbestreitbare Wertewandel begann spätestens seit Ende der Ära Adenauer und verstärkte sich entschieden durch die studentische Protestbewegung der zweiten Hälfte der 1960er Jahre, die nicht nur einen Generationsbruch, sondern eine grundlegende Infragestellung und schließlich bis heute anhaltende Veränderung der traditionalen Wertordnung bewirkte.

Welche Vergleichsebenen sind möglich?

Das Problem der transnationalen Entwicklungen bzw. des binationalen Vergleichs resultiert nicht allein aus differenten Kontexten der je spezifischen nationalen Entwicklungen, sondern auch daraus, dass sie oft zeitversetzt erfolgen. So könnte man die Reformorientierung Brandts von 1969 mit derjenigen Valéry Giscard d'Estaings vergleichen. Giscard ernannte am 29. Mai 1974 sogar einen eigenen Reformminister,

---

[20] Georg Picht, Die deutsche Bildungskatastrophe. Analyse und Dokumentation, Olten 1964.

Jean-Jacques Servan-Schreiber. Doch war diesem Kabinettsdisziplin so fremd, dass er schon am 9. Juni wieder entlassen wurde – eine rekordverdächtige Amtszeit. Zusammensetzung des Kabinetts mit vielen weiblichen Mitgliedern, strukturelle Veränderung im Kabinett und den Zuständigkeiten, dezidierte Reformplanungen – das alles lässt auf Analogien zu Brandts Anfängen als Bundeskanzler schließen. Doch Giscards Erklärung in seiner Pressekonferenz vom 11. April 1974, neun Tage nach dem Tod Georges Pompidous, setzte anders als Brandt den Doppelakzent von Kontinuität und Fortschritt: „A l'heure actuelle, je crois que les Français, en réalité, veulent deux choses: la continuité et la nouveauté. Ils veulent la continuité pour maintenir ce que leur a apporté la Ve République, c'est-à-dire la dignité de la France, la stabilité des institutions et le progrès économique et social. Ayant travaillé pendant cinq ans aux côtés du président Pompidou pour ce progrès économique et social, les Français peuvent compter sur moi pour garantir la sécurité de la continuité. Mais aussi la nouveauté, c'est-à-dire un pays plus ouvert, plus détendu, qui soit un modèle de démocratie, de liberté, de justice, un pays en quelque sorte rajeuni qui oublie la morosité, qui ait confiance en lui-même et qui soit prêt à découvrir son propre bonheur. La nouvelle majorité présidentielle doit répondre à ce vœu des Français"[21].

Natürlich hatte diese Erklärung auch wahltaktische Aspekte, der Hinweis auf die Kontinuität sollte die Gaullisten beruhigen, die Erwähnung seiner fünfjährigen Amtszeit als Finanzminister unter Pompidou bezeugte zugleich die Kontinuität sowie die in dieser Zeit besonders notwendige Sachkompetenz, andererseits versprach der Aufbruch zu neuen Ufern durch einen außerordentlich jungen, liberalen Präsidenten die Reform einer Gesellschaft, die wie die bundesrepublikanische seit 1968 deutliche Risse gezeigt hatte. Eine gewisse Analogie lag auch darin, dass beide Reformer nicht allein einen Generationensprung verkörperten, sondern den jeweiligen Patriarchen, Konrad Adenauer und Charles de Gaulles, nach einem mehrjährigen Übergang folgten – Erhard und Kiesinger in Deutschland, Pompidou in Frankreich.

Zugleich aber fallen die Unterschiede ins Auge, die nicht allein im Stil und der finanz- und wirtschaftspolitischen Kompetenz lagen, die Giscard Helmut Schmidt sehr viel ähnlicher machte als Willy Brandt. Nicht nur der Zeitpunkt differierte: Willy Brandt gelangte auf der Basis intensiver Reformtätigkeit und Neuorientierung durch die Große Koalition an die Spitze der Regierung, Giscard aber nach einem zwar vergleichsweise kurz amtierenden, doch viele eigene Akzente setzenden Vorgänger, der beispielsweise industriepolitisch Frankreich einen großen Sprung nach vorn gebracht hatte, der den Neuaufbruch auch architektonisch und städtebaulich verkörperte, allerdings gesellschaftspolitisch keine Giscards und vor allem Brandts Zielen vergleichbare Reform intendiert hatte. Vor allem aber: Brandts visionärer Wille und die entsprechende Reformrhetorik lag vor der Währungskrise und dem Ölschock von 1973 und erlahmte nach ihnen, der sozusagen durch diese realpolitischen Härten geläuterte Reformer Giscard setzte als Präsident seit 1974 viel entschiedener auf finanzpolitische und sozioökonomische Basierung seiner Politik als Brandt, der sie geradezu sträflich ignorierte. Und schließlich begann Brandts nachhaltigste Veränderung in der

---

[21] In: La France du XXe siècle. Documents d'histoire, présentés par Olivier Wieviorka et Christophe Prochasson, Paris 1994, S. 581.

Ostpolitik, wofür keine Analogie in Frankreich vorliegt. Bei Pompidou provozierte die Brandt/Scheelsche Außenpolitik ein unverkennbares Misstrauen gegen einen möglichen deutschen Eigenweg.

Dagegen setzten Giscard und Schmidt währungspolitisch und europapolitisch in der zweiten Hälfte der 1970er Jahre neue Maßstäbe, für die bei Brandt, aber auch Pompidou keine Analogien existieren: Auf beiden Feldern kann folglich nicht von einer Einheit der 1970er Jahre gesprochen werden, wohl aber von einem neuen Aufbruch, der die Europapolitik, aber auch die Währungspolitik Giscards und Schmidts als Vorstufe derjenigen von Helmut Kohl und François Mitterand erscheinen lassen. Sie dokumentieren also eine Kontinuität beider Staatsmänner gegenüber ihren ungeliebten Vorgängern, obwohl weder Kohl noch Mitterand Wirtschafts- und Finanzpolitiker waren, jedoch überzeugte und konstruktive Europapolitiker, was sich 1990 und danach als zentral für die europäische Einbettung der Wiedervereinigung erwies.

Will man also die Frage nach der Periodisierung zureichend beantworten, dann ist eine komparative bzw. transnationale Perspektive notwendig, wie sie exemplarisch Hélène Miard-Delacroix in ihrer 2011 veröffentlichten histoire croisée – „Deutsch-Französische Geschichte 1963 bis in die Gegenwart"[22] – auch für die 1970er Jahre bietet, da die nationale Perspektive zu einer allzu selektiven Reduktion führt. In beiden Ländern – und nicht nur in diesen – spielte der Ölschock von 1973 und die sich danach – sowie erneut seit 1979 – abzeichnende verminderte Erwerbstätigenquote eine vergleichbare, wenngleich nicht identische Rolle. Und diese Analogie zeigte sich auch in weiteren zentralen Sektoren von Wirtschaft und Gesellschaft: in der wachsenden Arbeitslosigkeit, der steigenden Staatsverschuldung, den gesellschaftlichen Reformen mit dem Ziel breiterer gesellschaftlicher Partizipation, in linker Gesellschaftskritik, im Wertewandel sowie schließlich in der – allerdings unterschiedlich gelagerten – terroristischen Bedrohung.

Krisenbewusstsein

Die neomarxistische Gesellschaftskritik, die außerparlamentarischen Protestbewegungen seit der zweiten Hälfte der 1960er Jahre, lebten nicht allein von Zukunftsverheißung, sondern auch von einem Krisenszenario, das weltweit mehrere gemeinsame Stoßrichtungen besaß. Dazu gehörte die Delegitimierung der USA durch den Vietnam-Krieg, die Kapitalismus-Kritik, die Kritik an der modernen Industriegesellschaft: Eine kritische Theorie der Gesellschaft sollte ihre Gefahren bloßlegen und die ‚konkrete Utopie' eines alternativen Gesellschaftsmodells entwerfen. So konstatierte Herbert Marcuse 1965 in seinem Buch „Der eindimensionale Mensch", „diese Gesellschaft als Ganzes ist irrational. Ihre Produktivität zerstört die freie Entwicklung der menschlichen Bedürfnisse und Anlagen, ihr Friede wird durch die beständige Kriegsdrohung aufrecht erhalten, ihr Wachstum hängt ab von der Unterdrückung der realen Möglichkeiten, den Kampf ums Dasein zu befrieden – individuell, national und inter-

---

[22] Hélène Miard-Delacroix, Deutsch-französische Geschichte, Bd. 11: Im Zeichen der europäischen Einigung. 1963 bis in die Gegenwart, Darmstadt 2011.

national"²³. Marcuse sprach – paradox genug – von einer „repressiven Toleranz" und hielt gegen sie mit dem Norweger Johan Galtung „strukturelle Gegengewalt"²⁴ für legitim. Aus meiner persönlichen Erinnerung als Berliner Assistent jener Jahre weiß ich, welch suggestive Kraft diese Art unpräziser und letztlich inhaltsloser Phraseologie entfaltet hat, wie das hypertrophe Krisenbewusstsein zu einem ebenso hypertrophen Utopismus führte.

Philosophieprofessor in Berkeley und Honorarprofessor an der FU Berlin, begeisterte Marcuse Anfang der 1970er Jahre eine vieltausendköpfige Menge mit der Behauptung, die moderne Gesellschaft der westlichen Industriestaaten sei einem brennenden Haus vergleichbar, die einzige Rettung bestehe darin, noch gerade rechtzeitig herauszuspringen. Meinen Einwand in einer Berliner Diskussion, wenn die Diagnose falsch sei, dann springe man nicht in die Alternative der konkreten Utopie, sondern in den konkreten Tod – und zwar ohne ‚zureichenden Grund', fand der Dialektiker zu schlicht und meine Bemerkung, ich würde lieber schlicht überleben als dialektisch sterben, stieß vollends auf Verständnislosigkeit. Ließ man sich auf diese krude Dialektik ein, musste man zwangsläufig auf Ernst Blochs „Prinzip Hoffnung"²⁵ bauen.

Jürgen Habermas, nach Max Horkheimer und Theodor W. Adorno seinerzeit der führende Vertreter der jüngeren Generation in der Frankfurter Schule, veröffentlichte 1973 sein Buch „Legitimationsprobleme im Spätkapitalismus", womit er die „Marxsche Krisentheorie auf die veränderte Realität des ‚Spätkapitalismus'"²⁶ anwenden wollte. Dabei ging er von der These aus: „Krisen entstehen, wenn die Struktur eines Gesellschaftssystems weniger Möglichkeiten der Problemlösung zuläßt als zur Bestandserhaltung des Systems in Anspruch genommen werden müßten"²⁷. Habermas ging ebenfalls von der Krise der westlichen Gesellschaften aus, auch in späteren Auflagen ging es ihm um die Legitimationsprobleme im Spätkapitalismus, die Legitimationsprobleme der zehn Jahre später untergehenden spätkommunistischen Systeme behandelte er nicht. 1979 gab Habermas in der edition suhrkamp als Band 1000 unter dem Karl Jaspers' Essay von 1931 entlehnten Titel „Stichworte zur ‚Geistigen Situation der Zeit'" zwei Bände heraus. Seine Beiträger hatte er mit den Worten ermuntert: „Es ist das Geschäft von Intellektuellen, die dumpfe Aktualität bewußt zu machen. Wir sollten das nicht Leuten überlassen, für die ‚Intellektueller' ein Schimpfwort ist"²⁸.

Kein Zweifel, auch viele der damaligen Beiträge zeugen von einem virulenten Krisenbewusstsein. Es war zwar abgeklärter als seine Ursprünge in den 1960er Jahren, gleichwohl aber virulent. Ein Beitrag im Abschnitt „Kritik und Krise" dieses Werkes beschäftigte sich mit der terroristischen Herausforderung, doch weniger derjenigen

---

23 Herbert Marcuse, Der eindimensionale Mensch. Studien zur Ideologie der fortgeschrittenen Industriegesellschaft, München 1994, S. 11f. Die deutsche Übersetzung des amerikanischen Originals von 1964 war 1967 erschienen.
24 Ebd., S. 109f.; Herbert Marcuse, Repressive Toleranz, in: ders./Robert Paul Wolff/Barrington Moore, Kritik der reinen Toleranz, dt. Ausg. Frankfurt am Main 1966, S. 91–128; Johan Galtung, Gewalt, Frieden und Friedensforschung, in: Dieter Senghaas (Hrsg.), Kritische Friedensforschung, Frankfurt am Main 1971, S. 55–104.
25 Ernst Bloch, Das Prinzip Hoffnung, Frankfurt am Main 1959.
26 Habermas, Legitimationsprobleme, S. 7.
27 Ebd., S. 11.
28 Jürgen Habermas (Hrsg.), Stichworte zur „Geistigen Situation der Zeit", Bd. 1, Frankfurt am Main 1979, S. 9.

von Staat, Gesellschaft und Humanität, sondern der Herausforderung für die marxistische Linke: Der Philosoph Albrecht Wellmer hielt einen klaren Trennungsstrich zum RAF-Terrorismus für nötig und zwar nicht primär aus humanitären, rechtsstaatlichen oder moralischen Gründen, sondern vor allem aus taktischen, weil der Terrorismus „objektiv der gesellschaftlichen Reaktion in die Hände arbeitet"[29].

Das Krisenbewusstsein der 1970er Jahre war grenzüberschreitend und fand Ausdruck in gemeinsamen internationalen Aktionen, wie beispielsweise Jean-Paul Sartres Besuch bei den im Gefängnis Stuttgart-Stammheim inhaftierten Terroristen der sog. RAF. Doch wurde eine weitere Dimension des Krisenbewusstseins sichtbar, die höchstens indirekt mit der marxistischen Gesellschaftskritik zu tun hatte: Dazu gehörten die Wirkungen des Ölschocks 1973, der die ‚Grenzen des Wachstums' und die Energieabhängigkeit der Industriestaaten plötzlich und ohne Vorwarnung vor Augen führte, aber auch ein sich immer stärker ausprägendes Umweltbewusstsein, wie es in Buchtiteln wie „Ein Planet wird geplündert" oder dem 1972 veröffentlichten Bericht des Club of Rome zum Ausdruck kam[30]. Dieses Krisenbewusstsein war verglichen mit dem der kritischen Theorie durchaus konkret und besaß jenseits des Wertewandels eine wertkonservative Pointe: Es verwundert deshalb nicht, dass zu den ersten warnenden Stimmen seinerzeit ein CDU-Bundestagsabgeordneter, Herbert Gruhl, gehörte.

Können wir also die 1970er Jahre unter dem Aspekt des Krisenbewusstseins als eine konsistente Epoche ansehen? Auch in diesem Fall ist die Widersprüchlichkeit dieser Phase nicht zu übersehen und zugleich muss betont werden, dass eine national auf die Bundesrepublik Deutschland und Frankreich oder zeitlich auf die 1970er Jahre beschränkte Perspektive in die Irre führt: Das Krisenbewusstsein war transnational und blieb nachhaltig, in diesem Sinne können wir, die allgemeine Charakterisierung von Jean-François Sirinelli aufnehmend, folgern: Mit den anderen fundamentalen Tendenzen bildet das Krisenbewusstsein einen nationenübergreifenden fortwirkenden Charakterzug, der die ‚vingt décisives', die in den 1960er und 1970er Jahren eingeleitete Umbruchepoche, prägte und zugleich Gegenentwürfe zur bestehenden politischen, gesellschaftlichen und wirtschaftlichen Ordnung provozierte. Die gesellschaftliche Breitenwirkung beruhte indes auf einem ebenfalls seit den 1960er, vor allem aber den 1970er Jahren neuen Phänomenen, der Medialisierung der Politik durch das Fernsehen. Doch dies ist ein anderes zentrales Thema für die Erforschung der heutigen Demokratie.

---

[29] Albrecht Wellmer, Terrorismus und Gesellschaftskritik, in: ebd., S. 265–293, hier S. 268.
[30] Vgl. Donella H. Meadows/Dennis L. Meadows/Jørgen Randers/William W. Behrens III, Die Grenzen des Wachstums. Bericht des Club of Rome zur Lage der Menschheit, Stuttgart 1972; Herbert Gruhl, Ein Planet wird geplündert. Die Schreckensbilanz unserer Politik, Frankfurt am Main 1975.

Udo Wengst

Die unregierbare Demokratie?

Parteien und politisches System in der Bundesrepublik Deutschland in den 1970er Jahren

Es ist heute unbestritten, dass die 1970er Jahre weltweit eine zeithistorische Epochenschwelle darstellen. Sie werden heute mit dem Ende des Wachstums, dem Ende der wirtschaftlichen und sozialen Sicherheit verbunden, aber ebenso mit neuen außenpolitischen Gefährdungen, die Anfang der 1980er Jahre in einen ‚zweiten Kalten Krieg' einmündeten, der eine die westdeutsche Gesellschaft tief aufwühlende Nachrüstungsdebatte bescherte. Und nicht zuletzt wurden die westlichen Gesellschaften mit terroristischen Anschlägen konfrontiert, die die Bevölkerung mit dem Problem der Sicherheit auf eine bisher nicht gekannte Weise konfrontierte. Zeitgenossen stellten sich damals die Frage, ob die westlichen Demokratien überhaupt noch in der Lage seien, mit der Vielzahl der Herausforderungen fertig zu werden. Es entstand die These vom ‚überforderten schwachen Staat', von der ‚überforderten Demokratie'. Im politischen Diskurs tauchte zu Beginn der 1970er Jahre der Terminus der „Unregierbarkeit" auf[1].

Sowohl von linker wie von konservativer Seite diagnostizierte man Legitimationsprobleme der westlichen Demokratien im Allgemeinen und der Bundesrepublik im Besonderen. Jürgen Habermas sah ihre Ursachen im Spätkapitalismus[2], Martin Kriele u. a. verwiesen auf die Schwierigkeiten der Exekutiven, Entscheidungen zu treffen und zogen Vergleiche mit der Weimarer Republik[3]. Selbst Ralf Dahrendorf machte eine „Krise der Demokratie" aus und befürchtete, „dass wir Zeiten entgegensehen, in denen vertraute Institutionen entweder Turbulenzen oder, schlimmer noch, dem Sog der Irrelevanz ausgesetzt sind"[4]. Zurückgewiesen wurden die Legitimationszweifel nur von wenigen, darunter Wilhelm Hennis. Er votierte dafür, „die wahrgenommene Krise unter dem Gesichtspunkt der Regierbarkeit zu betrachten und als Bündel lösbarer Probleme zu analysieren"[5]. Mit dieser Auffassung erteilte Hennis dem Alarmismus, der die Debatte über die „Unregierbarkeit" kennzeichnete, eine Absage. Dass er damit richtig lag, zeigt die weitere Entwicklung der Diskussion, die Mitte des Jahrzehnts ihren Höhepunkt erreichte und Ende der 1970er Jahre an ihr Ende gelangte.

---

[1] Gabriele Metzler, Staatsversagen und Unregierbarkeit in den siebziger Jahren?, in: Konrad H. Jarausch (Hrsg.), Das Ende der Zuversicht? Die siebziger Jahre als Geschichte, Göttingen 2008, S. 234–261; Jens Hacke, Staat in Gefahr. Die Bundesrepublik der 1970er Jahre zwischen Legitimationskrise und Unregierbarkeit, in: ders./Dominik Geppert (Hrsg.), Streit um den Staat. Intellektuelle Debatten in der Bundesrepublik 1960–1980, Göttingen 2008, S. 188–206.
[2] Jürgen Habermas, Legitimationsprobleme im Spätkapitalismus, Frankfurt am Main 1973.
[3] Martin Kriele, Legitimationsprobleme in der Bundesrepublik, München 1977.
[4] Ralf Dahrendorf, Krise der Demokratie? Eine kritische Betrachtung, in: Daniel Frei (Hrsg.), Überforderte Demokratie?, Zürich 1978, S. 55–72, hier S. 19f.
[5] Hacke, Staat in Gefahr, S. 198. Die Position von Hennis detailliert in: Wilhelm Hennis/Peter Kielmansegg/Ulrich Matz (Hrsg.), Regierbarkeit. Studien zu ihrer Problematisierung, 2 Bde., Stuttgart 1977/79.

Im Folgenden geht es nicht darum, diesen Diskurs nachzuzeichnen. Vielmehr ist es das Ziel dieses Beitrags, auf die konkreten Entwicklungen im Parteienfeld einzugehen und die Regierungspraxis jener Jahre zu untersuchen. Im Zentrum stehen nicht inhaltliche Fragen, sondern Veränderungen in den Parteien und im politischen Verfahren, anhand derer festgestellt werden kann, ob und gegebenenfalls inwieweit von einer ‚Unregierbarkeit' in jener Zeit gesprochen werden kann.

Die 1970er Jahre der bundesrepublikanischen Geschichte sind als das „sozialdemokratische Jahrzehnt" oder – richtiger – als die „sozialliberale Ära" bezeichnet worden[6]. Diese Bezeichnungen stellen darauf ab, dass die Bundesrepublik in den Jahren zwischen 1969 und 1982 das erste und einzige Mal von einer Koalition aus SPD und FDP unter der Führung eines sozialdemokratischen Bundeskanzlers regiert wurde. Als die Ära begann, herrschte bei den Anhängern der neuen Mehrheit unverkennbar Aufbruchstimmung: Man hoffte im Rahmen der „neuen Ostpolitik" auf Aussöhnung mit den östlichen Nachbarn und im Inneren auf tiefgreifende politische (Willy Brandt: „Mehr Demokratie wagen!") und gesellschaftliche Reformen. Am Ende der Ära war die Euphorie der Anfangsjahre längst verflogen, die Übereinstimmung in der sozialliberalen Koalition aufgebraucht und eine Rückkehr zu einem Koalitionsmuster erfolgt, das es bereits von 1949 bis 1966 gegeben hatte. Im Hinblick hierauf ist Frank Bösch zuzustimmen, wenn er die 1970er Jahre als ein „Intermezzo in einer strukturell konservativ geprägten Republik oder zumindest wie ein[en] Vorlauf für eine bürgerliche Rekonsolidierung" interpretiert[7].

Parteien und Parteiensystem

Unter dem Gesichtspunkt der Stabilisierung des bundesrepublikanischen Parteiensystems und der Partizipation der Bürger in den Parteien waren die 1970er Jahre geradezu eine glänzende Phase bundesdeutscher Politik. Das Parteiengesetz von 1967 hatte für die Organisation und die Finanzierung einen Rahmen geschaffen, den die Parteien sogleich auszufüllen begannen. Besonders deutlich war der Wandel innerhalb der CDU, die nach dem Ausscheiden aus der Bundesregierung im Jahr 1969 vor der Aufgabe stand, sich programmatisch und organisatorisch von Grund auf zu erneuern. Es war das Verdienst des 1972 zum Parteivorsitzenden gewählten Helmut Kohl und der von ihm eingesetzten Generalsekretäre Kurt Biedenkopf und Heiner Geißler, dass die Union sich in den 1970er Jahren von der Honoratiorenpartei zu einer „modernen Volkspartei" wandelte[8]. Ähnliche Wandlungsprozesse gab es in der CSU, in denen diese unter der Führung von Franz Josef Strauß zu einer modernen Massen- und Apparatepartei umgestaltet wurde[9].

---

[6] Bernd Faulenbach, Die Siebziger Jahre – ein sozialdemokratisches Jahrzehnt?, in: Archiv für Sozialgeschichte 44 (2004), S. 1–37.
[7] Frank Bösch, Die Krise als Chance. Die Neuformierung der Christdemokraten in den siebziger Jahren, in: Konrad H. Jarausch (Hrsg.), Das Ende der Zuversicht? Die siebziger Jahre als Geschichte, Göttingen 2008, S. 296–312, Zitat S. 306.
[8] Wulf Schönbohm, Die CDU wird moderne Volkspartei. Selbstverständnis, Mitglieder, Organisation und Apparat 1950–1980, Stuttgart 1985.
[9] Alf Mintzel, Geschichte der CSU. Ein Überblick, Opladen 1977.

Bemerkenswert war in beiden Parteien der beträchtliche Mitgliederzuwachs. In der CDU wuchs die Anzahl der Mitglieder von etwas über 300 000 im Jahr 1969 auf annähernd 700 000 im Jahr 1983. 1972 und in den Jahren von 1974 bis 1976 waren die jährlichen Zuwachsraten zweistellig; 1972 erreichte die Zahl fast 20%[10]. Eine ähnlich erfolgreiche Mitgliederwerbung betrieb die CSU, die ihren Mitgliederbestand zwischen 1970 und 1981 mehr als verdoppelte[11]. In beiden Unionsparteien führte der beträchtliche Mitgliederzuwachs zu einer Veränderung der Mitgliederstruktur, die weniger in der sozialen Zusammensetzung als im Alter der Mitglieder zum Ausdruck kam. Es war insbesondere ein deutlicher Anstieg jüngerer Mitglieder zu konstatieren, unter denen katholische Männer die Mehrheit bildeten. Inwieweit der Mitgliederzuwachs und die Verjüngung zu einer gesteigerten Mitgliederpartizipation und zu mehr Basisdemokratie führte, ist umstritten. Frank Bösch ist der Meinung, dass nur ein kleiner Teil von ca. 15% der Mitgliederaktives Engagement gezeigt habe[12].

Einen ähnlichen Anstieg ihrer Mitgliedschaft verzeichnete die SPD[13]. Traditionell war sie schon immer eine Mitgliederpartei gewesen, deren Mitgliederzahl in den 1950er Jahren um die 600 000 pendelte und seit Mitte der 1960er Jahre die Marke von 700 000 überschritt. Ab 1969 stieg die Zahl der Parteieintritte deutlich an, und die Mitgliederzahl lag 1976 und 1977 bei über einer Million, um danach wieder etwas abzufallen. In dieser Zeit wandelte sich die SPD deutlich stärker als die Unionsparteien. Denn bei den neuen Mitgliedern handelte es sich zumeist um Menschen unter 35 Jahren, von denen sehr viele ein Hochschulstudium absolviert hatten. Dies führte zu einer Entproletarisierung der SPD, in deren Reihen die Neumitglieder immer mehr den Ton angaben und sich bei Wahlen gegen die Altmitglieder durchzusetzen verstanden. Das hatte tendenziell eine Rückkehr in die Zeit vor ‚Godesberg' zur Folge, da mit der sozialen Modernisierung eine Reidiologisierung, eine Hinwendung zu marxistischen Interpretationen verbunden war[14].

Im Unterschied zu CDU, CSU und SPD besaß die FDP nur eine schwach ausgebildete Organisation auf Bundesebene. Die Zahl der Mitglieder war stets gering, ohne dass die Parteispitze selbst immer wusste, wie groß ihre Zahl wirklich war. Konstatiert werden kann aber, dass die Partei sich Mitte der 1960er Jahre neu zu orientieren begann. Mit dem Wechsel des Parteivorsitzes von Erich Mende auf Walter Scheel setzte die Parteispitze auf die neuen Mittelschichtgruppen und schuf damit die Vorausset-

---

[10] Ute Schmidt, Die Christlich Demokratische Union Deutschlands, in: Richard Stöss (Hrsg.), Parteien-Handbuch. Die Parteien der Bundesrepublik Deutschland 1945–1980, Bd. 1, Opladen 1986, S. 490–660, hier S. 643.
[11] Alf Mintzel, Die Christlich-Soziale Union, in: Richard Stöss (Hrsg.), Parteien-Handbuch. Die Parteien der Bundesrepublik Deutschland 1945–1980, Bd. 2, Opladen 1986, S. 661–718, hier S. 708.
[12] Frank Bösch, Macht und Machtverlust. Die Geschichte der CDU, Stuttgart/München 2002, S. 213.
[13] Siegfried Heimann, Die Sozialdemokratische Partei Deutschlands, in: Richard Stöss (Hrsg.), Parteien-Handbuch. Die Parteien der Bundesrepublik Deutschland 1945–1980, Bd. 4, Opladen 1986, S. 2025–2216, hier S. 2176–2179.
[14] Hierzu in knapper Zusammenfassung Franz Walter, Die SPD. Vom Proletariat zur Neuen Mitte, Berlin 2002, S. 190–194.

zung für den Koalitionswechsel von 1969[15]. Das schlechte Wahlergebnis der FDP in der Bundestagswahl dieses Jahres sowie die großen Einbußen, die die Partei sowohl in der Mitgliedschaft als auch bei den Wählerstimmen nach dem erneuten Koalitionswechsel von 1982 erleiden musste, verdeutlichen die Probleme eines Parteiensystems, in dem der Machtwechsel vom Positionswechsel des kleinsten Mitspielers abhängig ist.

Regierungspraxis

Davon abgesehen war das Parteiensystem der 1970er Jahre durch große Stabilität gekennzeichnet und schuf gute Voraussetzungen für stabile Koalitionen und Regierungen. Lediglich in den Anfangsjahren der sozialliberalen Koalition erwies sich das politische System als fragil. Wechsel von Abgeordneten der Fraktionen der Regierungskoalition zur Opposition ließen die Regierungsmehrheit erodieren. Dies führte 1972 zum ersten konstruktiven Misstrauensvotum in der Geschichte der Bundesrepublik, das jedoch scheiterte. In den darauf folgenden Bundestagswahlen wurden Ergebnisse erzielt, die stabile Mehrheiten ergaben. So erhielten die beiden Unionsparteien, die SPD und die FDP in den Bundestagswahlen 1972, 1976 und 1980 99 bzw. 98% der Stimmen. 1969 hatte die Zahl wegen eines Achtungserfolgs der NPD noch unter 95% gelegen, und ab 1983 zeichneten sich mit dem ersten Einzug der Grünen in den Deutschen Bundestag Entwicklungen ab, welche die Wahlergebnisse der 1970er Jahre bald als die Hochzeit der Volksparteien erscheinen ließen, die in den zuerst genannten Wahlen zusammen um die 90% der Wählerstimmen auf sich vereinigen konnten[16]. Nicht viel anders sah es bei den Landtagswahlen aus, wobei die jeweiligen Volksparteien bisweilen allein im Landtag vertreten waren, weil die FDP so schlecht abschnitt, dass sie die für den Einzug in den Landtag erforderliche Mindeststimmenzahl nicht erreichte[17].

Beeindruckend war darüber hinaus die Wahlbeteiligung. Sie lag in den Bundestagswahlen dieser Jahre um die 90%, mit einer Spitze von 90,8% im Jahr 1972. Die Beteiligung an den Bundestagswahlen von 1969 bis 1983 erreichte damit Werte, die davor und danach nicht erzielt wurden. Deutlich niedriger lag die Beteiligung an den Landtagswahlen jener Zeit, wobei aber auch hier Werte um die 80% erzielt wurden. Alle diese Zahlen belegen eine große Zustimmung der Bevölkerung zum politischen System und seinen Parteien[18].

Bis auf die Bundestagswahl 1972, in der es der SPD nach dem gescheiterten Misstrauensvotum gegen ihren Bundeskanzler Willy Brandt gelang, einen emotional geführten Wahlkampf als Plebiszit für die „neue Ostpolitik" und die Deutschlandpolitik

---

[15] Die Mitgliederzahlen der FDP in Jürgen Dittberner, Die FDP. Geschichte, Personen, Organisation, Perspektiven. Eine Einführung, Wiesbaden 2005, S. 198. Zur Umorientierung der FDP in den fraglichen Jahren Peter Lösche/Franz Walter, Die FDP. Richtungsstreit und Zukunftszweifel, Darmstadt 1996, S. 71.
[16] Gerhard A. Ritter/Merith Niehuss, Wahlen in Deutschland 1946–1991. Ein Handbuch, München 1991, S. 101.
[17] Ebd., S. 154.
[18] Ebd., S. 222.

der von der SPD geführten Bundesregierung zu gestalten, errangen die Unionsparteien in den anderen Bundestagswahlen jener Jahre die Mehrheit. Dies gilt auch für die meisten Landtagswahlen während dieser Zeit, so dass die Unionsparteien seit 1972 über die absolute Mehrheit im Bundesrat verfügten. Dies schränkte die Aktionsfähigkeit der Bundesregierung nicht unerheblich ein, da viele Gesetze der Zustimmung der Länderkammer bedurften und somit den Unionsparteien große Einflussmöglichkeiten eröffneten. Adolf M. Birke hat im Hinblick hierauf von einem „Mitregieren" der Unionsparteien gesprochen[19].

Als ein Indiz hierfür kann die Zahl der Verfahren vor dem Vermittlungsausschuss gelten. Zwischen 1972 und 1980 ist er 181 Mal angerufen worden. 165 dieser Anrufungen erfolgten durch den Bundesrat, 14 Mal ergriff die Bundesregierung die Initiative und nur zweimal wollte der Bundestag eine Angelegenheit vom Vermittlungsausschuss behandelt wissen. In 146 Fällen einigten sich die Kontrahenten im Vermittlungsausschuss, sodass die zuvor umstrittenen Gesetzesvorlagen verkündet werden konnten. Damit betrug die Zahl der erst nach einem Verfahren im Vermittlungsausschuss erlassenen Gesetze in der Legislaturperiode von 1972 bis 1976 etwas über 20%, und sie erreichte in der Legislaturperiode von 1976 bis 1980 annähernd 22%[20].

Welche Möglichkeiten der Bundesrat für die Oppositionsparteien im Bund besaß, macht der Streit über das Hochschulrahmengesetz deutlich, das 1976 verabschiedet wurde. In den Jahren davor hatten die Länder mit einer Regierung unter Führung der CDU oder CSU ca. 60 Änderungsanträge hierzu eingebracht. Hierüber kam es zu einem regelrechten Tauziehen zwischen Bundestag und Bundesrat, das ein mehrmaliges Anrufen des Vermittlungsausschusses notwendig machte. Am Ende setzten sich die unionsregierten Länder und damit die Oppositionsparteien im Bundestag mit ihren Forderungen weitgehend durch, da zentrale Fragen der Ausgestaltung der Universitäten von der Bundes- auf die Landesebene verlagert wurden[21].

Neben dem Bundesrat versuchte die Opposition im Bundestag auch das Bundesverfassungsgericht gegen zentrale Punkte der sozialliberalen Politik in Stellung zu bringen. Der Stellenwert des Bundesverfassungsgerichts im politischen Prozess jener Zeit wird allein schon an der Zahl der Gesetze deutlich, die das höchste bundesdeutsche Gericht in den Jahren der sozialliberalen Koalition für nichtig bzw. in Teilen für verfassungswidrig erklärte. Das Datenhandbuch zur Geschichte des Deutschen Bundestages führt insgesamt 62 Urteile auf[22]. Diese Urteile betrafen zum Teil für die sozialliberale Reformpolitik zentrale Gesetzgebungsverfahren wie z. B. die Hochschulpolitik, die Neuregelung der Abtreibung (Fristenregelung) oder das Recht der Kriegsdienstverweigerung. In allen genannten Fällen stoppten die Karlsruher Richter die von den Koalitionsparteien verabschiedeten Reformgesetze und bezogen Positionen, die in wesentlichen Teilen von den Oppositionsparteien vertreten wurden. Dies kann

---

[19] Adolf M. Birke, Die Bundesrepublik Deutschland. Verfassung, Parlament und Parteien 1945–1998, 2. Aufl., ergänzt und aktualisiert von Udo Wengst, München 2010, S. 47.
[20] Peter Schindler, Datenhandbuch zur Geschichte des Deutschen Bundestages 1949 bis 1999. Gesamtausgabe in drei Bänden. Eine Veröffentlichung der Wissenschaftlichen Dienste des Deutschen Bundestages, Baden-Baden 1999, Bd. 2, S. 2450f.
[21] Anne Rohstock, Von der „Ordinarienuniversität" zur „Revolutionszentrale"? Hochschulreform und Hochschulrevolte in Bayern und Hessen 1957–1976, München 2010, S. 398–403.
[22] Schindler, Datenhandbuch, Bd. 2, S. 2501–2504.

z. B. im Fall der Kriegsdienstverweigerung veranschaulicht werden. Das Gericht hielt eine freie Wahl zwischen Wehr- und Zivildienst für nicht rechtens, da das Grundgesetz ein Regel-Ausnahme-Verhältnis festlege und der Zivildienst nur aus Gewissensgründen möglich sei. Deshalb müsse an der Gewissensprüfung festgehalten werden. Schließlich empfahlen die Richter noch, den Zivildienst zu einer „lästigen" Alternative zum Wehrdienst auszugestalten, da nur auf diese Weise die Ernsthaftigkeit der Gewissensentscheidung geprüft werden könne[23].

Darüber hinaus hat die Regierung des Freistaats Bayern ebenfalls beim Bundesverfassungsgericht Klage eingereicht, um das Inkrafttreten des Grundlagenvertrags von 1972 zu verhindern[24]. Dieser Vertrag stellte die Beziehungen zwischen der Bundesrepublik Deutschland und der DDR auf eine neue Grundlage, indem beide Staaten „die Unabhängigkeit und Selbständigkeit" des jeweils anderen Staates respektierten, ohne dass aber die Bundesrepublik die völkerrechtliche Anerkennung der DDR aussprach. Gleichwohl bewerteten große Teile der CDU und die CSU den Vertrag ausgesprochen kritisch, da sie durch ihn die Teilung der deutschen Nation als besiegelt sahen.

Auf den ersten Blick erwies sich der Ende Juli 1973 ergangene Richterspruch aus Karlsruhe als eine Niederlage für den Antragsteller, denn das Bundesverfassungsgericht erklärte den Grundlagenvertrag für vereinbar mit dem Grundgesetz. Auf den zweiten Blick zeigt sich jedoch, dass der Kläger nicht ganz erfolglos war. Denn das Gericht verpflichtete alle Verfassungsorgane der Bundesrepublik Deutschland, in ihrem politischen Handeln am Ziel der Wiedervereinigung festzuhalten. Das Bundesverfassungsgericht hatte damit festgelegt, dass weiter vom Fortbestand der deutschen Nation ausgegangen werden müsse, und es hat damit die deutsche Frage für die Zukunft offengehalten. Dies entsprach den Vorstellungen innerhalb der Oppositionsparteien, während nicht wenige Sozialdemokraten, aber auch einige Freie Demokraten die damalige Zweistaatlichkeit nicht mehr zur Debatte und als Ergebnis des Zweiten Weltkrieges nicht mehr in Frage stellen wollten.

Angesichts der Urteile des Bundesverfassungsgerichts war das Verhältnis zwischen ihm und der Bundesregierung sowie der Bundestagsmehrheit bisweilen sehr angespannt. Letztere nahmen die Karlsruher Richter als Störfaktor für ihre Reformpolitik wahr. Der Bundeskanzler kritisierte das „zu weit vorangetriebene Richterrecht" und sprach dem Bundesverfassungsgericht die Kompetenz ab, als „Ersatzgesetzgeber" zu fungieren[25]. Obwohl sich das Verhältnis zwischen Karlsruhe und Bonn gegen Ende der sozialliberalen Ära entspannte, blieb das Unbehagen über eine allzu starke juristische Politikgestaltung weiterhin virulent. Bis in die Gegenwart hinein wird über die Frage diskutiert, inwieweit sich das Bundesverfassungsgericht zu politischen Fragen äußern und hierüber entscheiden darf.

Obwohl – wie die bisherigen Ausführungen gezeigt haben – die politischen Entscheidungsprozesse in den 1970er Jahren insgesamt ausgesprochen konfliktreich wa-

---

[23] Patrick Bernhard, Zivildienst zwischen Reform und Revolte. Eine bundesdeutsche Institution im gesellschaftlichen Wandel 1961–1982, München 2005, S. 319f.
[24] Karlheinz Niclauß, Kontroverse Deutschlandpolitik. Die politische Auseinandersetzung in der Bundesrepublik Deutschland über den Grundlagenvertrag mit der DDR, Frankfurt am Main 1979.
[25] Birke, Die Bundesrepublik Deutschland, S. 48.

ren, gibt es auch Beispiele für die enge Zusammenarbeit zwischen Koalitionsmehrheit und parlamentarischer Opposition. In zwei Fällen gelang es dabei, Gesetze im Eilverfahren durch Bundestag und Bundesrat zu peitschen. Dabei handelte es sich zum einen um das Gesetz zur Sicherung der Energieversorgung bei Gefährdung oder Störung der Einfuhren von Mineralöl oder Erdgas (das sogenannte Energiesicherungsgesetz) vom 10. November 1973 und zum Anderen um das Gesetz zur Änderung des Einführungsgesetzes zum Gerichtsverfassungsgesetz (das sogenannte Kontaktsperregesetz) vom 30. September 1977. Zwischen der Einbringung der Gesetzesvorlage im Bundestag und der Verabschiedung durch den Bundesrat lagen dabei jeweils nur drei Tage[26].

Mit dem zuerst genannten Gesetz reagierte die Bundesregierung auf die weltweite Ölpreiskrise, den sogenannten Ölpreisschock, der durch die Exporteinschränkungen der arabischen Erdölausfuhrländer ausgelöst worden war. Mit dem Energiesicherungsgesetz erhielt die Bundesregierung die Ermächtigung, bei Gefährdung oder Störung der Mineralöl- oder Erdgasversorgung durch Rechtsverordnung Maßnahmen zur Sicherung der Energieversorgung zu treffen. Hiervon machte die Bundesregierung auch sogleich Gebrauch, z. B. durch die Verordnung von Sonntagsfahrverboten[27]. Mit dem Kontaktsperregesetz verhinderte die Bundesregierung vorübergehend den Kontakt von in Gefängnissen einsitzenden Terroristen untereinander und mit der Außenwelt, d. h. auch mit den jeweiligen Verteidigern. Angesichts massiver terroristischer Anschläge und der Entführung des Arbeitgeberpräsidenten Hanns Martin Schleyer durch die Rote Armee Fraktion wollte die Bundesregierung jegliche Kommunikation zwischen den inhaftierten Terroristen und ihren Kumpanen verhindern, die Hanns Martin Schleyer in ihrer Gewalt hielten[28]. In Fragen der Energieversorgung und der inneren Sicherheit – so die Folgerung – gab es zwischen Regierung und Opposition durchaus eine Zusammenarbeit, obwohl ansonsten die Konflikte bei weitem überwogen.

Dies zeigte sich auch, als gleich nach der Entführung Schleyers ein „kleiner" und ein „großer" Krisenstab gebildet wurden. Im „großen" Krisenstab, der zweimal wöchentlich tagte, waren auch führende Oppositionspolitiker vertreten. Sowohl der CDU-Vorsitzende Helmut Kohl als auch der CSU-Vorsitzende Franz Josef Strauß, der ansonsten einen konfrontativen Oppositionskurs verfolgte, waren in den Entscheidungsprozess über das Vorgehen gegen die Terroristen eingebunden, und sie trugen die gewiss nicht leichten Beschlüsse dieser Wochen mit, für die sie die Rettung des Lebens von Einzelnen und die Sicherheit des Staates und seiner Bürger gegeneinander abwägen mussten[29]. Das Zusammengehen von Bundesregierung und Opposition

---

[26] Schindler, Datenhandbuch, Bd. 2, S. 2421 f.
[27] Dazu Jens Hohensee, Der erste Ölpreisschock 1973/74. Die politischen und gesellschaftlichen Auswirkungen der arabischen Erdölpolitik auf die Bundesrepublik Deutschland und Westeuropa, Stuttgart 1996, S. 143-160.
[28] Uwe Berlit/Horst Dreier, Die legislative Auseinandersetzung mit dem Terrorismus, in: Fritz Sack/Heinz Steinert (Hrsg.), Analysen zum Terrorismus, Bd. 4.2: Protest und Reaktion, Opladen 1984, S. 227-318.
[29] Wolfgang Kraushaar, Der nicht erklärte Ausnahmezustand. Staatliches Handeln während des sogenannten Deutschen Herbstes, in: ders. (Hrsg.), Die RAF und der linke Terrorismus, Bd. 2, Hamburg 2006, S. 1011-1025.

in diesen Tagen auf dem Feld der Terrorismusbekämpfung erwies sich jedoch bald als brüchig, da innerhalb der SPD, vor allem aber in der FDP immer mehr Stimmen laut wurden, die die Einschränkung von Freiheitsrechten kritisierten.

Die Bundespräsidenten agierten in den Jahren der sozialliberalen Ära eher unauffällig. Bundespräsident Gustav Heinemann machte von dem ihm qua Amt zustehenden materiellen Prüfungsrecht zweimal Gebrauch und fertigte Gesetze nicht aus, die allerdings von minderer Bedeutung waren[30]. Sein Nachfolger Walter Scheel setzte dieses Instrument nur einmal ein, und zwar bei dem nicht unbedeutenden Gesetz zur Änderung des Wehrpflichtgesetzes und des Zivildienstgesetzes, gegen das der Bundesrat Einspruch erhoben hatte. Erst nach Umformulierung des Textes, aus dem die zustimmungspflichtigen Teile herausgenommen worden waren, fertigte er das Gesetz aus[31]. Bundespräsident Karl Carstens legte gegen keinen Gesetzentwurf Einspruch ein.

Während die Amtsführung der Bundespräsidenten in der sozialliberalen Ära wenig Aufsehen erregte, spielte sie an deren Anfang und Ende eine wichtige Rolle. Im Frühjahr 1969 wählten SPD und FDP – zu einer Zeit als die SPD noch mit den Unionsparteien in einer Regierung der Großen Koalition vereinigt war und die FDP die Oppositionsrolle spielte – gemeinsam Gustav Heinemann zum neuen Bundespräsidenten, gegen Gerhard Schröder, den die Unionsparteien nominiert hatten. Die Bedeutung dieser Wahl hat Gustav Heinemann mit den Worten gekennzeichnet, dass sie ein „Stück Machtwechsel" darstelle[32]. Das Ende der sozialliberalen Koalition wurde zwar durch ein erfolgreiches konstruktives Misstrauensvotum im Deutschen Bundestag am 1. Oktober 1982 herbeigeführt, mit dem Helmut Kohl zum Bundeskanzler gewählt wurde. Im Zusammenhang hiermit muss aber auch gesehen werden, dass Bundespräsident Karl Carstens nur wenig später nach einer verabredungsgemäß herbeigeführten Niederlage des Bundeskanzlers über die Vertrauensfrage nach Artikel 68 GG den Bundestag auflöste. Die Entscheidung des Bundespräsidenten war höchst problematisch und ist mit Recht auf vielfältige Bedenken und Kritik gestoßen[33].

Fazit

Die Unionsparteien und die SPD entwickelten sich erst in den 1970er Jahren zu wirklichen Volksparteien, die in dieser Zeit um die 90% der Wählerstimmen auf sich vereinigen konnten. Das Parteiensystem, das nur aus diesen beiden Volksparteien und der FDP bestand, garantierte die Bildung stabiler Bundesregierungen. Bereits gegen Ende der sozialliberalen Ära zeichnete sich mit dem Aufstieg der Grünen, die zu Beginn der 1980er Jahre in mehrere Landtage einzogen und seit der Bundestagswahl von 1983 auch im Bonner Parlament vertreten waren, ein Ende dieser Phase der bun-

---

[30] Schindler, Datenhandbuch, Bd. 2, S. 2454.
[31] Ebd.
[32] Arnulf Baring, Gustav Heinemann und der Machtwechsel, in: Regina Krane (Hrsg.), Nachdenken. Gustav Heinemann und seine Politik, Bonn 1999, S. 41–53, hier S. 52.
[33] Karl Carstens, Erinnerungen und Erfahrungen, hrsg. von Kai von Jena und Reinhard Schmoeckel, Boppard am Rhein 1993, S. 551–569; Tim Szatkowski, Karl Carstens. Eine politische Biographie, Köln u. a. 2007, S. 334–344.

desdeutschen Geschichte ab. Die politischen Entscheidungsprozesse wurden insbesondere in den Jahren seit 1972 dadurch erschwert, dass die Mehrheiten von Bundestag und Bundesrat nicht übereinstimmten und damit die CDU/CSU-Opposition im Bundestag über die Länderkammer ‚mitregieren' konnte. Dabei ist festzuhalten, dass sie im Unterschied zur Haltung der SPD ab 1994 keine ‚Blockadepolitik' betrieb, sondern darauf aus war, Kompromisse zu erzielen. Als ein Hemmnis einer allzu forschen Reformpolitik erwies sich schließlich noch das Bundesverfassungsgericht, das zentrale Gesetzesvorhaben der Bundesregierung und ihrer parlamentarischen Mehrheit zu Fall brachte und damit in die Kritik geriet. Trotz aller Komplikationen, die den politischen Willensbildungsprozess jener Jahre kennzeichneten, kann im Hinblick auf die Bundesrepublik keinesfalls von einer „Unregierbarkeit" gesprochen werden. Als dann im Jahr 1982 die Gemeinsamkeiten der sozialliberalen Koalition aufgebraucht waren und Helmut Schmidt die Unterstützung seiner Partei verloren hatte, stand eine neue Koalition bereit, die sowohl die Nachrüstungsdebatte zu einem positiven Ende führte als auch wirtschaftliche und soziale Ungleichgewichte einigermaßen zu stabilisieren verstand.

Sylvie Guillaume
L'actualité du discours libéral dans les années 1970–1980

Le libéralisme occupe une place souvent à la marge dans la culture politique française dominée par deux passions le communisme et le gaullisme. Un discours franchement libéral est rarement revendiqué par les hommes politiques tant il reste impopulaire en France. Il n'existe pas de parti libéral comme le *Freie Demokratische Partei* en Allemagne. Seul l'éphémère *Démocratie libérale* créée en 1997 par Alain Madelin revendique le qualificatif ‚liberal' qui reste en France péjoratif car associé au capitalisme sauvage et au conservatisme le plus étroit. Entre une gauche imprégnée de marxisme et antilibérale et une droite gaulliste qui a une conception très étatique de la gestion des affaires économiques et sociales, la famille libérale qui se positionne au centre et à droite de l'échiquier politique a un espace réduit dans le contexte de bipolarisation de la Ve République. Pourtant le libéralisme politique et même économique – les deux étant souvent confondus – a toujours été une culture de l'influence et une force de proposition. Dans les années qui nous intéressent ici – 1970-1980 – le discours libéral semble retrouver une force certaine chez les politiques à la suite des échecs reconnus des régimes communistes et malgré l'antilibéralisme des enfants de mai 68; paradoxalement, les évènements de mai 68 contribuent aussi à la propagation des idées libérales, idéal d'une société ouverte et c'est ce qu'ont compris des personnalités comme le gaulliste Chaban-Delmas en 1969 ou le républicain-indépendant Valéry Giscard d'Estaing en 1974. Celui-ci avait présenté dès le 10 janvier 1967 une conception „libérale, sociale et européenne" de la politique qui se démarquait du gaullisme. L'actualité du libéralisme est ainsi associée à la demande de réformes[1].

Le discours libéral se décline dans plusieurs milieux. Le libéralisme est présidentiel et gouvernemental sous la Présidence de Valéry Giscard d'Estaing, un non gaulliste, avec Raymond Barre à Matignon. Il devient d'opposition lorsque la droite toute entière UDF et RPR s'oppose à la gauche qui domine pendant les années Mitterrand. Le discours libéral ne se limite pas au monde politique mais reste prédominant dans les milieux patronaux. Peu prisé par beaucoup d'intellectuels influencés par l'antilibéralisme de mai 68, le libéralisme est également entouré de suspicion dans la société civile à l'exception des classes moyennes dites indépendantes.

Cette communication a donc pour objectif d'expliquer la situation paradoxale du libéralisme en France ou plus précisément du libéralisme à la française qui est toujours en quête d'identité par rapport au libéralisme anglo-saxon.

---

[1] Sylvie Guillaume/Pierre Guillaume, Réformes et réformisme dans la France contemporaine, Paris 2012, p. 160.

Succès en demies teintes du libéralisme au centre et à droite

Du libéralisme présidentiel et gouvernemental ...

L'accession de Valéry Giscard d'Estaing à la Présidence de la République en 1974 est considérée comme une première alternance parce que l'heureux élu n'est pas gaulliste. Il est issu d'une famille de la droite libérale, le Centre national des Indépendants, qui s'imposa sous la IVe République. Son leader Roger Duchet avait pour ambition de faire du CNI un grand parti conservateur et libéral sur le modèle britannique. C'est le libéral Antoine Pinay, Président d'honneur du CNI, qui a fait entrer le jeune Giscard au cabinet d'Edgar Faure en 1955. Sous la Ve République le CNI est éclipsé par les gaullistes mais le libéralisme revient en force au centre de l'échiquier politique grâce au projet giscardien. La Fédération nationale des républicains indépendants (1966) présidée par Valéry Giscard d'Estaing prend ses distances avec le gaullisme tout en acceptant les pratiques de la Ve République. Convaincu que „la France veut être gouvernée au centre" le président Giscard d'Estaing met en application son projet en 1974, moment privilégié du centrisme libéral. Prenant en compte les revendications de la société française après mai 1968, le jeune Président lance les deux premières années de son mandat des réformes audacieuses, expression du libéralisme politique, comme l'abaissement de l'âge électoral, l'élargissement du droit de saisine, la suppression de l'ORTF au profit de plusieurs sociétés audiovisuelles, la législation sur le divorce par consentement mutuel et celle sur l'IVG qui fut très contestée par les conservateurs et votée grâce à l'apport de la gauche. Le projet du Président est consigné dans son ouvrage *Démocratie française* publié en 1976. Après avoir diagnostiqué l'état de la société française et souligné les limites des idéologies traditionnelles, le marxisme mais aussi le „libéralisme classique qui ne rend pas compte de la réalité sociale contemporaine", il propose des solutions pour satisfaire les besoins d'une société pluraliste. Dans le chapitre VI intitulé „Pluralisme et liberté" il souligne l'actualité du libéralisme: „Tandis que sur plusieurs continents l'expérience montre l'impuissance des systèmes collectivistes à permettre une pratique démocratique du pouvoir, la conception libérale de pluralité des pouvoirs confirme sa vitalité"[2].

Le libéralisme politique est la condition du respect d'une société pluraliste et d'une véritable démocratie. Le libéralisme économique est également à la base de la nouvelle croissance qui doit être plus „équitable", plus „économe" pour reprendre les termes de Giscard d'Estaing[3]. L'expression „libéralisme avancé" prend en compte les attentes sociales et se distingue du ‚libéralisme sauvage'. L',Union pour la démocratie française' est créée le 1^{er}février 1978 et elle s'affiche „libérale, centriste, européenne". Le parti giscardien s'oppose au RPR créé en décembre 1976 par Jacques Chirac après son départ de Matignon. Deux droites vont s'affronter, la droite gaulliste plus interventionniste et réservée sur l'Europe telle qu'elle se construit et la droite libérale giscardienne héritière selon René Rémond de la droite orléaniste libérale. Par delà les

---

[2] Valéry Giscard d'Estaing, Démocratie française, Paris 1976, p. 95.
[3] Ibid., p. 97.

divisions idéologiques le conflit est très largement personnalisé autour de Giscard d'Estaing et de Jacques Chirac.

Jacques Chirac, Premier ministre de 1974 à 1976, est remplacé par Raymond Barre qualifié de „meilleur économiste français en tout cas un des tout premiers" par le président de la République. L'économie française est en effet malmenée depuis le choc pétrolier de 1973 et le choix d'un Premier ministre indépendant, sans mandat électif et économiste libéral n'est pas fortuit[4]. L'inspiration de l'action gouvernementale de 1978 à 1981 est incontestablement libérale comme le précise Raymond Barre: „Si je voulais résumer ma pensée, je dirais qu'en politique je suis un libéral et qu'en économie je suis favorable à une gestion qui assure le progrès économique et social pour la liberté, la responsabilité, la concurrence et la concertation. Ma philosophie est libérale, ma gestion s'efforce d'être réaliste[5]."

Dans ses écrits, Raymond Barre fait souvent référence à „l'économie sociale de marché" *Soziale Marktwirtschaft* conduite par Ludwig Erhard le ministre de l'économie d'Adenauer puis Chancelier lui-même de 1963 à 1966. Attaché à la personnalité du général de Gaulle Raymond Barre ne partage pas les idées du parti gaulliste d'alors, le RPR de Jacques Chirac. Raymond Barre tout comme Valéry Giscard d'Estaing a cependant une conception très pragmatique de l'action politique même si l'inspiration est libérale. Son action gouvernementale se résume au rétablissement des grands équilibres ébranlés par la crise de 1973, à la restructuration des industries en grande difficulté comme la sidérurgie. Le retour à la liberté des prix, mesure libérale et qui était fortement demandé par le patronat est quasi effectif en 1978. Cependant d'autres mesures comme le Plan national pour l'emploi présenté en avril 1977 pour lutter contre l'augmentation du chômage relève davantage d'un esprit pragmatique que doctrinaire. Le bilan est mitigé et malgré les succès de l'UDF aux législatives de 1978, Raymond Barre voit sa popularité s'effondrer avec le second choc pétrolier de 1979.

Aux élections présidentielles de 1981, Valéry Giscard d'Estaing est battu par François Mitterrand, une partie de l'électorat gaulliste a préféré la défaite du concurrent libéral Valéry Giscard d'Estaing à celle de l'adversaire socialiste. En 1988, Raymond Barre qui symbolisait le candidat centriste libéral, est largement devancé au premier tour par le candidat Chirac qui ne parvient pas cependant au second tour à battre François Mitterrand.

Ainsi s'achève un moment privilégié du „libéralisme avancé" cher à Valéry Giscard d'Estaing en partie à cause de ses propres maladresses mais aussi à cause de la montée de l'opposition de gauche et surtout de l'hostilité du parti gaulliste.

… au libéralisme d'opposition

Pendant les deux mandats présidentiels de François Mitterrand on peut certes s'interroger sur l'existence d'une gauche libérale, si l'on s'en tient aux mesures d'inspiration

---

[4] Sylvie Guillaume, L'action gouvernementale: la gestion de la fin du septennat, in: Serge Berstein/Jean-François Sirinelli (éds.), Les années Giscard 1978–1981. Les institutions à l'épreuve?, Paris 2010, pp. 57–73.
[5] Raymond Barre, Une politique pour l'avenir, Paris 1981, p. 107.

libérale dictées par le Garde des Sceaux Robert Badinter sur la protection juridictionnelle du citoyen, sur la création de radios libres en 1982 qui favorise le pluralisme de l'information dans la continuité de l'œuvre de Giscard d'Estaing. On peut aussi constater la conversion presque honteuse à une forme de libéralisme pragmatique à partir de 1983 de Jacques Delors ancien conseiller de Jacques Chaban-Delmas l'homme de la ‚nouvelle société' en 1969 et ministre de l'Economie et des Finances du gouvernement Fabius. Mais ces formes de libéralisme sont en général mal assumées et très largement noyées par une politique interventionniste avec les nationalisations et les 35 heures.

Par contre à droite réduite à l'opposition, le libéralisme prend toute son actualité même chez les gaullistes orthodoxes. En 1986 une majorité UDF-RPR est élue sur un programme libéral basé sur les privatisations. Jacques Chirac, qui est devenu le principal chef de l'opposition, réélu à la tête du RPR en 1982 et à la Mairie de Paris en 1983 grâce à une liste UDF-RPR unie, avait annoncé la „puissante aspiration à la liberté" à la convention libérale de juin 1985. Dans ses discours, il veut s'inspirer des principes de Margaret Thatcher, Premier ministre britannique depuis 1979 et de Ronald Reagan, élu président des Etats-Unis en novembre 1980. François Mitterrand est contraint de faire appel à Jacques Chirac en 1986 dans le cadre du premier gouvernement de cohabitation sous la Ve République. Le néo libéralisme chiraquien est cependant très conjoncturel; Edouard Balladur, nommé ministre de l'Economie des Finances et des Privatisations propose la suppression de l'autorisation administrative du licenciement, la privatisation de TF1. L'opposition de François Mitterrand aux privatisations et la grande crise sociale de 1986 mettent fin à cette expérience néo libérale. En 1995, Jacques Chirac sera enfin élu Président de la République face à Lionel Jospin mais sur le thème de la ‚fracture sociale' très éloigné du néo libéralisme de 1986. Edouard Balladur, cet „ami de 30 ans", qui est l'autre candidat de la droite, fidèle au libéralisme, est battu dès le premier tour.

Alain Madelin qui a écrit *Aux sources du modèle libéral français* et qui a créé Démocratie libérale rompant ainsi avec l'UDF sera le candidat malheureux des présidentielles de 2002. Il faut attendre Nicolas Sarkozy en 2007 pour voir à l'Elysée un candidat proclamant son libéralisme mais la crise de 2008 amène très vite le Président de la République à parler de „refondation du capitalisme" et donc à infléchir son discours libéral.

Un patronat globalement favorable au libéralisme

Dans les années 1970–1980 le discours libéral est dominant dans les milieux patronaux français pour plusieurs raisons: l'attachement au libéralisme est pérenne et se nourrit de l'opposition de ces milieux aux politiques jugées trop interventionnistes depuis la seconde guerre et de leur hostilité à une administration tatillonne et aux hauts fonctionnaires qualifiés de technocrates. Le discours libéral recouvre aussi un enjeu idéologique important face à une gauche anticapitaliste, imprégnée de marxisme. Cet enjeu est exacerbé avec l'arrivée de la gauche au pouvoir à partir de 1981. Cet unanimisme a aussi ses limites car le patronat est divisé entre le grand patronat représenté par le CNPF puis à partir de 1997 par le Medef et par le petit et moyen patronat représenté par la Confédération générale des petites et moyennes entreprises. Ils ne représentent pas forcément les mêmes intérêts et n'adoptent pas les mêmes attitudes face au pouvoir politique. Des divisions existent entre des patrons plutôt progressistes comme Antoine Riboud de BSN et l'exécutif du CNPF qui, par la voix de son président d'alors François Ceyrac, critiqua vertement le projet de nouvelle société de Jacques Chaban-Delmas en 1969. Le CNPF subit également dans ces années la contestation des jeunes regroupés au Centre des jeunes patrons. Par ailleurs l'interpénétration croissante entre les milieux gouvernementaux, les hauts fonctionnaires et les patrons comme l'ont montré les études du sociologue américain Ezra Suleiman favorise la concertation et un modus vivendi entre les élites politiques et économiques.

On constate aussi des situations paradoxales. Les relations entre Valéry Giscard d'Estaing, dont on a montré l'attachement au libéralisme, et le patronat ont été pour le moins difficiles[6]. Aux présidentielles de 1974, le CNPF a soutenu la candidature Chaban-Delmas alors qu'il avait critiqué la nouvelle société en 1969. Cinq ans plus tard, le candidat gaulliste incarne la stabilité et la continuité. Valéry Giscard d'Estaing en a gardé un très fort ressentiment comme le souligne son témoignage: „Une fois de plus, le patronat a fait preuve de son imbécillité pratique"[7]. Le CNPF et la CGPME dirigée alors par son fondateur Léon Gingembre ont combattu ensemble le plan dit de refroidissement de Jean-Pierre Fourcade, ministre des Finances en 1974, qui vient pourtant des milieux des banques d'affaire. Ils s'opposent également au projet d'une taxe conjoncturelle dite la ‚serisette' du nom du conseiller du président de la République Jean Serisé. Il est vrai aussi que ces mesures conjoncturelles destinées à lutter contre l'inflation ne sont pas inspirées par le libéralisme. Cette animosité peut surprendre alors que les représentants des milieux patronaux sont nombreux dans ce gouvernement et que Giscard est directement lié par sa famille et sa belle famille aux milieux des affaires. Les relations s'améliorent très nettement avec l'arrivée à Matignon de Raymond Barre en août 1976 qui projetait une libération des prix. La CGPME voit en lui le digne successeur de Raymond Poincaré et d'Antoine Pinay. Raymond Barre manifeste son intérêt pour les PME ne serait-ce que par l'existence dans ses gouvernements successifs d'un ministère du Commerce, de l'industrie et de l'artisanat.

Malgré ces péripéties grand et petit patronat soutiennent sans état d'âme Valéry Giscard d'Estaing et Raymond Barre dans la campagne des législatives de 1978 qui font craindre une victoire de la gauche dans le prolongement de la signature du programme commun de 1972. Le réflexe de peur sociale et le rejet d'un retour à l'étatisme avec la victoire de la gauche explique ainsi l'attitude des élites économiques qui se sentent alors solidaires dans un même combat en faveur du libéralisme et des libertés économiques quelles que soient leurs divisions internes et quels que soient les candidats de droite au pouvoir. Le discours libéral prend alors tout son sens dans la lutte contre le programme commun. Sont particulièrement visées les nationalisations dans l'ouvrage de François Ceyrac patron du CNPF intitulé ‚Les dossiers de l'économie de liberté' publié peu avant les législatives de 1978.

La CGPME publie un programme qui marque aussi un engagement politique qu'elle justifie en ces termes: „Cependant à la veille d'une échéance électorale que le

---

[6] Jean Garrigues, Les Patrons et la politique de Schneider à Seillière, Paris 2002, p. 225.
[7] Cité ibid.

pays unanime considère comme exceptionnellement capitale, elle ne peut pas se taire sans se renier"⁸.

Elle demande aux candidats d'adhérer à une véritable charte libérale, contre plan au programme commun qui se résume à quatre points fondamentaux:
1. Refuser toute nouvelle nationalisation et notamment la nationalisation du crédit.
2. abolir les ordonnances de 1945 et rétablir la liberté totale des prix;
3. Maintenir la liberté de gestion du chef d'entreprise et refuser l'autogestion;
4. refuser une planification autoritaire et faire reculer technocratie et bureaucratie
La CGPME comme le CNPF contribue ainsi „à faire le bon choix" expression utilisée par Giscard d'Estaing dans son discours à Verdun-sur-le-Doubs qui marque une orientation à droite d'un président qui s'affichait centriste en 1974.

Aux présidentielles de 1981, le CNPF ne donne pas de consigne de vote au premier tour mais sa préférence va au candidat Chirac. Cependant, au second tour, François Ceyrac oppose le programme de Giscard „imparfait certes mais perfectible" à celui de Mitterrand dont le patronat ne veut à aucun prix. La victoire de François Mitterrand est très fortement ressentie comme une catastrophe par l'ensemble du patronat. René Bernasconi qui a succédé à Léon Gingembre à la tête de la CGPME en 1978 déclare d'emblée „nous sommes contre l'Etat-providence"⁹. La réponse du PS ne se fait pas attendre. Au congrès de Valence du PS réuni le 23 octobre 1981 Paul Quilès réclame la tête de Bernasconi et stigmatise l'attitude du patronat. René Bernasconi lance alors l'idée de plate-formes électorales qui sont très proches des programmes UDF et RPR qui amorcent un tournant néo libéral. Les lois Auroux sur l'entreprise sont l'occasion de grandes manifestations patronales qui annoncent celles de 1997 contre la loi des 35 heures qui provoquent alors la démission de Jean Gandois et son remplacement par Ernest Antoine Seillière à la tête de ce qui devient le Medef.

La CGPME s'engage ouvertement aux municipales de 1983 en invitant „les représentants de l'entreprise libre et indépendante" à s'associer à toute action visant à arrêter le processus de nationalisations, à dénoncer le mythe de l'Etat-providence qui incarne un assistanat généralisé et à affirmer a contrario leur adhésion à l'économie libérale. Le combat de la CGPME s'identifie totalement aux revendications des classes moyennes indépendantes qui critiquent sans relâche ce qu'elles considèrent comme les privilèges des fonctionnaires. De son côté Yvon Gattaz, poussé par le noyau dur du patronat autour d'Ambroise Roux, directeur général de la CGE et président de la commission économique du CNPF, qui lui fait le reproche de pactiser avec la gauche, lance un appel en faveur de l'engagement politique. On assiste bien à l'action conjuguée dans l'opposition des milieux politiques et des milieux patronaux. Par exemple, les Etats généraux du RPR de Jacques Chirac de 1982 intitulés „Professions et libertés" et en 1984 „Libres et responsables" sont l'expression du credo libéral des milieux patronaux.

La cohabitation de 1986 avec l'arrivée de Jacques Chirac à Matignon et celle d'Edouard Balladur à l'Economie et aux Finances est bien accueillie par les patrons.

---

⁸ CGPME, Centre de documentation, archives privées, Principes fondamentaux, Assemblée générale, novembre 1978, p. 263.
⁹ Sylvie Guillaume, Le petit et moyen patronat, Bordeaux 2004, p. 85.

La politique de privatisations mené par ce gouvernement a été très largement préparée par l'Association française des entreprises privées, AFEP, d'Ambroise Roux[10].

La portée de ces manifestations d'hostilité est tempérée par le dialogue qui n'a jamais cessé entre le patronat et la gauche. Les rapports entre François Mitterrand et Yvon Gattaz ne sont pas mauvais, la CGPME obtient du gouvernement d'Edith Cresson un plan pluri-annuel en faveur des PME qui sert de modèle à d'autres plans lancés à droite par Edouard Balladur en 1993 et par Alain Juppé en 1995.

La gauche au pouvoir a bien favorisé à son corps défendant une actualisation du discours libéral dans les milieux patronaux avec cependant des sensibilités différentes. On a pu voir que le néo libéralisme de Jacques Chirac en 1986, directement inspiré des politiques de Thatcher et de Reagan, était circonstanciel et que la trilogie néo libérale privatisation-déréglementation-globalisation n'a jamais été appliquée par le gouvernement de 1986. Lucien Rebuffel, qui reste à la tête de la CGPME de 1990 à 1999, est un proche de Jacques Chirac; il popularise dans la confédération l'expression „libéralisme tempéré" publié sous la forme d'un livre blanc en 1993. Le libéralisme tempéré s'identifie à une troisième voie entre le libéralisme sauvage avec „la présence de 35 millions de pauvres aux Etats-Unis" et le socialisme d'Etat. Cette troisième voie fut aussi celle préconisée par Antoine Pinay en 1952 puis on l'a vu par Valéry Giscard d'Estaing dans *Démocratie française*. Le ‚libéralisme tempéré' de Lucien Rebuffel épouse parfaitement les caractères de la culture française; il est l'expression de la lutte des ‚petits' contre les ‚gros' et des craintes d'une mondialisation qui favoriserait le grand capital et les multinationales au détriment des plus faibles.

Le libéralisme à la française est fait de modération et de compromis. La force de la tradition étatique et le souci de l'égalité sont tels en France qu'ils restent présents à l'esprit même chez une majorité de libéraux modérés qui craignant souvent les excès du Parti républicain de François Léotard ou de Démocratie libérale d'Alain Madelin ou de noyaux durs au sein du CNPF, soutenus par l'Union des industries métallurgiques et minières. C'est ainsi que Jean Gandois partisan du dialogue social s'est heurté en 1995 au courant libéral des nouveaux managers comme Bébéar.

Le ‚libéralisme avancé' de Giscard d'Estaing ou le ‚libéralisme tempéré' de Rebuffel expriment aussi la prudence dont s'entourent les hommes politiques et certains patrons à utiliser une idéologie peu populaire en France.

Conclusion: Le libéralisme: le mal aimé de la culture française

Même si le libéralisme retrouve toute son actualité dans les années 1970–1980 il n'en reste pas moins fragilisé. Les raisons sont multiples.

Il n'est guère prisé des intellectuels français. Sartre le plus influent depuis la Libération reste la figure tutélaire des contestations de mai 68 jusqu'à sa mort en 1980. Très populaire de son vivant, il sera contesté ensuite symbolisant les excès de la gauche.

---

[10] Garrigues, Les Patrons, p. 246.

Son camarade de Normale supérieure, Raymond Aron qui meurt en 1983, sera à la fin de sa vie, porté par la vague du libéralisme[11]. Dans son *Essai sur les Libertés*, publié en 1965, il s'était opposé à tout dogmatisme, qu'il soit fondé sur l'égalité ou sur les libertés. Le compromis libéral identifie ainsi la pensée d'Aron[12]. La revue *Commentaire* née en 1978 et dirigée par Jean-Claude Casanova, ancien collaborateur de Raymond Barre, réunit la mouvance aronienne. La revue *Débat* lancée en 1980 critique „la pensée 68" sous la plume de Marcel Gauchet, François Furet puis Alain Finkelkraut et Luc Ferry. Cette revue est considérée par l'extrême gauche comme vecteur du néo libéralisme. Les années 1980 voient naître aussi des clubs de réflexion comme la Fondation Saint-Simon créée en 1982 actualisant la pensée libérale pour l'opposer aux idéologies de gauche. La „nouvelle droite" du Groupement de recherches et d'études pour la civilisation européenne (GRECE) d'Alain de Benoist et du Club de l'Horloge a pu être considérée comme un relai dans une perspective de reconquête du pouvoir par la droite. Le libéralisme économique attire aussi des intellectuels comme Jean-François Revel. Dans son ouvrage ‚Ni Marx ni Jesus' publié au Seuil en 1970 soit trois ans après ‚Le défi américain'de Jean-JacquesServan-Schreiber éphémère ministre radical de Valéry Giscard d'Estaing, Revel ne cache pas son admiration pour le modèle américain et sur ses libertés ce qui ne va pas sans susciter des polémiques tant l'anti américanisme reste présent en France. Mais ces intellectuels échouent dans ces années à renverser l'hégémonie des intellectuels de gauche malgré les coups de boutoir que leur portent les philosophes André Glucksman ou Bernard Henri Lévy qui dénoncent le totalitarisme du régime soviétique. Il faut attendre les décennies suivantes pour que les intellectuels libéraux comme Guy Sorman, Alain Minc, François Furet ancien du PCF, Pierre Rosanvallon ancien du PSU, Jacques Marseille ou Nicolas Baverez développent la pensée libérale en un moment où le rôle de l'intellectuel perd de son influence.

Le discours libéral trouve difficilement un équilibre face à la force de l'anti libéralisme qui se nourrit de réflexes très franco français. On reproche aux libéraux de chercher leur inspiration dans les modèles étrangers, anglo saxons d'abord mais aussi autrichien ou allemand comme ceux qu'on a qualifiés d' „ordo libéraux" de Friburg avec Walter Eucken, Wilhelm Röpke et Alfred Müller-Armack le père de l'‚économie sociale de marché'. La prégnance de la culture catholique ou marxiste explique aussi que les Français aient un rapport à l'argent fait de suspicions ce qui rend suspect le libéralisme économique. Le poids de la tradition étatique et par voie de conséquence de la fonction publique ne favorise pas la pensée libérale.

Ainsi si l'on peut conclure à l'actualité du libéralisme de la France des années 1970–1980 grâce au succès de personnalités politiques s'en réclamant comme Giscard d'Estaing, grâce à une conjoncture socio culturelle (revendication de plus de libertés) favorable, cette actualité est sans cesse être remise en cause parce que la pensée libérale reste bien à la marge de la culture française, à droite comme à gauche. Pendant la campagne présidentielle de 2012 Nicolas Sarkozy propose une gestion plus étatique de la crise pendant que le social-libéralisme que l'on prête au candidat Hollande est très fortement critiqué par le Front de gauche de Jean-Luc Mélenchon.

---

[11] Jean-François Sirinelli, Deux intellectuels dans le siècle, Sartre et Aron, Paris 1995.
[12] Sylvie Guillaume, L'avènement des libéraux, in: Jean Garrigues/Sylvie Guillaume/Jean-François Sirinelli (éds.), Comprendre la Ve République, Paris 2010, pp. 307–326, ici p. 320.

Bernhard Gotto
Von enttäuschten Erwartungen: Willy Brandts „Mehr Demokratie wagen" und Valéry Giscard d'Estaings „Démocratie française"

Warum soll man zwei Reformprojekte miteinander vergleichen, die zunächst nur wenig miteinander gemeinsam zu haben scheinen? Als Valéry Giscard d'Estaing am 19. Mai 1974 sein Septennat antrat, war Willy Brandt bereits seit zwei Wochen nicht mehr im Amt. Und nicht nur der zeitliche Abstand scheint beide Konzepte zu trennen, sondern auch die institutionellen Voraussetzungen, das politische Umfeld und die biografischen Hintergründe, vor allem aber die ökonomischen Rahmenbedingungen vor bzw. nach dem Ölpreisschock. In der Regel orientieren sich deutsch-französische Vergleiche an den Amtszeiten des Bundeskanzlers bzw. des Staatspräsidenten. Auf die Gründungsgestalten Konrad Adenauer und de Charles Gaulle folgen in dieser Lesart zunächst Willy Brandt und Georges Pompidou sowie Helmut Schmidt und Valéry Giscard d'Estaing. Diese Paare verweisen darauf, dass solche Vergleiche häufig diplomatiegeschichtlich angelegt sind; ihr Fokus ist die Außen-, Europa-, Bündnis- oder Deutschlandpolitik.[1]

Richtet man den Blick hingegen auf die Innen- und die Gesellschaftspolitik, so stechen die Parallelen zwischen den Reformprogrammen von Brandt und Giscard. sofort ins Auge. Dies gilt erstens für ihre Stoßrichtung. Beide wurzelten in keynesianistischen Überzeugungen und waren Ausdruck eines Modernisierungswillens, der ganz auf staatliche Steuerungskompetenzen vertraute.[2] Zweitens eint sie ihre prospektive Reichweite. Sowohl Brandt als auch Giscard. verkündeten nichts weniger, als der Gesellschaft ein neues Gesicht zu geben, und nahmen dafür Reformen auf zahlreichen Gebieten gleichzeitig in Angriff. Drittens verbanden sie sich selbst mit dem Reformprogramm. Ihre Wahlkampagnen waren stark auf ihre Person zugeschnitten, und die jeweilige Imagepolitik inszenierte sie als (vergleichsweise) junge, dynamische Heilsbringer, die allein in der Lage waren, alte Zöpfe abzuschneiden und Staat und Gesellschaft umfassend zu modernisieren. Zusammengenommen bilden diese drei Gemeinsamkeiten auch den Fluchtpunkt für eine weitere Konvergenz, nämlich den Grund, warum beide Programme so große Enttäuschung hervorriefen. Ihr Scheitern, so verschieden die Auslöser und Hintergründe in beiden Ländern auch waren, legt eine grundsätzliches Dilemma offen, nämlich die „Doppelstruktur von Politik im

---

[1] Vgl. zuletzt Paul Legoll, Charles de Gaulle et Konrad Adenauer. La cordiale entente, Paris 2004; Claudia Hiepel, Willy Brandt und Georges Pompidou. Deutsch-französische Europapolitik zwischen Aufbruch und Krise, München 2012; Matthias Wächter, Helmut Schmidt und Valéry Giscard d'Estaing. Auf der Suche nach Stabilität in der Krise der 70er Jahre, Bremen 2011.

[2] Auf die Ähnlichkeit der beiden Reformprogramme in dieser Hinsicht haben bereits Lutz Raphael und Anselm Doering-Manteuffel hingewiesen; Anselm Doering-Manteuffel/Lutz Raphael, Nach dem Boom. Perspektiven auf die Zeitgeschichte seit 1970, Göttingen 2008, S. 27–29.

modernen Medienzeitalter"³. Dieses Dilemma besteht einerseits darin, dass der Handlungsspielraum von politischen Entscheidern viel zu klein ist, um umfassende Veränderungskonzeptionen zu realisieren. Zu stark sind die Abhängigkeiten von wirtschaftlichen und finanziellen Faktoren außerhalb ihres Einflussbereichs, zu groß auch das Gewicht von gesellschaftlichen Akteuren, die zu Kompromissen in kleinen Schritten nötigen. Die andere Seite des Dilemmas besteht in der Notwendigkeit, konkrete Vorhaben nicht nur diskursiv zu rechtfertigen, sondern medial regelrecht zu inszenieren. Um überhaupt Zustimmung zu generieren, erzeugt die öffentliche Präsentation von Politik also systematisch Erwartungen, die das konkrete Regierungshandeln dann überhaupt nicht einlösen kann.

Verstärkt wurde dieses Dilemma durch die tiefe Krise der Weltwirtschaft. Zum einen engten ihre Folgen den Manövrierspielraum für beide Politiker dramatisch ein und rückten einen ganz anderen Politikertyp in den Vordergrund: In Deutschland übernahm mit Helmut Schmidt ein nüchterner Krisenmanager das Ruder, der sich abfällig über visionäre Politikentwürfe äußerte, während Giscard. in Frankreich mit Raymond Barre einen ausgewiesenen Ökonomen als seinen Regierungschef installierte⁴. Der Kampf gegen Inflation, Arbeitslosigkeit und der Versuch, wieder wirtschaftliches Wachstum zu stimulieren, verdrängte alle anderen Themen auf der politischen Agenda. Zum anderen unterstellte die Krisensemantik der ‚années grises', dass zuvor und danach eine stabile Normalität herrsche, der durch einen unsicheren Übergangszeitraum der Transformation unterbrochen sei. Dabei ist es in der Moderne genau umgekehrt: Phasen der Stabilität sind kurz, Wandel und vor allem die Wahrnehmung, dass dieser Wandel immer schneller vonstatten geht, kennzeichnen das Lebensgefühl dauerhaft.⁵ Die Krise unterlief also die zeitlichen Horizonte, die beide Reformprogramme zugrundegelegt hatten, sowohl durch die Dringlichkeit von Kriseninterventionen als auch durch die völlig veränderte Wahrnehmung von Zeit, die sich zu einem „Zukunftsschwund"⁶ zuspitzte. Dass Franzosen wie Deutsche ihr Vertrauen in eine gute und sichere Zukunft einbüßten, stand in einem scharfen Kontrast zu dem Modernisierungsoptimismus, der den Images von Brandt und Giscard das Fundament gab.

---

3   Andreas Wirsching, Abschied vom Provisorium. Geschichte der Bundesrepublik Deutschland 1982–1990, Stuttgart 2006, S. 56f. (Zitat S. 57).
4   Vgl. Martin H. Geyer, Rahmenbedingungen: Unsicherheit als Normalität, in: Geschichte der Sozialpolitik in Deutschland seit 1945. Hrsg. vom Bundesministerium für Arbeit und Soziales und Bundesarchiv, Bd. 6: Bundesrepublik Deutschland 1974–1982. Neue Herausforderungen, wachsende Unsicherheiten. Bandherausgeber: Martin H. Geyer, Baden-Baden 2008, S. 1–109, hier S. 6–11; zu Barre Albert Michel (Hrsg.), Raymond Barre. Un homme singulier dans la politique française, Paris 2010.
5   Thomas Mergel, Krisen als Wahrnehmungsphänomene, in: ders. (Hrsg.), Krisen verstehen. Historische und kulturwissenschaftliche Annäherungen, Frankfurt am Main 2010, S. 9–21, hier S. 14f.
6   Vgl. Robert Frank/Geneviève Dreyfus-Armand/Maryvonne Le Puloch, Marie-Francoise Lévy/Michelle Zancarini-Fournel, Crises et conscience de crise. Les années grises de la fin de siècle, in: Vingtième siècle Nr. 84, 2004, S. 75–82, hier S. 80f.

Aufbruch zu neuen Ufern

Sowohl Brandtals auch Giscard profitierten von einem Meinungsklima, das für Reformprojekte ausgesprochen günstig war. Beide nahmen Reformimpulse aus den ‚langen' 1960er Jahre auf, die sich bereits zuvor unter Georges Pompidou bzw. unter der Großen Koalition zu ersten Reformanstrengungen geführt hatten.[7] Eine große Mehrheit der Franzosen wünschte sich den gesellschaftlichen Wandel herbei: Im November 1973 gaben bei einer Meinungsumfrage 71% der Bevölkerung an, das sie für Veränderungen der Gesellschaft seien[8]. Auch Brandt verschafften die Demoskopen Rückenwind. Im November 1970 veröffentlichte der Spiegel eine breit angelegte Umfrage zu den inneren Reformen. Insgesamt sprachen sich demnach rund drei Viertel der Bevölkerung für Veränderungen aus. Was der Spiegel schrieb, las sich wie eine Anfeuerung für Brandt: „Die Progressiven werden weniger ängstlich in der Kritik des Erreichten und mutiger beim Durchsetzen von Reform-Projekten sein können. [...] Denn die die Bevölkerung erwartet Reformen von jedem, den sie wählt"[9].

Neu war, dass Brandt und Giscard die Veränderung zum Angelpunkt ihrer innenpolitischen Konzeption erklärten. Beide verstanden ihre Politik als einen Aufbruch, der der Gesellschaft eine neue Richtung weisen sollte – und zwar für weit längere Zeit als nur eine Amtszeit von vier bzw. sieben Jahren. Und so sparten sie nicht mit großen Worten: Willy Brandt erklärte, mit seiner Wahl sei Hitler endgültig besiegt worden. Valéry Giscard d'Estaing verkündete im ersten Satz seiner Antrittsrede, die er auswendig gelernt hatte, unmittelbar nach seiner Amtseinführung: „De ce jour, date une ère nouvelle de la politique française"[10]. Herbert Wehner feierte in der sozialdemokratischen Parteizeitung „Vorwärts" die Wahl des ersten sozialdemokratischen Bundeskanzlers der Nachkriegszeit mit gleichem Pathos: „Mit der Wahl Willy Brandts zum Bundeskanzler hat ein neues Kapitel der Bundesrepublik Deutschland begonnen. Es wird ein Kapitel der Erneuerung sein"[11]. In dasselbe Horn blies der französische Präsident. Wenige Monate nach seiner Wahl bekräftigte Giscard seine Absicht, aus Frankreich eine große Reformbaustelle zu machen.[12] Das war mehr als nur der übliche Bombast der politischen Prosa, der jeden Politikwechsel begleitet. Sowohl Brandt als auch Giscard kamen in einer Situation an die Macht, in der die Bevölkerungsmehrheit von der Politik Reformen und weitreichende Veränderungen erwartete, und sie

---

[7] Vgl. Pascal Grisé, Georges Pompidou et la modernité. Les tensions de l'innovation1962-1974, Brüssel 2006; Joachim Samuel Eichhorn, Durch alle Klippen hindurch zum Erfolg. Die Regierungspraxis der ersten Großen Koalition (1966–1969), München 2009; vergleichend die Beiträge in Bernhard Gotto/Horst Möller/Jean Mondot/Nicole Pelletier (Hrsg.), Krisen und Krisenbewusstsein in Deutschland und Frankreich in den 1960er Jahren, München 2012.

[8] Sondages. Revue française de l'opinion publique 36 (1974), Nr. 1–2, Août 1973–Juillet 1974, S. 8.

[9] Der Spiegel, Nr. 46/1970, 9.11.1970, S. 74.

[10] http://www.elysee.fr/elysee/elysee.fr/francais_archives/les_institutions/l_investiture_du_president/valery_giscard_d_estaing/discours_de_valery_giscard_d_estaing.21279.html [27.8.2010].

[11] Archiv der Sozialen Demokratie (AdsD) WBA A 8/61, Pressemitteilung der SPD, 21.10.1969.

[12] „La France devait devenir un immense chantier de réformes", zitiert in Jean-Jacques Becker, Crises et alternances 1974-1995, Paris 1998, S. 34

brachten beide großen Reformwillen und Tatkraft mit, die sie in langen Jahren als Diener anderer Herren angesammelt hatten. Brandt sprach dies auch unumwunden aus. Von Beginn an heftete er sich das Etikett eines „Kanzlers der inneren Reform"[13] an. Seine Regierungserklärung war das „Manifest des Aufbruchs zu neuen Ufern"[14]. In ihrer Schlusspassage goss Brandt die ganze Aufbruchseuphorie in den emphatischen Ausruf: „Wir stehen nicht am Ende unserer Demokratie, wir fangen erst richtig an!"[15] Dieser „Fanfarenstoß"[16] allein weckte enorme Erwartungen und wurde zum Referenzsatz, auf den sich die Bürgerinnen und Bürger später immer wieder beriefen.

Solche vollmundigen Parolen passten haargenau zu dem Image als dynamischer Modernisierer, das sich beide Politiker über Jahre hinweg aufgebaut hatten. Sowohl Brandt als auch Giscard ließen sich als Hoffnungsträger der jungen Generation inszenieren. Beide hatten Unterstützung auch außerhalb ihrer Parteien in Form von lokalen Clubs und Wählerinitiativen organisiert, die kritische, junge, engagierte Menschen anzogen. Beide waren die mit Abstand jüngsten Staats- bzw. Regierungschefs, die die Bevölkerungen bis dahin gewählt hatten. Ihr Wahlkampf war modern, ihr Auftritt unkonventionell, ihre Affinität zur Fernsehkamera groß. Ebenso wie Brandt wurde Giscard zeitgenössisch mit John F. Kennedy verglichen. Während diese Analogie bei Brandt auf sein Charisma und die Hoffnung auf eine bessere Welt durch mehr Moral in der Politik abzielte, verfing sie bei Giscard wegen dessen Jugendlichkeit und seiner Brillanz. Brandt galt vor allem Anfang der 1960er Jahre als „deutscher Kennedy"[17], ab 1969 war er die unbestrittene Symbolfigur für die Reformpolitik. Seine Anhänger und Anhängerinnen verliehen ihm zuweilen geradezu messianische Züge. So erinnert sich eine seiner Biografinnen, Helga Grebing, an ihre erste Begegnung mit Willy Brandt

---

[13] Erstmals vor der SPD-Bundestagsfraktion am 3. Oktober; Arnulf Baring, Machtwechsel. Die Ära Brandt-Scheel, Stuttgart 1982, S. 183.

[14] Wolfgang Jäger, Die Innenpolitik der sozial-liberalen Koalition 1969–1974, in: Karl Dietrich Bracher/Wolfgang Jäger/Werner Link, Republik im Wandel 1969–1974. Die Ära Brandt, Stuttgart 1986, S. 13–160, hier S. 24; vgl. Heinrich August Winkler, Der lange Weg nach Westen. Bd. 2: Deutsche Geschichte vom „Dritten Reich" bis zur Wiedervereinigung, München 2000, S. 279.

[15] Regierungserklärung Willy Brandts vor dem Deutschen Bundestag, 28.10.1969, in: Presse- und Informationsamt der Bundesregierung (Hrsg.), Bundeskanzler Brandt. Reden und Interviews, Melsungen 1971, S. 30. Die darin enthaltene vernichtende Kritik an der Bilanz von 20 Jahren christdemokratischer Regierungstätigkeit registrierte sein Amtsvorgänger sehr wohl und schimpfte intern über diese „dreiste Bemerkung", die eine „Geschmack- und Taktlosigkeit" sei; Protokoll der Sitzung des CDU-Bundesvorstands am 29. September 1969, in: Günter Buchstab mit Denise Lindsay (Bearb.), Barzel: „Unsere Alternativen für die Zeit der Opposition". Die Protokolle des CDU-Bundesvorstands 1969–1973, Düsseldorf 2009, S. 7–29, hier S. 8.

[16] Hans Günter Hockerts, Rahmenbedingungen: Das Profil der Reformära, in: Geschichte der Sozialpolitik in Deutschland seit 1945. Hrsg. vom Bundesministerium für Arbeit und Soziales und Bundesarchiv, Bd. 5: Bundesrepublik Deutschland 1966–1974. Eine Zeit vielfältigen Aufbruchs. Bandherausgeber: Hans Günter Hockerts, Baden-Baden 2006, S. 1–155, hier S. 72.

[17] Vgl. Daniela Münkel, Politiker-Image und Wahlkampf. Das Beispiel Willy Brandt: vom „deutschen Kennedy" zum „deutschen Helden", in: Bernd Weisbrod (Hrsg.), Die Politik der Öffentlichkeit – die Öffentlichkeit der Politik. Politische Medialisierung in der Geschichte der Bundesrepublik, Göttingen 2003, S. 55–76.

im Winter 1949: „Irgendwie [...] wurde der dunkel-muffige Raum heller, und der sogleich beeindruckende Mann vermittelte in seiner kurzen Rede Zuversicht auf eine ganz andere Zukunft, an der wir mitarbeiten wollten"[18]. Ihren Höhepunkt erreichte diese Verquickung von Programm und Person 1972. Tausende Bürgerinnen und Bürger versicherten Brandt in hoch emotionalen Briefen ihrer Glückwünsche und Zustimmung, nachdem der Kanzler im Bundestag ein Misstrauensvotum erfolgreich überstanden hatte[19]. Die SPD machte sich die Popularität ihres Spitzenmannes zunutze und personalisierte den Bundestagswahlen desselben Jahres zu einem Votum für oder gegen Brandt, die als „Willy-Wahlen" in das kollektive Gedächtnis eingingen[20].

Auch Giscard setzte wie keiner seiner Vorgänger auf eine konsistente Imagepolitik; in den Medien, vor allem dem Fernsehen, war er omnipräsent[21]. Giscard bemühte sich systematisch, sein Image als moderner, sportlicher, erfolgreicher Politiker zu pflegen. 1967 ließ er in einer zweiseitigen Anzeige in der Zeitschrift *L'Express* ein Foto abdrucken, dass ihn neben Kennedy zeigte. Sein Namenskürzel „VGE" stellte ebenfalls eine Analogie zu JFK her – Giscard ließ es auf T-Shirts drucken („VGE à la barre"), mit denen jugendliche Anhänger sich bei Wahlkampfauftritten so platzierten, dass sie von den Fernsehkameras erfasst wurden[22]. Überhaupt war sein Wahlkampf deutlich von amerikanischen Vorbildern geprägt; zwei seiner Mitarbeiter hatten sich in den USA mit den dort eingesetzten Kampagnenmethoden vertraut gemacht[23]. Giscards Imagepolitik war erfolgreich: Ein Wahlplakat, auf dem er zusammen mit einer jungen Frau, die ihn erwartungsvoll anblickte, abgebildet war, gefiel in einer Umfrage nach den Präsidentschaftswahlen den Menschen von allen Plakaten des Wahlkamps am besten[24].

Obwohl beide Spitzenkandidaten sich als Bannerträger des Fortschritts und Garanten des Wandels inszenierten, verhießen sie zugleich auch Sicherheit. Giscard versprach „le changement sans le risque", womit er sich gegen seinen sozialistischen Hauptkonkurrenten François Mitterrand absetzte. Im direkten Aufeinandertreffen der beiden Präsidentschaftskandidaten bezeichnete er den zehn Jahre Älteren als

---

[18] Helga Grebing, Willy Brandt. Der andere Deutsche, München 2008, S. 7.
[19] Sabine Manke, Brandt anfeuern. Das Misstrauensvotum 1972 in Bürgerbriefen an den Bundeskanzler. Ein kulturwissenschaftlicher Beitrag zu modernen Resonanz- und Korrespondenzphänomenen, Marburg 2008, insbesondere S. 162–190.
[20] Thomas Mergel, Propaganda nach Hitler. Eine Kulturgeschichte des Wahlkampfs in der Bundesrepublik 1949–1990, Göttingen 2010, S. 219.
[21] Vgl. Becker, Crises et alternances, S. 102; Laurence Pellegrini, Regards croisées: Valéry Giscard d'Estaing vu par *Die Zeit* et Helmut Schmidt vu par *Le Nouvel Observateur*, in: Allemagne d'aujourd'hui, Nr. 191, 2010, S. 135–147, hier S. 137.
[22] Vgl. Sabine Seggelke, Der französische Präsident Valéry Giscard d'Estaing und die Massenmedien. Vom „Kennedy à la française" zum skandalierten „Monarchen", Remscheid 2004, S. 40–44.
[23] Jacques Berne, La campagne présidentielle de Valéry Giscard d'Estaing en 1974, Paris 1981, S. 60. Der Wahlkampf ist in einer DVD dokumentiert, die Giscard von seiner Kampagne produzieren ließ, aber aus Unzufriedenheit mit einigen Einstellungen nicht veröffentlichte; Raymond Depardon, 1974, une partie de Campagne avec Valéry Giscard d'Estaing, DVD 2004.
[24] Sondages. Revue française de l'opinion publique 36 (1974), Nr. 1–2, Août 1973–Juillet 1974, S. 97.

„homme du passé", der kein Monopol auf die Herzen habe – diese Zuspitzung krönte seine Kampagne. Der Hauptslogan der SPD lautete 1969 „Wir schaffen das moderne Deutschland". In ihren Wahlkampfspots war die Modernität nicht nur das semantische Zentrum, die Botschaft wurde auch durch Inszenierungstechniken vermittelt: schnelle Schnitte, Bilder von technischen Großprojekten, rasante Kamerafahrten suggerierten Aufbruchstimmung[25]. Nach dem Wahlsieg setzte sich diese Inszenierung auf symbolischer Ebene fort. Brandt umgab sich weiterhin mit Künstlern und Intellektuellen, das Kanzleramt wirkte auf Beobachter wie die Schauspielerin Senta Berger ‚offener' als zuvor: „Die Stimmung im Kanzleramt war entspannt, die Türen der Büros standen auf, Möbelpacker lieferten neue Sofas, Bilder wurden abgehängt, umgehängt. Man meinte den Aufbruch zu spüren, an den die Koalition glaubte und den sie uns versprochen hat."[26] Noch stärker setzte Giscard nach seinem Wahlsieg auf die Wirkung symbolischer Gesten, um den Neuanfang zu unterstreichen: Er ging zu Fuß die Champs Elysée hinab, küsste unterwegs seine Tochter, die ihm vom Straßenrand aus zujubelte, er ließ das schwere Collier, das den Staatspräsidenten als Großmeister der Ehrenlegion auswies, auf dem Kissen liegen, und außer den üblichen Würdenträgern versammelte er Kinder und Jugendliche im Elysée-Palast. Er lud Müllmänner ein, zeigte sich mit seiner Frau im Kino, aß bei normalen Bürgern zu Mittag. Weniger Pomp, mehr Elan: das war die Botschaft, die die „geste giscardienne"[27] vermittelte.

Die Inszenierung des Wandels als politisches Projekt, dessen Erfolg ganz an die jeweilige Person geknüpft war, musste zwangsläufig hohe Erwartungen wecken. „Vous ne serez pas déçus, car c'est bien le changement que je conduirai avec vous"[28], versicherte Giscard den Franzosen in seiner Antrittsrede. Doch was genau hatten Brandt und Giscard ihren Wählern versprochen?

Zwei Programme, eine Richtung?

Trotz einer großen Zahl an inhaltlichen Übereinstimmungen zielten die Programme in unterschiedliche Richtungen. Brandt kündigte auf nahezu jedem Politikfeld Reformen, Gesetzesinitiativen oder zumindest die Vorbereitungen für tief greifende Veränderungen an. Zum Leitmotiv der Reformen erhob Brandt die soziale Gerechtigkeit und die Durchsetzung der Demokratie, und zwar nicht nur als Organisationsprinzip des Staates, sondern als Lebensform. Dabei berief er sich immer wieder auf das Grundgesetz. Beispielsweise begründete er die geplanten Bildungsreformen in seiner

---

[25] Zum Wahlkampf der SPD vgl. Daniela Münkel, Willy Brandt und die „vierte Gewalt". Politik und Massenmedien in den 50er bis 70er Jahren, Frankfurt/New York 2005, S. 256–271.
[26] Zitiert in Daniela Münkel, John F. Kennedy – Harold Wilson – Willy Brandt: „Modernes" Image für moderne Zeiten, in: dies./Lu Seegers (Hrsg.), Medien und Imagepolitik im 20. Jahrhundert. Deutschland, Europa, USA, Frankfurt am Main/New York 2008, S. 25–47, hier S. 43.
[27] Jean-François Sirinelli, Les vingt décisives. Le passé proche de notre avenir 1965–1985, Paris 2007, S. 163.
[28] Zitiert nach Jean Bothorel, Histoire du septennat giscardien, 19 mai 1974–22 mars 1978, Bd. 1: Le Pharaon, Paris 1983, S. 67.

Regierungserklärung damit, dass der zentrale Auftrag des Grundgesetzes, allen Bürgern gleiche Chancen zu geben, noch nicht annähernd erfüllt worden sei. Die Bildungsplanung müsse entscheidend dazu beitragen, die „soziale Demokratie" zu verwirklichen[29]. Dieser Grundzug blieb während der gesamten Regierungszeit Brandts unverändert. Im Sommer und Herbst 1973 formulierte eine Gruppe von Abgeordneten der Regierungskoalition das politische Programm der „Neuen Mitte". Diesen Begriff hatte Brandt im Oktober 1972 auf dem Wahlparteitag der SPD in Dortmund in die Welt gesetzt; 1998 hat Gerhard Schröder ihn mit Erfolg wieder aufgegriffen. 1973 postulierte die „Neue Mitte", sie nehme den Auftrag des Grundgesetzes ernst, die Bundesrepublik Deutschland als freiheitlichen Rechts- und Sozialstaat auszuformen: „Ziel der neuen Mitte ist es, mehr Freiheit und Gerechtigkeit für die bislang benachteiligten und zurückgesetzten Bürger zu schaffen"[30].

Diese Forderung war so alt wie die SPD; sie befriedigte zugleich die Erwartungen des ‚kleinen Mannes', pflegte die Parteitradition und setzte ein unerlässliches Symbol. Die zweite Säule von Brandts innenpolitischem Programm, die Demokratisierung, verhieß einen grundlegenderen Wandel. Doch was bedeutete sein berühmtes Versprechen aus der Regierungserklärung von 1969 „Wir wollen mehr Demokratie wagen"? Brandt konkretisierte diese Formel in ein zweifaches Mehr, nämlich mehr Mitbestimmung und mehr Mitverantwortung. Wenige Tage nach seiner Wahl zum Bundeskanzler erhob er die Mitbestimmung zu einem Prinzip, das nicht nur in der Wirtschaft zu gelten habe: „Das eigentliche Mitbestimmungs-Thema heißt, unseren demokratischen Staat lebendiger machen, den Gegensatz zwischen Untertan und Obrigkeit überwinden, die Entscheidungsvorgänge transparent machen"[31]. Dahinter stand das Leitbild eines aufgeklärten, partizipationswilligen, kritischen Bürgers, der nicht einfach nur regiert werden, sondern in größtmöglichem Ausmaß mit entscheiden wollte. Mehr Transparenz und ein bürgerfreundlicherer Umgangston der Regierung waren Leitmotive seiner Regierungserklärung. Er forderte darin alle dazu auf, auch kritische Meinungen zu äußern. Vor dem Bundestag kleidete er seinen Appell in Formulierungen, deren Vorlage ihm Günter Grass geliefert hatte: „Wir haben so wenig Bedarf an blinder Zustimmung, wie unser Volk Bedarf hat an gespreizter Würde und hoheitsvoller Distanz. Wir suchen keine Bewunderer; wir brauchen Menschen, die kritisch mitdenken, mitentscheiden und mitverantworten"[32].

Als Giscard am 8. April 1974 seine Kandidatur verkündete, lauteten die zentralen Schlagworte seines innenpolitischen Programms: „faire de notre pays un modèle de justice et de progrès social, de respect de règles démocratiques, de protection de la liberté de chacun"[33]. An diesen drei Maßgaben orientierte sich Giscard während seiner gesamten Amtszeit. Der prägendste Zug in diesem Konzept war der Liberalismus, und

---

[29] Regierungserklärung Willy Brandts vor dem Deutschen Bundestag, 28.10.1969 (wie Anm. 15), S. 22.
[30] Ebd., S. 66.
[31] Interview mit Willy Brandt im Spiegel, 27.10.1969, zitiert in: Wolther von Kiersitzky (Bearb.), Mehr Demokratie wagen. Innen- und Gesellschaftspolitik 1966–1974 (= Willy Brandt. Berliner Ausgabe; Bd. 7), Bonn 2001, S. 213.
[32] Regierungserklärung Willy Brandts vor dem Deutschen Bundestag, 28.10.1969 (wie Anm. 7), S. 30.
[33] Berne, Campagne, S. 29.

zwar ein „fortgeschrittener" bzw. „fortschrittlicher Liberalismus"[34]. Giscard verband das Ziel, Ungleichheiten und Privilegien innerhalb der französischen Gesellschaft abzubauen, mit der Ausweitung des Sozialstaates, um niemanden mehr aus der Gesellschaft herausfallen zu lassen, sondern allen eine Teilhabe an ihr zu ermöglichen. Das klingt wie ein zutiefst sozialdemokratisches Projekt, fußte aber auf einem anderen Grundansatz: Während Brandt von der Gesellschaft aus dachte, rückte Giscard die Freiheit des Individuums in den Mittelpunkt seiner Überlegungen.

Zum zentralen, zuweilen fast obsessiv gebrauchten Begriff seiner Politik wurde Entkrampfung (*décrispation*). Diese Entkrampfung zeigte sich zunächst in Giscards Amtsstil. Ebenso wie Brandt wies er jede „gespreizte Würde" (s.o.) zurück, gab sich bürgernah und zugänglich. Giscard legte so viel Wert auf dieses entkrampfte Auftreten, dass deutsche Beobachter ein Jahr nach seiner Amtsübernahme die Veränderungen in erster Linie am Stil des neuen Präsidenten festmachten[35]. Hinter dem Begriff der Entkrampfung stand jedoch eine viel weitreichendere Strategie. Giscard zielte darauf ab, die scharfen Gegensätze zwischen Gaullisten und konservativen Gruppierungen auf der einen sowie den Linksparteien auf der anderen Seite zu überwinden, indem sein politisches Programm ebenso auf einen Teil der Gaullisten wie auf die gemäßigte Linke zielte. Dies war etwas ganz anderes als Brandts Appell an eine „neue Mitte".[36] Giscard ging es um eine neue politische Mehrheit für sein Projekt, die sich weniger institutionell manifestierte, sondern an sein gesellschaftspolitisches Projekt gebunden war. Er ging davon aus, dass sich die französische Gesellschaft in Richtung der „nivellierten Mittelstandsgesellschaft" (Helmut Schelsky) entwickelte, und auf diese große Gruppe gedachte er sich zu stützen[37].

Wie setzten nun Brandt und Giscard ihre Ideen um? Beide Regierungs- bzw. Staatschefs unterstrichen auch institutionell ihren Neuerungswillen. Giscard errichtete ein Reformministerium, das mit Jean-Jacques Servan-Schreiber ein Erzkritiker des Gaullismus übernahm. In der Regierung Brandt übernahm Kanzleramtsminister Horst Ehmke die Rolle des spiritus rector und Antreiber der Reformen. Mit großer Umtriebigkeit installierte Ehmke ein EDV-gestütztes ‚Vorhaben-Erfassungssystem', das sofort das Misstrauen sämtlicher Ressortminister weckte. Es war der Ausfluss einer schier grenzenlosen Planungseuphorie, zeugte vom Glauben, die Zukunft auf Jahre und Jahrzehnte hinaus formen zu können, und manifestierte schließlich den Willen, gesellschaftlichen Wandel rational zu steuern und zu beherrschen[38]. „Computer statt Politik"[39], verspottete ihn der Spiegel und zeigte Ehmkes Kopf als eine sich windende

---

[34] Vgl. dazu den Beitrag von Sylvie Guillaume in diesem Band.
[35] Pellegrini, Regards croisées, S. 136f.
[36] Siehe dazu den instruktiven Vergleich von deutscher und französischer politischer Kultur hinsichtlich der Division in ‚Rechts' und ‚Links' bei Hélène Miard-Delacroix, Deutsch-französische Geschichte, Bd. 11: Im Zeichen der europäischen Einigung. 1963 bis in die Gegenwart, Darmstadt 2011, S. 192–200.
[37] Becker, Crises et alternances, S. 102–105.
[38] Vgl. dazu Winfried Süß, „Wer aber denkt für das Ganze?" Aufstieg und Fall der ressortübergreifenden Planung im Bundeskanzleramt, in: Matthias Frese/Julia Paulus/Karl Teppe (Hrsg.): Demokratisierung und gesellschaftlicher Aufbruch. Die sechziger Jahre als Wendezeit der Bundesrepublik, Münster 2003, S. 349–377.
[39] Der Spiegel Nr. 6/1971, 1.2.1971, Titelbild; vgl. auch den Artikel über Ehmke „Der Macher", ebd., S. 28–38.

Spirale aus Lochdatenstreifen, der sich schließlich um das Kanzleramt schlang. Ehmke erlitt damit völligen Schiffbruch. Im zweiten Kabinett Brandt wurde er 1972 auf ein totes Gleis, nämlich ins Postministerium abgeschoben. Das lag zwar auch an seinem überaus selbstsicheren Auftreten gegenüber anderen Kabinettsmitgliedern. Aber er scheiterte nicht wegen Persönlichkeitsdefiziten, sondern an seiner hypertrophen Konzeption einer Art halbautomatischer politischer Reformmaschinerie. Aus seiner Sicht blieben die Reformen denn auch, aufs Ganze besehen, „Stückwerk"[40], so Ehmke in seiner Autobiografie.

Dabei konnte sich die innenpolitische Bilanz von Brandts Kanzlerschaft durchaus sehen lassen. Die Zahl der Reformgesetze war groß. Ihre Schwerpunkte folgten den Leitlinien, die Brandt ausgegeben hatte: mehr soziale Gerechtigkeit, mehr Partizipation und gesellschaftliche Modernisierung. Glanzstücke waren die Bildungsreformen (die freilich das Erbe der Großen Koalition weiterführten), das Betriebsverfassungsgesetz, die Reform der Renten- und Krankenversicherung, eine Steuerreform, die Senkung des Wahlalters auf 18 Jahre und die Justizreform. Letztere hatte Joachim Vogel ebenfalls noch unter Kiesinger begonnen. Doch gerade die Reform des Paragrafen 218 StGB, der die Abtreibung bis zum dritten Schwangerschaftsmonat außer Strafe stellte, scheiterte in den Augen vieler Frauen. Weil die Koalition die Abtreibung schon von sich aus nicht gänzlich der Entscheidung der Frau anheim stellte, und darüberhinaus die Unionsparteien durch eine Klage vor dem Bundesverfassungsgericht erreichten, dass Abtreibungen nur unter bestimmten Voraussetzungen (Indikationen) geduldet wurden, bereitete das Ergebnis der Reformbemühungen vielen Frauen eine große Enttäuschung. Andere Vorhaben kamen über das Planungsstadium nicht hinaus. Der so genannte ‚Leber-Plan' zum Ausbau der Autobahnen fiel nach dem Ölpreisschock von 1973 den Sparzwängen zum Opfer. Das Mitbestimmungsgesetz kam erst zwei Jahre nach Brandts Rücktritt zustande, noch dazu war es ein Kompromiss, in dem die Regierung große Abstriche hatte machen müssen[41]. Auch die Bildungs- und Steuerreform blieben weit hinter den Erwartungen zurück, die nicht nur weite Teile der SPD in sie gesetzt hatten.

Der Leistungskatalog von Giscard gleicht der Liste von Reformen unter Brandt in vielen Punkten[42]. Er baute den Sozialstaat zielstrebig aus. Davon profitierten die sozial Schwachen überdurchschnittlich stark: Rentner, Arbeitslose und alleinerziehende Mütter. Giscard nahm sich ebenfalls des Bildungswesens an; die Reform von Bildungsminister René Haby zielte auf eine Vereinheitlichung der Bildungsstandards und auf mehr Chancengleichheit durch die Einführung einer einheitlichen Gesamtschule. Unter Giscard wurde das Abtreibungs- und das Scheidungsrecht liberalisiert, auch dies eine Parallele zu Brandt, wenngleich die Familienrechtsreform erst 1976 unter Helmut Schmidt verabschiedet wurde. Ebenfalls auf eine Modernisierung zielten Maßnahmen, die die staatliche Fernsehanstalt ORTF für mehr Meinungspluralismus

---

[40] Horst Ehmke, Mittendrin. Von der großen Koalition zur Deutschen Einheit, Berlin 1994, S. 116.
[41] Vgl. dazu Karl Lauschke, Mehr Demokratie in der Wirtschaft. Die Entstehungsgeschichte des Mitbestimmungsgesetzes von 1976, Bd. 1, Düsseldorf 2006.
[42] Vgl. dazu im Einzelnen Becker, Crises et alternances, S. 34–62; Serge Berstein/Jean-François Sirinelli (Hrsg.), Les années Giscard. Les réformes de société, Paris 2007.

öffnete, die Abschaffung der Zensur und das Verbot, Telefonanschlüsse abzuhören. Giscard legte außerdem Schwerpunkte auf den Umweltschutz und die Gleichstellung der Frau. Sein größtes Augenmerk galt aber einem Gebiet, das bei Brandt nur eine Nebenrolle spielte: dem Ausbau der demokratischen Rechte des Einzelnen. Genau wie der deutsche Bundeskanzler senkte Giscard das Wahlalter auf 18 Jahre. Während seiner Amtszeit wurden die öffentlichen Verwaltungen zu mehr Transparenz verpflichtet und der Schutz der Bürger vor Willkür bedeutend gestärkt. Die bedeutendste Reform betraf das Verfassungsgericht. Giscard erleichterte den Zugang zur höchsten Appellationsinstanz – im Urteil René Rémonds bedeutete dies „eine grundlegende Reform, mit der eine entscheidende Etappe auf dem Weg zu einem wirklichen Rechtsstaat zurückgelegt wurde"[43]. Weitere Reformen, die in dieselbe Richtung wiesen, scheiterten oder blieben in der Schublade, etwa ein Gesetz zur Kontrolle der Parteienfinanzierung, die vorgesehene Verkürzung der Amtszeit des Präsidenten oder der Wechsel vom Mehrheits- zum Verhältniswahlrecht. Auch die mehrfach angekündigte Unternehmensreform kam nicht zustande.

Trotz vieler Ähnlichkeiten im Detail unterschied sich die Summe der politischen Initiativen und Gesetze, die Giscard anstieß, am Ende spürbar von der Bilanz Brandts. Noch größer sind die Abweichungen in den Rollen, die die beiden Staatsmänner im Umgestaltungsprozess jeweils einnahmen. Zwar verstanden sich beide als Ideengeber, als Initiator, als Instanz, die die Richtung vorgibt und im politischen Alltagsgeschäft das Regierungshandeln auf die großen Zielperspektiven ausrichtet[44]. Aber sie füllten diese Position sehr unterschiedlich aus. Brandts Kabinett war gespickt mit fachlich hervorragenden Ministern, deren Eifersüchteleien und öffentlich ausgetragene Streitereien den Reformelan lähmten. Der Bundeskanzler trat aber nicht als Dompteur der Diven auf, sondern wandte sich angewidert ab, ohne die Richtung vorzugeben. Ganz anders Giscard: Der Präsident gab seiner Regierung geradezu schulmeisterlich alle sechs Monate ein Programm vor, das diese getreulich abzuarbeiten hatte. Während Brandt seine Richtlinienkompetenz schleifen ließ, nahm der Amtsstil von Giscard geradezu monarchische Züge an. Brandt ließ sich in seinem zweiten Kabinett nicht genehme Personalia aufzwingen, Giscard umgab sich mit einer Riege von Beratern und Funktionären, die sich mehr durch Loyalität als durch Erfahrung und Kompetenz auszeichneten.

Die große Desillusionierung

Die Reformeuphorie hielt sowohl bei Brandt als auch bei Giscard etwa zwei Jahre lang. Danach konnte keiner von beiden mehr mit dem Nimbus ihres Reformerimages darüber hinwegtäuschen, dass sich die Kluft zwischen medialer Präsentation der Politik und den erreichbaren Fortschritten vertieft hatte.

---

[43] René Rémond, Frankreich im 20. Jahrhundert. Zweiter Teil: 1958 bis zur Gegenwart, Stuttgart 1995.
[44] So Giscard im Vorwort zu einem programmatischen Buch von 1972; Charles-Noël Hardy (Hrsg.), Imaginer l'avenir. Propositions libérales établies par les clubs Perspectives et Réalités, Paris 1972.

Nicht wenige der Gefolgsleute Brandts blieben aus diesem Grund auf der Strecke. 1971 trat Carl-Heinz Evers zurück, der profilierteste Bildungspolitiker der SPD und geistige Vater der Gesamtschule sowie der Gesamthochschule. Er begründete seinen Schritt damit, dass er die Schritte der Bildungsreform, die die sozialliberale Koalition unternommen hatte, nicht vermitteln könne, weil sie von den ursprünglichen Zielen so weit abwichen. Brandt habe aber in seiner Regierungserklärung versprochen, diese Ideen zügig umzusetzen[45]. Auf genau derselben Ebene lag die Kritik der Gewerkschaften an den Entwürfen der Reform der Mitbestimmung. Der DGB-Vorsitzende Heinz-Oskar Vetter erinnerte Brandt an die großen Hoffnungen, mit denen die Gewerkschaften seinen Regierungsantritt begrüßt hätten. Der Regierungsentwurf zur Mitbestimmung blieb weit hinter seinen Erwartungen zurück. Schließlich sollte damit aus der Sicht des DGB-Vorsitzenden „eine neue Etappe der Arbeitgeber/Arbeitnehmerbeziehungen in der Bundesrepublik eingeleitet werden." Die Gewerkschaften wollten nichts weniger als ein „qualitative Veränderung der Wirtschaftsordnung" – und sie waren offenbar davon ausgegangen, dass dies auch das Ziel der Bundesregierung sei. Der verwässerte Gesetzentwurf führe zu einem „Vertrauensschwund in die Ernsthaftigkeit des Reformwillens der Bundesregierung"[46].

Derartige Alarmzeichen registrierten auch politische Wegbegleiter außerhalb von Interessengruppen. Einer von Brandts späteren Redenschreibern, der Journalist Klaus Harpprecht, schrieb dem Bundeskanzler im Juni 1970 ins Stammbuch, „der Elan des Anfangs"[47] müsse wiederkehren. Noch kein Dreivierteljahr nach Antritt der Regierung war dies eine deutliche Kritik. Weitaus bissiger fiel ein Seitenhieb von Spiegel-Chefredakteur Günther Gaus aus, einem Sozialdemokrat und Brandt-Bewunderer. In einem Kommentar vom 1. Februar 1971 nannte er Brandt einen „Teil-Kanzler"[48], von dem eine Hinwendung zur Innenpolitik wohl nicht mehr zu erwarten sei. Damit traf Gaus einen Nerv. Die sozialliberale Bundesregierung räumte der Außenpolitik die eindeutige Priorität ein. Brandt selbst ließ die inneren Reformen schleifen und stieß damit all jene vor den Kopf, die in ihm den Modernisierer und Erneuerer der bundesrepublikanischen Gesellschaft sahen. Die wortgewaltigste Stimme aus diesem Chor der „kritischen Solidarität" gehörte Günther Grass. Zwar überschätzte sich Grass maßlos, wenn er sich dem Kanzler und Freund als Seismograf der Menschen draußen im Land empfahl, aber seine Analysen trafen einen wunden Punkt. Im März 1970 prophezeite er, je größer Brandt sich als außenpolitischer Bundeskanzler profiliere, umso fragwürdiger werde sein Vorsatz, Bundeskanzler der inneren Reform sein zu wollen[49]. Enttäuschung über den Ausfall Brandts als Gesellschaftsreformer blieb der Grundton in Grass' Briefen. Im Herbst 1971 berichtete er von Bitterkeit in den

---

[45] AdsD WBA A 11.1/10, Carl-Heinz Evers an Willy Brandt, 3.12.1971.
[46] AdsD WBA A 11.1/9, Heinz Oskar Vetter an Willy Brandt, 3.12.1970.
[47] AdsD WBA A 8/8, Klaus Harpprecht an Willy Brandt, 30.6.1970.
[48] Günter Gaus, Warten auf den Kanzler, in: Der Spiegel, Nr. 6, 1.2.1971, S. 27. Brandt beschwerte sich bitter, dieses „böse Wort" habe ihm geschadet wie lange nichts mehr, und gab dem Spiegel auf Monate hinaus kein Hintergrundgespräch; AdsD WBA A 8/6, Willy Brandt an Günter Gaus, 15.2.1971.
[49] AdsD WBA A 8/6, Günter Grass an Willy Brandt, 9.3.1970.

Reihen der Sozialdemokratischen Wählerinitiative und prangerte Brandts „schlingernde Konzeptlosigkeit im Bereich der Innenpolitik"[50] an.

Nicht wenige Wähler sahen in der Innenpolitik ebenfalls eine offene Flanke der Regierung. Im August 1972 ermittelte das Allensbach-Institut, dass knapp die Hälfte der Bevölkerung dem Vorwurf zustimmte, die Regierung Brandt/Scheel habe zu viele Reformen angefangen, aber nicht zu Ende geführt. Zusammen mit denjenigen, die fanden, dass dies teilweise zutreffe, stellten sich sogar 70% der Befragten hinter diese Kritik[51]. Gleichwohl bestimmte dieser Eindruck nicht das Stimmungsbild insgesamt. Zu diesem Zeitpunkt waren die Menschen mit der Regierung noch ausgesprochen zufrieden – die sozialliberale Koalition hatte den Höhepunkt ihrer Popularität gerade erst hinter sich gelassen. Doch noch vor dem Ölpreisschock schwand die Zustimmung zu Brandts Politik rapide. Seit Jahresbeginn 1973 sank sein Stern. Die Imagewerte verzeichneten dramatische Abstürze. Aus dem charismatischen Erneuerer war in den Augen der Bevölkerung ein unbeweglicher Zauderer geworden. Charakterlich stellten die Menschen Brandt ein unverändert gutes Zeugnis aus, seine politischen Führungsqualitäten bewerteten sie dagegen vernichtend. Am 10. Dezember 1973 titelte der Spiegel „Kanzler in der Krise"[52]. Das Deckblatt zeigte Brandt bereits als Denkmal, das von Rissen durchzogen war. Einsam in den Wolken, dem Boden der Tatsachen enthoben, die Mine ausdruckslos, blickte Brandt ins Nirgendwo.

Zu keinem Zeitpunkt war die Enttäuschung jedoch größer als nach Brandts Rücktritt am 6. Mai 1974. Überall versammelten sich Menschen zu Sympathiekundgebungen, eine Welle der Bestürzung rollte durch die Bundesrepublik. Brandt erhielt tausende Briefe, die ihn der Anerkennung, der Verbundenheit und der Zuneigung der Bevölkerung versicherten. Doch auch Bestürzung, Ratlosigkeit und Enttäuschung verliehen sie Ausdruck. Symptomatisch für diese Gemengelage klagte eine Frau: „Was soll nun werden? Man hatte immer das Gefühl solange Sie da sind ist alles gut"[53]. Viele Menschen trauerten um Brandt wie um einen Übervater. „Als ich las, daß Sie zurückgetreten sind, habe ich geweint. Warum lassen Sie uns allein? Wir haben Sie gewählt und alle Hoffnungen auf Sie gesetzt. Was sollen wir nun tun, wie können wir gegen soziale Ungerechtigkeit und für den Frieden in der Welt kämpfen, wenn unser Leitbild abgetreten ist"[54]. In die Tränen konnten sich auch aggressive Töne mischen: „Ich könnte schreien alles zusammenschlagen. Bei jeder Nachrichtendurchsage laufen mir die Tränen. […] Werde nie mehr zu einer Wahl gehen ich bin zu sehr enttäuscht"[55].

Gerade aus denjenigen Bevölkerungsteilen, in denen Brandt das Interesse für die Politik geweckt und das Misstrauen gegen die Herrschenden abgemildert hatte, schlug ihm nun bittere Enttäuschung entgegen. Seine treuesten Anhänger fühlten sich von Brandt verraten. Ein junger Aktivist schrieb ihm: „In den Bundestagswahlkämpfen der Jahre 1969 und 1972 sind wir herumgezogen, haben versucht, Freunde, Bekannte,

---

[50] Ebd., Günter Grass an Willy Brandt, 21.9.1971.
[51] Elisabeth Noelle/Peter Neumann (Hrsg.), Jahrbuch der öffentlichen Meinung 1968–1973, Allensbach/Bonn 1974, S. 293f.
[52] Der Spiegel Nr. 50/1973, 10.12.1973, Titelbild.
[53] AdsD WBA A 4/16, Lotte Möller an Willy Brandt, 7.5.1974.
[54] AdsD WBA A 4/8–10, Eva Hülshorst an Willy Brandt, 9.5.1974.
[55] AdsD WBA A 4/7A, Waltraud Bolte an Willy Brandt, 7.5.1974.

Verwandte, Kollegen von der Notwendigkeit, SPD zu wählen, zu überzeugen. Wir haben mit fremden Menschen auf den Straßen, vor den Kaufhäusern, auf den Sportplätzen diskutiert, haben Schwarzbücher verkauft und unsere Autos mit Parolen beklebt. [...] viele Ihrer früheren Wähler haben, wie die Entwicklung der letzten Monate zeigt, resigniert, sind verbittert, verständnislos"[56]. Ein 19-jähriger Sozialdemokrat schrieb: „Sie waren unsere Hoffnung; enttäuschen Sie uns nicht, bleiben Sie uns erhalten und führen Sie die von uns erhofften Reformen aus. Sie, und ich glaube nur Sie, sind der Garant für eine herausragende Reformpolitik"[57]. Solche Verweise auf Brandts Reformen waren die Ausnahme. Die Menschen trauerten nicht um den Kanzler der inneren Reformen, der Brandt sein wollte, sondern um den Architekt der neuen Ostpolitik und den Garant von Menschlichkeit in der Politik. Doch sie mussten nicht nur von einer Person Abschied nehmen, sondern von einer Vision, einer Utopie. Ein Freiburger Pfarrer, der im August 1974 der SPD den Rücken kehrte, machte in einem Brief an den Parteivorsitzenden seinem Herzen Luft: „Das Maß ist voll. Was 1969 mit größten Hoffnungen begann, endet nun mit großer Enttäuschung und dem Gefühl, mißbraucht, hintergangen, ausgenützt worden zu sein. Ich bin nicht länger bereit, durch meine Mitgliedschaft in der SPD die Politik dieser Regierung und der sie tragenden Partei zu decken"[58].

Auch Giscard kehrten die Menschen am Ende den Rücken. Bemerkenswert ist, dass beide Reformprogramme in der Rückschau von Historikern günstiger beurteilt werden, als die Zeitgenossen dies taten. In der Geschichte der Bundesrepublik gilt die sozialliberale Koalition als Zeit der „Reformära", als „zweite formative Phase"[59]. Ähnlich gewichtig veranschlagt Jean-François Sirinelli die Reformen von Giscard: Niemand habe nach der *Libération* so viele soziale und kulturelle Veränderungen angestoßen wie Giscard; seine Amtszeit zählt daher zusammen mit den ersten Jahren unter seinem Nachfoger Mitterrand zu den „grands élans réformateurs"[60]. Es wäre jedoch zu kurz gegriffen, die zeitgenössische Enttäuschung darauf zurückzuführen, dass der Präsident und der Kanzler ihre Politik nur schlecht vermittelt hätten, obwohl sie erst im Nachhinein das Gesamtkonzept der Reformen veröffentlichten – Brandt mit einem als Zwischenbilanz angelegten Buch, das durch seinen Rücktritt zu seinem innenpoliischen Vermächtnis wurde, Giscard mit einem programmatischen Werk, das zur Referenzschrift seiner Partei wurde und auf das er immer wieder zurückgriff, um für seine Konzeption zu werben[61]. Die Reformen verdankten sich einem politischen Zuspruch, der auf Versprechungen fußte, die ihrerseits weit höhere Erwartungen weckten, als eine demokratisch agierende Staatsführung jemals hätten befriedigen können.

---

[56] AdsD WBA A 4/17–18, Peter Biqué an Willy Brandt, 7.5.1974.
[57] AdsD WBA A 4/8–10, Wolfgang Reinhard an Willy Brandt, 8.5.1974.
[58] AdsD WBA A 11.1/24, Karl-Otto Hermann an Willy Brandt, 22.8.1974.
[59] Edgar Wolfrum, Die Bundesrepublik Deutschland 1949–1990, Stuttgart 2005, S. 416; ders., Die geglückte Demokratie. Geschichte der Bundesrepublik Deutschland von ihren Anfängen bis zur Gegenwart, Stuttgart 2006, S. 187; Hockerts, Rahmenbedingungen.
[60] Sirinelli, Vingt décisives, S. 164f.; Sylvie Guillaume/Pierre Guillaume, Réformes et réformisme dans la France contemporaine, Paris 2012, S. 159.
[61] Willy Brandt, Über den Tag hinaus. Eine Zwischenbilanz, Hamburg 1974; Valéry Giscard d'Estaing, Démocatie française, Paris 1974, vgl. ders., L'état de la France, Paris 1981.

Ausblick

Der Vergleich zwischen Brandts und Giscards Reformprogrammen zeigt deutlich, dass Enttäuschung eine unausweichliche Folge des Dilemmas zwischen medialer Inszenierung und der Begrenztheit von Gestaltungsspielräumen von Politik ist. Giscard war sich dessen wohl bewusst. Bereits 1972 schrieb er, „la pensée libérale [...] comporte des risques et amène des déceptions"[62]. In beiden Ländern gab es Anfang der 1980er Jahre einen politischen Wechsel, der gleichfalls große Enttäuschungen nach sich zog. Giscards Nachfolger François Mitterrand setzte ab 1981 mit dem Versprechen, das Leben zu ändern („changer la vie") ein sozialistisches Programm ins Werk, musste aber bereits nach zwei Jahren auf eine Wirtschaftspolitik der *rigueur* zurückgreifen, die seinem Kurs diametral zuwiderlief[63]. Während in Frankreich also finanzielle und wirtschaftliche Zwänge der Wende ein Ende bereiteten, fand sie in Deutschland gar nicht statt, als Helmut Kohl 1982 zum Bundeskanzler gewählt wurde: Die „geistig-moralische Wende" erwies sich als mediale Präsentationsformel, die für viel Diskussionsstoff sorgte, während die Regierung keineswegs ein konservatives *redressement* ins Werk setzte, um die emanzipatorischen Reformen ihrer sozialliberalen Vorgängerin rückgängig zu machen[64].

Die Enttäuschungen, die Giscard und Brandt ihren Anhängern bereiteten (und die sie selbst erlebten) weisen über die Krisenhaftigkeit der 1970er Jahre hinaus. Sie lassen sich als grundlegende Reaktion auf die Ernüchterung der Moderne verstehen, als „perte de magie de politique"[65]. Nicht nur die Krise ist ein Dauerzustand, sondern auch die Reform. Daher hat Enttäuschung einen systematischen Ort in demokratisch verfasster und medial vermittelter Politik. Und ebenso wie Krisendiskurse lässt sich das Reden über Enttäuschung als Teil eines gesellschaftlichen Identitätsdiskurses verstehen, und zwar einer permanent andauernder Selbstvergewisserung. In dieser Hinsicht kommt Enttäuschung eine komplementäre Rolle zum Duktus der Sachlichkeit zu, den Thomas Mergel als Signatur der politischen Kultur der Bundesrepublik Deutschland herausgestellt hat.[66] Das würde jedoch bedeuten, dass über die Rolle von Emotionalität im politischen Diskurs neu nachgedacht werden müsste. Oft gelten kollektive Emotionen als Bedrohung der Demokratie, zumal Angst, Zorn, oder auch kollektive Begeisterung für einen Verführer. Enttäuschung dagegen weist in eine andere Richtung: Sie hat das Potenzial, Menschen mit der Demokratie und der Moderne zu versöhnen.

---

[62] Im Vorwort zu Hardy (Hrsg.), Imaginer.
[63] Becker, Crises et alternances, S. 282–314.
[64] Vgl. Wirsching, Abschied, S. 49; Peter Hoeres, Von der „Tendenzwende" zur „geistig-moralischen Wende". Konstruktion und Kritik konservativer Signaturen in den 1970er und 1980er Jahren, in: VfZ 61 (2013), S. 93–119.
[65] Sirinelli, Vingt décisives, S. 230.
[66] Mergel, Propaganda, S. 282 ff. Die angeblich tiefsitzende Abneigung der Deutschen gegen visionäre Politikentwürfe ist möglicherweise zu stark konturiert; ebd., S. 259–263.

Jean-François Sirinelli

1973-1974: la fin des „Trente Glorieuses", mais le cœur des „Vingt Décisives"

Certes, il existe des débats récurrents, parmi les historiens économistes, sur la nature, l'ampleur et la portée du ralentissement brutal et prolongé apparu en France à la fin de 1973. Faut-il, à son propos, parler de récession, et donc de crise, ou bien les Trente Glorieuses n'ont-elles pas été idéalisées et, de ce fait, le contraste entre elles et la période qui suit n'a-t-il pas été rétrospectivement exagéré?

A trop vouloir nuancer, on passerait probablement à côté de l'essentiel. Par-delà ces débats entre spécialistes pour affiner l'analyse, un constat s'impose: dans le domaine socio-économique, le contraste est réel de part et d'autre de 1973-1974. Il y a bien, entre l'automne 1973 et la fin de l'année 1974, un brusque ralentissement de la croissance économique. L'indice de la production industrielle est, à cet égard, révélateur : s'il avait exactement doublé de 1962 à 1974, son tassement est ensuite manifeste, à tel point que, si l'on prend comme point de repère l'indice 100 en 1970, on n'est qu'à 126 en 1977, c'est-à-dire, en fait, à peu près au même point qu'en 1974. C'est bien à cette date, en effet, que la récession s'est amorcée. Bien plus, le second choc pétrolier de 1979 empêchera une reprise durable : par rapport au même indice 100 de 1970, l'année 1983 n'enregistre que 132.

Les chiffres parlent donc d'eux-mêmes : une progression de 100% en douze ans, de 1962 à 1974, puis de moins de 10% au cours de la dizaine d'années suivantes, de 1974 à 1983. Entre ces deux dates, la „croissance zéro" était devenue quasiment une réalité. Certes, dans l'effervescence idéologique de la période qui suit 1968, la croissance forte était devenue l'une des cibles privilégiées de la contestation, au point que l'option d'une telle „croissance zéro" apparaissait alors sous certaines plumes comme une sorte d'Eldorado. Mais le thème, même s'il eut alors un réel écho médiatique et s'il nourrit la réflexion écologique alors en gestation, ne doit pas abuser. La majorité des Français restait non seulement très attachée à cette croissance forte, mais elle y voyait de surcroît le socle de l'amélioration de sa vie quotidienne: un sondage de l'IFOP indiquait en avril 1972 que 66% des Français estimaient qu'elle était indispensable à la qualité de la vie. D'une certaine façon, les indices économiques vont leur donner raison. Le rapide tassement de la croissance au cours des années suivantes non seulement n'entraîne pas les effets bénéfiques escomptés par les tenants d'une croissance nulle mais, de surcroît, enclenche une réaction en chaîne, avec notamment une brutale dégradation du marché de l'emploi.

L'automne 1973 constitue, là encore, une ligne de crête, d'autant que, passée celle-ci, les indicateurs économiques se dégradent à vitesse accélérée: 15,2% d'inflation en 1974, et un nombre de chômeurs qui passe de 450 000 au début de cette année-là à 900 000 à la fin de l'année suivante. La stagflation, terme forgé à cette occasion et désignant un alliage de stagnation économique et d'inflation, était devenue en quelques mois la nouvelle réalité française, même si sa perception en fut différée dans un premier temps chez le plus grand nombre. Il faudra plusieurs années, en effet, pour que s'impose l'idée que la „fin des années faciles" était venue, comme l'écrira Jean Fourastié en 1979 dans „Les Trente Glorieuses"[1]. Et ce livre, ainsi replacé en perspective, apparaît bien alors comme l'oraison funèbre d'une période abolie, au terme d'une décennie dont les deux versants sont bien, au bout du compte, très différents. A partir de 1974, la société française se retrouve dans l'ubac d'une croissance ayant perdu son rayonnement.

Un mutation enrayée?

Le tournant de 1973–1974 a donc bien existé, et sa réalité dépasse largement le seul aspect économique. Est-ce à dire que, dès lors, le profond et durable dérèglement que l'on vient de décrire a mis fin à la grande mutation française enclenchée durant les Trente Glorieuses? Comme toujours en histoire, la réalité est singulièrement plus complexe, et cette mutation se poursuit. La période 1975–1985 fut un moment d'ébranlement, dont les effets induits engageaient l'avenir du pays, mais constitua aussi une phase durant laquelle, en dépit de la crise, ce pays continua sa mue. Etudier la période 1975–1985 ne consiste donc pas seulement à recenser les effets d'un dérèglement dans une France passée à l'ubac mais à inventorier les traits principaux d'une métamorphose que ce moindre rayonnement n'enraya pas. L'historien ne doit donc pas décrire une communauté nationale pétrifiée par l'interruption des Trente Glorieuses mais une société où les ferments de crise n'étouffèrent pas ceux du changement. En d'autres termes, s'il y eut après 1974 une croissance durablement en berne et si l'onde de choc n'en finit pas ensuite de se propager, il y aurait erreur de perspective à imaginer un pays soudainement figé par une telle inflexion de certains de ses indices socio-économiques majeurs.

Au fil de la première décennie qui encaissa le choc, c'est-à-dire sur le second versant de ce qu'il faut bien appeler les „Vingt Décisives", tous les indices socio-économiques ne concluent pas à une dégradation des signes apparents de l'aisance. Entre 1973 et 1983, la proportion des ménages possédant un téléviseur passe ainsi de 78% à 91%, et le nombre des postes de radio est multiplié par deux, atteignant 50 millions en 1983. Pendant la même période, le nombre des appareils téléphoniques quadruple, passant de 5 à 20 millions, tout comme triple l'équipement en chaînes haute fidélité. Si, depuis, les attributs du progrès de la vie quotidienne ont pris d'autres formes, il y avait bien là, à l'époque, les principaux symboles tout à la fois de l'amélioration de cette vie quotidienne et de l'aisance sociale affichée au regard des autres. Bien plus, les autres formes prises, depuis les années 1980, par l'environnement technique des ménages et par ces signes extérieurs de niveau de vie sont en gestation dès cette période 1973–1983: l'irruption de la micro-informatique, la prolifération des moyens de communication – magnétoscope, télématique, autorisation des ,radios-libres' –, tout, en ces domaines, s'enclenche ou s'accélère durant ces dix années.

Bien plus, si la déchirure sociale a été réelle au fil des années qui suivirent le choc de 1973–1974, la mue nationale s'est poursuivie de Trente Glorieuses en Vingt Décisives, faisant passer le pays d'une ruralité prolongée jusque loin dans le siècle à une société post-industrielle forgée tour à tour dans l'accès fiévreux aux „choses" au fil

---

[1] Jean Fourastié, Les trente glorieuses. Ou la révolution invisible de 1945 à 1975, Paris 1979.

des années 1960 puis dans le constat inquiet des soubresauts de la mutation en cours à partir du milieu de la décennie suivante. Dès ce moment, du reste, bien des symptômes apparaissent de cette disparition accélérée de la France ruralo-chrétienne: ainsi le succès simultané de trois ouvrages de nature pourtant bien différente, Le Cheval d'orgueil, de Pierre Jakez Hélias, Montaillou, village occitan, d'Emmanuel Le Roy Ladurie, et l'Histoire de la France rurale publiée par les Editions du Seuil[2]. Jusqu'à la candidature de l'agronome René Dumont aux présidentielles de 1974 qui, ainsi replacée en perspective, revêt une signification bien plus ample que son seul aspect écologiste.

Et ce sentiment de perte d'un monde en voie de disparition se doublera peu à peu d'une sensation, davantage conjoncturelle, de départ vers un ailleurs inquiétant. Du coup, entre les fruits longtemps verts des Trente Glorieuses première manière jusqu'au milieu des années 1950 et ces années d'incertitude et de désarroi qui s'ouvrent après 1974, la période 1955-1974 et, plus encore, en son sein la décennie 1965-1974 font figure d'oasis[3].

Il convient, du reste, de replacer un tel constat dans une perspective chronologique encore plus large. Ce n'est pas seulement, en fait, une telle parenthèse qui se referme ainsi et, sur le long terme, ce n'est pas non plus uniquement la fin de la France ruralo-chrétienne qui s'accélère. A la croisée de cette inflexion sur le court terme et de cette fracture sur le long terme, c'est aussi une phase séculaire de notre histoire nationale qui semble se dérégler à la même époque, avec, peut-être, la fin d'une certaine forme de civilisation républicaine. Un tel constat pouvait être fait dès le terme des années 1960. Une demi-décennie plus tard, le processus est plus visible encore: malgré la crise, la mutation continue.

Le constat d'une telle poursuite en dépit des effets déstructurants de la crise n'est paradoxal qu'en apparence. D'abord, force est de constater que cette mutation a déjà été si ample au cours des années qui précèdent que le monde ancien – le socle anthropologique, en fait, de cette civilisation républicaine – a lui-même subi une mutation irréversible. Il suffit, pour en prendre la mesure, de se reporter au bilan alors dressé dans les Trente Glorieuses de Jean Fourastié en 1979.

Dans ce livre, Jean Fourastié a notamment étudié le cas d'un village du Quercy, Douelle, entre 1946 et 1975. En trois décennies, les traits principaux de la bourgade ont été profondément modifiés, et ce dans tous les domaines. Au terme de l'analyse, une conclusion s'impose : autant qu'une période de révolution des campagnes, dans leurs moyens techniques comme dans le déroulement de leur vie quotidienne, les Trente Glorieuses ont donc été celle de la mort de la société rurale et paysanne dominante. Et, tout autant que l'ampleur du phénomène, c'est sa rapidité qui frappe l'observateur. Ce phénomène n'a pas touché seulement la France, mais, à la différence de la Grande-Bretagne, par exemple, il ne s'y est amorcé que plus tardivement, dans l'entre-deux-guerres et, de surcroît, le second conflit mondial en a, pour bien des raisons,

---

[2] Pierre Jakez Héliaz, Le Cheval d'orgueil, Paris 1975; Emmanuel Le Roy Ladurie, Montaillou, village occitan de 1294 à 1324, Paris 1975; Histoire de la France rurale. Sous la direction de Georges Duby, Georges Bertrand, Hugues Neveux, Maurice Agulhon et Michel Gervais, Paris 1975.

[3] J'avais plus longuement traité de ces questions et développé ces analyses dans Jean-François Sirinelli, Les Vingt Décisives, 1965-1985. Le passé proche de notre avenir, Paris 2007, n^{lle} édition 2012.

différé les effets. Une fois l'influence de la guerre estompée, le processus s'est au contraire accéléré, dans une sorte de phénomène de rattrapage et la France, en ce domaine, s'est bientôt alignée sur l'ensemble du monde industrialisé.

Et, bien sûr, ce ne sont pas seulement les campagnes qui ont changé. Plus largement, en effet, ce milieu de décennie, c'est la France tout entière qui se trouve donc à des „années-lumières" de celle de l'après-guerre. Déjà Newsweek utilisait une telle expression dans son n° du 10 février 1964. Une dizaine d'années plus tard, la métamorphose est encore plus frappante, et pas seulement dans la vie quotidienne. En ce qui concerne les normes et les tabous, également, la mutation est déjà profonde. A tel point, du reste, que ce n'est donc pas seulement l'ancien qui se trouve ainsi bouleversé. Le neuf, aussi, est bousculé et la mue s'auto-entretient. En d'autres termes, durant la crise apparue entre-temps et en dépit de l'aggravation qu'elle connaîtra, non seulement la mutation française se poursuit mais, dans certains domaines, elle a même tendance à s'accélérer.

La France à l'heure de la „culture-monde"

Des problèmes de société apparus sur ce premier versant des Vingt Décisives qu'est la décennie 1965–1975 arrivent alors à maturité et la teneur des débats qui s'enclenchent ou se poursuivent à leur propos montrent que l'éclairage porté sur eux a changé. Ils ne sont plus des combats d'avant-garde mais ont désormais pignon sur rue. Dans la première partie des années 1970, en effet, la communauté nationale avait été agitée par de grands débats de société, comme ceux portant sur l'avortement, le divorce ou l'âge de la majorité civile, auxquels les débuts du septennat giscardien avaient donné une première réponse.

En fait, à bien y regarder, cette société française sise entre l'ancien métamorphosé et le neuf déjà dépassé est, pour cette raison même, en recherche de repères. Et une telle déstabilisation n'est pas due seulement à cette sorte d'accélération de l'Histoire qui est venue modifier les équilibres et, au bout du compte, bouleverser la donne. En fait, c'est aussi la dilatation spatiale de la culture de masse et sa transformation en une culture-monde qui nourrissent et accélèrent encore davantage la mutation en cours.

Cet avènement progressif – et qui s'amplifiera durant le second XXᵉ siècle – de la culture-monde marque bien, à l'échelle historique, une seconde étape dans le processus de globalisation de la planète. Une première étape, enclenchée à la fin du Moyen Age, avait été à la fois économique et culturelle. Jusque-là univers géographiquement autocentré et intellectuellement expliqué par les enseignements de l'Eglise, l'Europe est devenue au XVIᵉ siècle un continent dilaté aux dimensions d'une partie du monde et au sein duquel la Renaissance a accéléré une quête de savoir et d'ouverture culturelle. D'autre part, et parallèlement, cette période charnière a été aussi, on l'a dit, celle du développement d'une ‚économie-monde', pour reprendre, par exemple, les analyses de Fernand Braudel ou celles d'Immanuel Wallerstein. Sans que la comparaison puisse se prolonger trop loin, on observera que la période d'un long XXᵉ siècle qui commencerait au moment de la grande phase de colonisation européenne a bien été, pour cette raison même, celle d'un nouvel élargissement, mais qui ne se résume pas à la dilatation de l'Europe aux dimensions d'une très vaste partie du reste du monde.

Plus largement, c'est bien le temps du ‚monde fini', au sens de totalement – ou presque – connecté, qui arrive alors. Ce ‚monde fini' trouvera, du reste, une tragique illustration dans le Second conflit mondial, qui s'étendit des Pays nordiques au continent africain et de l'Atlantique au Pacifique. Bien plus – et nous retrouvons le cœur de notre sujet et la nécessité de lui conférer une dimension comparative et de le placer aussi dans une perspective d'histoire du temps présent –, tout au long du second XXe siècle la culture de masse a connu un double mouvement de dilatation et de prolifération d'une intensité telle que toute réflexion historique sur cette période ne peut s'en tenir à l'étude du processus techno-économique dit de mondialisation, mais doit également prendre en compte ce progressif phénomène de cristallisation de la culture de masse en culture-monde. „Nous approchons d'une culture mondiale"[4], notait dès 1970 l'anthropologue Margaret Mead.

A la même date, la France ne pouvait pas ne pas ressentir les effets de cette dilatation aux dimensions du monde des pratiques culturelles et des émotions collectives qui en découlent. Désormais, ce n'est plus seulement l'instantanéité de l'information, rendue déjà possible par la radio, que l'on constate, ni même l'amorce d'une standardisation supranationale des goûts et des sensibilités par l'entrée, déjà effective depuis les années 1960, des ‚series' étrangères, mais bien une globalisation, à l'échelle de la planète, des pratiques culturelles. Et l'analyse des ébranlements rencontrés, à partir du milieu des années 1970, par l'écosystème républicain ne pourra plus, dès lors, s'appréhender dans sa seule dimension franco-française[5].

---

[4] Margaret Mead, Le fossé des générations, Paris 1971 (1970 pour l'édition américaine), p. 11.
[5] Voir Jean-François Sirinelli, L'histoire politique à l'heure du *transnational turn*: l'agora, la Cité, le monde… et le temps, in: Revue historique N° 658 (2011), pp. 391–408, repris dans Jean-François Sirinelli, Désenclaver l'histoire. Nouveaux regards sur le XXe siècle français, Paris 2013, pp. 153–188.

Hélène Miard-Delacroix

Le choc pétrolier et la crise de société en Allemagne et en France

En novembre et décembre 1973, l'image d'autoroutes allemandes complètement vides frappa les esprits. C'était bien l'intention du gouvernement fédéral qui, en interdisant la circulation automobile plusieurs dimanches de suite, voulut donner le signal des désormais nécessaires économies d'énergie[1]. L'effet escompté fut atteint car l'image choc est restée. Les couvertures des principaux magazines ouest-allemands mirent en scène les modalités de cette irruption du silence forcé dans la quiétude du confort matériel et de la liberté individuelle. Ainsi, le 26 novembre 1973, le Spiegel montrait un grand panneau de Stop avec l'inscription „Stop pour les automobilistes d'Allemagne". Suivant une dramatisation bien orchestrée, ce message touchant les individus dans leur mobilité succédait aux titres des trois semaines précédentes. Les couvertures du même magazine avaient annoncé et dénoncé successivement „Le chantage au pétrole" avec la photo d'un arabe en gandourah blanche, lourdement armé, assis sur une canalisation dans le désert, „Les scheiks du pétrole contre l'Europe" sur le fond d'un chèche blanc sans visage et donc anonyme et imprévisible, et „La fin de la société de l'opulence: conséquence de la crise du pétrole" sur le fond d'une rue bariolée aux enseignes multicolores dans une ville occidentale[2].

Le lien était aisé à établir. Une décision soudaine prise loin de Paris et Bonn par les Etats arabes membres du cartel pétrolier OPEP (Organisation des pays exportateurs de pétrole) ébranlait les économies occidentales soudain conscientes de leur dépendance. Mais aussi elle mettait en péril tout un modèle de société. Un événement de politique internationale allait ainsi toucher chaque individu dans l'exercice d'une de ses libertés fondamentales, celle de se déplacer. Et à cet électrochoc allait succéder rapidement la conscience d'une crise profonde et longue, touchant les structures des économies, atteignant les fondements de la vie de chacun.

Est-ce abuser que de dater ainsi l'irruption du terme de ‚crise' qui va dominer ensuite pendant des décennies le vocabulaire collectif en Allemagne et en France? Au-delà de la ‚crise économique' identifiable par la récession de 1974–1975, peut-on sérieusement établir un rapport entre le choc pétrolier de 1973, réitéré en 1979, avec la crise des valeurs touchant les sociétés européennes dans les décennies suivantes? La tentation est grande et elle autorise au moins à chercher à identifier le rapport entre trois données: la crise matérielle liée à la fin de l'expansion, l'image de l'immobilisation pour des sociétés empêchées de se déplacer et la crise de société. Car qu'on l'appelle ‚mutation économique de l'Occident' ou ‚crise', on trouve dans les deux pays à la fois des réalités macroéconomiques *et* un sentiment diffus, c'est-à-dire diverses perceptions de la réalité – en-dehors même de la question de sa justification en ne

---

[1] Pour les détails de la mesure, on peut se reporter notamment à Edgar Wolfrum, Die geglückte Demokratie. Geschichte der Bundesrepublik Deutschland von ihren Anfängen bis zur Gegenwart, Stuttgart 2006, p. 335.
[2] Der Spiegel Nr. 45/73, 5.11.1973; Nr. 46/73, 12.11.1973; Nr. 47/73, 19.11.1973.

tenant compte que des indicateurs économiques[3]. L'effet de cette perception a été que les secousses monétaires et l'incapacité à gérer les turbulences économiques comme on l'avait fait jusqu'alors avec l'outil keynésien de la politique ordonnatrice et régulatrice (appelée en Allemagne fédérale *Globalsteuerung*) se concrétisèrent en une crise de l'emploi couplée à une ‚crise de l'avenir'.

Après un rappel des faits et des données chiffrées, il conviendra d'examiner les manifestations de la crise de société pour se pencher sur la question des synchronies et des causalités, sur les ruptures et césures dans les dernières décennies du siècle.

La crise pétrolière, les faits

Le choc pétrolier de l'automne 1973 intervint après la crise monétaire de 1971 qui avait initié l'effondrement du système de Bretton Woods. Ce dernier avait été inventé après la guerre pour donner aux économies un système de monnaies stable. La fin de la convertibilité en or du dollar, c'est-à dire le détachement de la référence à l'or, annoncée le 15 août 1971 par le président des Etats-Unis Richard Nixon, avait entraîné des perturbations dans les valeurs des monnaies et la décision des banques centrales de faire flotter leurs monnaies nationales[4]. Les économies française et allemande étaient déjà bien ébranlées quand la hausse massive du prix du pétrole vint bouleverser les données.

Bien qu'il y ait eu des signes avant-coureurs[5], ce fut la surprise à l'automne 1973: à l'occasion du 4e conflit israélo-arabe dit „guerre du Kippour" qui débuta le 6 octobre 1973, le pétrole fut utilisé comme une arme par les pays de l'OPEP. Accusant les Etats-Unis et certains pays industriels occidentaux de mener une politique pro-israélienne, les pays exportateurs d'hydrocarbures annoncèrent le 17 octobre un embargo, coupant les livraisons de pétrole aux Américains et Hollandais. Ils réduisirent drastiquement les quantités disponibles pour les autres pays consommateurs, avec une hausse sévère du prix du baril de brut: après les premières augmentations d'octobre, les prix étaient doublés à nouveau le 23 décembre. Ainsi en avril 1974 le prix du baril de pétrole en provenance d'Arabie Saoudite, dit ‚brut de référence', était quatre fois plus élevé que celui d'octobre 1973.

Le contingentement signifia, pour la France et de l'Allemagne, d'abord des difficultés d'approvisionnement en énergie fossile. Ces pays développés se révélaient brutalement fragiles, dramatiquement dépendants de producteurs étrangers. On s'étonna

---

[3] Sur la nature de la césure, voir Ludger Lindlar, Das missverstandene Wirtschaftswunder. Westdeutschland und die westeuropäische Nachkriegsprosperität, Tübingen 1997; Andreas Rödder, Die Bundesrepublik Deutschland 1969–1990, München 2004, pp. 176–178; Konrad H. Jarausch (éd.), Das Ende der Zuversicht? Die siebziger Jahre als Geschichte, Göttingen 2008.

[4] Luciano Segreto décrit les réactions des Européens à cette décision américaine; La politique américaine et la crise du système monétaire international (1968–1973). Vers le flottement général des monnaies, in: Éric Bussière(éd.), Georges Pompidou face à la mutation économique de l'Occident 1969–1974, Paris 2003, pp. 31–38.

[5] Alain Beltran, La question énergétique en France de 1960 à 1974: dépendance, crise et rôle de l'État, in: Éric Bussière(éd.), Georges Pompidou face à la mutation économique de l'Occident 1969–1974, Paris 2003, pp. 191–223, ici p. 191.

soudain de n'avoir pas envisagé auparavant combien il était déraisonnable de prêter le flanc à l'attaque, de mettre aussi massivement les économies à la merci du bon vouloir de fournisseurs étrangers, a fortiori avec l'arrière-plan d'un conflit plus que régional. Les choses étaient encore plus dramatiques pour la République fédérale mise sur le banc des accusés lorsque l'on découvrit que l'armée américaine avait secrètement utilisé les installations portuaires de Bremerhaven pour acheminer des armes à l'Etat d'Israël attaqué. En outre, les années précédentes avaient été marquées par la fermeture progressive de l'exploitation houillère allemande: les entreprises industrielles avaient massivement déplacé leur consommation vers la source d'énergie du présent, et, pensait-on, du futur, en se détournant de la houille sur laquelle avait reposé l'expansion industrielle de l'Allemagne depuis le XIXe siècle et même dans le miracle économique de l'après Seconde guerre mondiale. Entre 1957 et 1969 les importations ouest-allemandes de pétrole brut étaient passées de 8 millions à 90 millions de tonnes. L'Allemagne fédérale avait aussi beaucoup moins que la France fait le choix du nucléaire civil pour la production d'électricité. La hausse du prix du pétrole contribua à intensifier la construction de centrales nucléaires en Allemagne mais ce mouvement sera, comme on le verra, mis fortement en question par le mouvement antinucléaire. Aussi la RFA s'attacha-t-elle à diversifier ses sources d'énergie.

La hausse subite du prix des hydrocarbures en 1973 et 1974 eut des effets inflationnistes majeurs. Elle bouleversa les économies par la conjonction d'une inflation, d'une récession et d'une perturbation des courants d'échanges internationaux. Ce fut l'aggravation brutale du ralentissement conjoncturel qui avait commencé au début des années 1970. À l'augmentation brutale des coûts de production de certaines entreprises correspondirent 1) un ralentissement du taux de croissance de la production industrielle en raison d'un moindre développement des investissements, 2) une inflation en raison de la hausse des prix de vente et 3) une augmentation du chômage en raison des mesures de réduction d'activité et d'emploi. La hausse des prix était une conséquence directe de la hausse du coût des matières premières importées; cette hausse touchait d'ailleurs également les produits alimentaires en raison d'une forte demande soviétique suite à de mauvaises récoltes. La spirale de la récession est simple à comprendre: l'amputation des revenus entraîna celle des dépenses des ménages et des investissements des entreprises. Les pays importateurs virent leur balance des paiements devenir fortement déficitaire. L'afflux massif de capitaux issus de l'augmentation des prix ne pouvait être absorbé par les économies des pays producteurs et ils opérèrent des placements sur les marchés des capitaux à travers des banques commerciales. Ces pétrodollars durent être recyclés par les économies occidentales à l'aide d'un nouveau mécanisme inventé par le FMI[6].

L'Allemagne et la France furent confrontées, comme les autres pays européens tout au long des années soixante-dix, à la même tendance à la *stagflation*, se traduisant par la combinaison d'une inflation et d'un fort taux de chômage. En RFA le taux d'inflation passa de 2,1% en 1969 à 7% en 1973, en France de 6,5% en 1969 à 13,7% en 1974. Le nombre de chômeurs grimpa en RFA de 179 000 en 1969 à 582 000 en 1974,

---

[6] Jean-Pierre Faugère/Colette Voisin, Le système financier et monétaire international. Crises et mutations, Paris 2005, pp. 33–41; Michel Lelart, Le système monétaire international, Paris 2003.

puis à 1 074 000 en 1975. Sur la même période, il passa en France de 110 000 en 1970 à 689 000 en 1974, pour dépasser le seuil du million en 1975. La croissance s'arrêta de manière abrupte: encore de 5% en 1973 en République fédérale, le taux de croissance chuta à -1,3 en 1975.

Les économistes et les politiques durent soudain partager avec les citoyens, pour ainsi dire le commun des mortels, la prise de conscience qu'indéniablement les déterminants de la vie de chacun subissaient une internationalisation.

La notion de choc et de crise

Le ‚choc pétrolier' en lui-même qualifie les conséquences de l'élévation brutale du prix et la baisse de l'offre de pétrole. Ce ne sont pas la variation brutale du prix et le contingentement qui firent le choc, mais bien leurs répercussions dans les mesures immédiates et radicales prises par les autres acteurs du système. Et les répercussions dans la perception par les contemporains, autrement dit les effets psychologiques.

En comparaison franco-allemande, les répercussions directes pour les citoyens, dans leur mode de vie et l'usage du véhicule particulier, semblent avoir été plus importantes en Allemagne. C'est vrai au moins pour la perception et la mise en mots du phénomène, si l'on en juge par l'occupation du thème dans l'espace public. Un indice peut en être la présence sur les couvertures de magazine: tandis que le Spiegel consacra quatre unes consécutives à la pénurie et au chantage, ce ne fut pas le cas de l'hebdomadaire Nouvel Observateur qui eut une approche plus diverse.

Toutefois, dans les deux pays, le terme de „choc" s'imposa dans le langage courant car il exprime deux choses à la fois: la *collision* d'intérêts divergents entre agents économiques, c. a. d. producteurs réunis en cartel et consommateurs en demande; les pays consommateurs faisaient soudain les frais du conflit et de la collision d'intérêts qui existait au départ entre les pays producteurs cherchant à prendre le contrôle de la production notamment par la nationalisation et les compagnies pétrolières américaines, britanniques, hollandaises qui avaient eu longtemps les pleins pouvoirs. Le choc fut aussi le *traumatisme* provoqué dans les sociétés subissant les conséquences de cette conquête du pouvoir par des producteurs jusqu'alors un peu méprisés. On assistait soudain à une redistribution des cartes. Et face aux nouveaux ‚rois du pétrole', nombreux en Europe occidentale pouvaient se sentir comme le dindon de la farce.

La crise qui découla du choc fut d'un côté strictement économique, et ressentie comme telle par les millions d'actifs et leurs familles touchés par le chômage et l'augmentation des prix. Elle se coupla de l'autre côté d'une crise de confiance, dont le signal majeur fut l'ébranlement des certitudes. En 1972, le Club de Rome, créé en avril 1968, intitulait son rapport: The Limits to Growth, „les limites de la croissance", traduit en français „Halte à la croissance?"[7]. Avec le choc pétrolier, les Cassandre accusées de catastrophisme avaient soudain raison et les sociétés allemande et française prenaient brutalement conscience des limites de la croissance l'année même où l'on

---

[7] Donella H. Meadows/Dennis L. Meadows/Jorgen Randers/William W. Behrens III, The Limits to Growth, New York 1972; André Gauron, Histoire économique et sociale de la Cinquième République, t. 2: Années de rêve, années de crise: 1970–1981, Paris 1988, p. 10.

fêtait les 25 ans du DM. Après les incroyables succès de la société du bien-être – que les chrétiens-démocrates avaient promis „pour tous" (*Wohlstand für alle*) –, surgissait l'impression qu'était arrivée la fin d'un âge d'or, d'une prospérité sans fin, et que débutait une „ère de difficultés durables"[8]. Les chercheurs du Massachussetts Institute of Technology que le Club de Rome avait chargés de l'étude en 1970 avaient mis en cause les vertus de la croissance et annoncé la pénurie prévisible des sources énergétiques fossiles. Le futur était inquiétant. Le présent déjà aussi[9].

Les auteurs du rapport recommandaient de substituer l'équilibre à la croissance. Mais les travaux pratiques de pénurie imposés par la crise de 1974-75 provoquèrent un dégrisement soudain, un éveil brutal en désillusion, contraignant les contemporains à buter physiquement sur les limites de leur modèle d'expansion économique. On savait bien qu'aucune économie ne pouvait se sauver seule, sans concertation avec les partenaires. Mais on tenta de se protéger, en préservant l'illusion du sanctuaire national: la décision de stopper le recrutement de travailleurs étrangers fut parallèle dans les deux pays en 1973-74, l'accès au territoire étant désormais limité aux familles, demandeurs d'asile, étudiants, travailleurs saisonniers et citoyens de la CEE[10]. En suspendant tout recrutement d'immigrés, la décision allemande du 22 novembre 1973 et la loi française du 3 juillet 1974 donnèrent explicitement la priorité à l'emploi des nationaux et citoyens communautaires[11].

Pour forcer le trait, on se découvrait soudain, de part et d'autre du Rhin, comme deux sociétés vieillissantes, confrontées au chômage et s'interrogeant sur leur identité au moment où se développaient en même temps le culte de la prospérité et l'internationalisation des échanges. On bascula brutalement de l'optimisme au pessimisme: c'est ainsi qu'Hans Maier a mis en évidence le passage de l'optimisme du progrès au pessimisme culturel[12].

En réalité, le choc pétrolier, qui était conjoncturel, engagea la prise de conscience de transformations structurelles profondes. Certes la hausse subite du chômage fut directement imputable aux bouleversements soudains imposés aux économies, comme l'ont montré les développements précédents. Mais au moment où le choc eut lieu, le marché du travail connaissait déjà, dans les deux pays, des mutations structurelles

---

[8] Eric Hobsbawn, Age of Extremes. The short twentieth century, 1914-1991, London 1994 (allemand: Das Zeitalter der Extreme. Weltgeschichte des 20. Jahrhunderts, München/Wien 1995, ici pp. 20-24, citation p. 24); Burkhart Lutz, Der kurze Traum immerwährender Prosperität. Eine Neuinterpretation der industriell-kapitalistischen Entwicklung im Europa des 20. Jahrhunderts, Frankfurt am Main 1989.

[9] Konrad H. Jarausch, Verkannter Strukturwandel. Die siebziger Jahre als Vorgeschichte der Probleme der Gegenwart, in: id. (éd.), Das Ende der Zuversicht? Die siebziger Jahre als Geschichte, Göttingen 2008, pp. 9-26.

[10] Dominique Schnapper, L'Europe des immigrés, Paris 1992, p. 15; Ulrich Herbert, Geschichte der Ausländerpolitik in Deutschland, München 2001, pp. 231-262.

[11] Après que le regroupement familial, présent en France depuis les origines de l'immigration, y eut été modernisé en 1976, le président français Giscard d'Estaing tenta ensuite de l'interrompre en 1978-1980.

[12] Hans Maier, Fortschrittsoptimismus oder Kulturpessimismus? Die Bundesrepublik Deutschland in den siebziger und achtziger Jahren, in: Thomas Raithel/Andreas Rödder/Andreas Wirsching (éds.), Auf dem Weg in eine neue Moderne? Die Bundesrepublik Deutschland in den siebziger und achtziger Jahren, München 2009, pp. 167-180.

en cours: elles furent accentuées et mises en lumière par la crise. Comme l'ont rappelé justement les responsables du volume *Auf dem Weg in eine neue Moderne?* issu d'un colloque à l'Institut für Zeitgeschichte, rien n'est plus permanent que le changement[13]. La phase de récession entre fin 1973 et 1975 provoqua une poussée dans le mouvement de désindustrialisation de l'Allemagne fédérale, un phénomène qui se répéta dans la récession du second choc pétrolier (1979-1983). Ce fut un moment d'accélération de la tendance au recul des emplois industriels et de l'interpénétration croissante du secteur industriel et des services[14].

Dans ce climat de scepticisme et de peur diffuse, le choc pétrolier fut le catalyseur de la recherche d'énergies alternatives qui marqua la fin du siècle: le „tout hydrocarbures" avait révélé son danger pour les économies et, dans les représentations, la fin de la foi en un développement sans limite se manifesta dans une crainte nouvelle pour l'environnement. Cette crainte se cristallisa en Allemagne en particulier dans la peur du nucléaire. Si cette „césure socioculturelle", comme l'a qualifiée Andreas Rödder[15], fut commune à la France et à l'Allemagne fédérale, il y eut toutefois un décalage net entre les deux pays dans la sensibilité aux risques écologiques. Les causes en sont multiples et se trouvent tant dans les choix stratégiques nationaux, par exemple en faveur du nucléaire civil en France, dans des différences de pratique citoyenne, mais aussi certainement, en République fédérale, dans l'intensité de l'investissement antérieur dans la capacité des politiques à façonner le monde, prometteuse d'avenir. La brutalité de la fin de la foi en la capacité des hommes à piloter le système économique et politique fut à la mesure de ce qu'avait été la sacralisation de la *Machbarkeit* en Allemagne et de la planification en France, avec, dans les deux pays, la certitude de la croissance.

Il est donc frappant qu'à ce moment de rupture, l'homme d'action (le *Macher*) Helmut Schmidt succédât à la Chancellerie en mai 1974 à Willy Brandt, homme politique brillant mais en proie au doute. En quelques mois, le terme de réforme passa du camp de l'audace à celui de la prudence. Elle devint le mot-clé des jusqu'alors impopulaires „sobriété" et „parcimonie"[16].

---

[13] Thomas Raithel/Andreas Rödder/Andreas Wirsching, „Einleitung", in: ibid., pp. 7–14, ici p. 7.
[14] Gerold Ambrosius, Sektoraler Wandel und internationale Verflechtung: Die bundesdeutsche Wirtschaft im Übergang zu einem neuen Strukturmuster, in: ibid., pp. 7–14, p. 19.
[15] Andreas Rödder, Die Bundesrepublik Deutschland 1969–1990, München 2004, p. 49.
[16] On entra dans le règne de la *Sparsamkeit*, l'économie et la parcimonie. Le pragmatique Schmidt aurait déclaré devant le parti „les réformes ne sont faisables que si on peut les financer (Reformen sind nur machbar, wenn man sie finanzieren kann)", Wolfram Weimer, Deutsche Wirtschaftsgeschichte. Von der Währungsreform bis zum Euro, Hamburg 1998, p. 259. Sur le concept de réforme, voir Dietrich Thränhardt, Geschichte der Bundesrepublik Deutschland, Frankfurt am Main 1996, p. 215; Georg Stötzel/Martin Wengeler/Karin Böke, Kontroverse Begriffe. Geschichte des öffentlichen Sprachgebrauchs in der Bundesrepublik Deutschland, Berlin 1995, pp. 186 f. Pour les conséquences politiques et sociales du changement: Hans Günter Hockerts/Winfried Süß, Der Wohlfahrtsstaat in einer Zeit vielfältigen Aufbruchs. Zur sozialpolitischen Bilanz der Reformära, in: Hans Günter Hockerts (éd.): Geschichte der Sozialpolitik in Deutschland seit 1945, Bd. 5: Bundesrepublik Deutschland 1966–1974. Eine Zeit vielfältigen Aufbruchs, Baden-Baden 2006, pp. 943–962, ici p. 958.

Une mutation des valeurs

Une caractéristique supplémentaire de cette crise en Allemagne et en France est le fait que dans ces deux sociétés de paix, la conscience de crise déplaça des angoisses collectives anciennes sur un espace individualisé. Empêché de se déplacer en véhicule particulier, comme cloué au sol, l'individu voyait soudain menacée aussi la perspective de son progrès individuel, de son ascension sociale. Avec les ébranlements des grands récits collectifs, initiés par la crise de confiance du communisme, et la disparition de la société de classes de la période industrielle, l'espace individualisé se trouva progressivement surexposé, transformé par une juxtaposition de milieux sociaux fluctuants et par la modification des rôles dans la sexualité, le couple et la famille.

La question est de savoir si la prise de conscience soudaine de limites et d'une prévisible stagnation, nette dans la crise du milieu des années 1970, a accéléré ou simplement été un élément parmi d'autres dans les phénomènes que de nombreuses études empiriques de sociologie ont identifiés pour les décennies 1970 et 1980. L'identification des individus aux couches sociales – marquées par le métier, le niveau d'étude et le revenu – s'est atténuée alors que c'était le modèle dominant jusqu'alors. On observa une plus forte orientation vers les loisirs et la sphère privée tandis que les individus se détournaient des valeurs liées au travail, et une montée de l'attente de la qualité de ces loisirs[17]. Sur le temps plus long, ce phénomène est qualifiable d'individualisation des valeurs, y compris religieuses, avec l'éloignement par rapport aux Églises comme institutions.

Stefan Hradil et Holger Schmidt ont placé l'évolution des couches moyennes en Allemagne fédérale sous le signe des „peurs et chances"[18]. C'est-à-dire les nouvelles chances d'ascension au regard de la plus forte demande en savoir universitaire que la technologisation des services a induite[19]. L'expansion du système scolaire et universitaire commencé au milieu des années 1960 a ouvert en effet de telles perspectives. En même temps, le ralentissement de l'ascenseur social a été identifié par les contemporains: dans la dernière partie du siècle s'est répandue la conscience d'une aggravation de la reproduction sociale, avec de nouveaux plafonds de verre, et la peur du déclassement.

L'individualisation des parcours avec la dissolution des milieux ne mit toutefois pas un terme à l'engagement collectif, mais alla de pair avec les nouveaux mouvements sociaux, centrés sur des soucis plus proches de ces nouvelles valeurs. Notamment, les

---

[17] Stefan Hradil, Arbeit, Freizeit, Konsum: Von der Klassengesellschaft zu neuen Milieus?, in: Thomas Raithel/Andreas Rödder/Andreas Wirsching (éds.), Auf dem Weg in eine neue Moderne?, Die Bundesrepublik Deutschland in den siebziger und achtziger Jahren, München 2009, pp. 69-82. Ce furent les valeurs de la génération des ‚postmatérialistes' qui avaient été socialisés dans les années de prospérité.

[18] Stefan Hradil/Holger Schmidt, Angst und Chancen. Zur Lage der gesellschaftlichen Mitte aus soziologischer Sicht, in: Herbert-Quandt-Stiftung (éd.), Zwischen Erosion und Erneuerung. Die gesellschaftliche Mitte in Deutschland. Ein Lagebericht, Frankfurt am Main 2007, pp. 163-225.

[19] Hradil, Arbeit, Freizeit, Konsum: Von der Klassengesellschaft zu neuen Milieus?, in: Thomas Raithel/Andreas Rödder/Andreas Wirsching (éds.), Auf dem Weg in eine neue Moderne?, Die Bundesrepublik Deutschland in den siebziger und achtziger Jahren, München 2009, pp. 71-72.

discours produits par les sociétés (monde politique, médias, société civile) furent marqués par une méfiance nouvelle envers la technologie. Thomas Raithel a mis en évidence l'effet cumulatif des deux origines de la critique de la technologie en Allemagne fédérale, l'une éthico-écologique, l'autre sociale[20]. Les scrupules quant à la préservation de l'environnement n'y ont pas favorisé le développement du nucléaire, alors qu'un relatif consensus français a freiné l'expansion du mouvement anti-nucléaire.

Les contemporains ont tenté un diagnostic, sociologues et philosophes travaillant dans les deux pays la notion d'ère „postmoderne", ainsi Daniel Bell et Jean-François Lyotard[21].

Un défi pour une gestion franco-allemande de la crise

Avec leurs partenaires des pays industrialisés, le chancelier allemand et le président français tentèrent d'amortir la crise, dans sa dimension pétrolière au sein de l'Agence internationale de l'énergie (AIE). Mais il fallait surtout gérer les conséquences de la crise pétrolière. En raison de leur expérience à l'Économie et aux Finances, les deux nouveaux dirigeants partageaient la même perception aiguë des défis économiques et en particulier du dilemme qui taraudait les dirigeants des États de la CEE: fallait-il réduire la demande pour freiner l'inflation au risque d'aggraver le chômage, ou bien soutenir l'activité pour améliorer l'emploi même au prix d'une relance de l'inflation[22]? En Allemagne et en France, la réponse fut similaire. L'une des raisons en est la concertation étroite que pratiquaient le chancelier et le président, notamment en recourant systématiquement, dès que nécessaire, aux conversations téléphoniques. Dans un premier temps, en 1974, le choix se porta sur une relance de l'emploi par une politique de soutien à certains secteurs comme le bâtiment. En Allemagne, ce fut en septembre 1974 le programme de soutien de la conjoncture soutenu par une politique d'expansion de la masse monétaire menée par la Bundesbank qui baissa le taux d'escompte en espérant que l'argent moins cher relancerait la machine économique. La France adopta de son côté des mesures de relance censées compenser les désagréments du „plan de refroidissement de l'inflation" du ministre des finances Jean-Pierre Fourcade. Les deux pays étaient touchés par la montée du chômage indépendamment des variations conjoncturelles. Ce fut le phénomène nouveau de la situation économique à partir de 1974. Mais la comparaison demeura au désavantage de la France où le taux d'inflation resta le double du taux allemand (7% en RFA, jusqu'à plus de 13% en France).

---

[20] Thomas Raithel, Neue Technologien: Produktionsprozesse und Diskurse, in: ibid., pp. 31–44, p. 42.
[21] Daniel Bell, The Coming of Post-Industrial Society: A Venture in Social Forecasting, New York 1973 (fr.: Vers la société post-industrielle: essai de prospective sociologique, Paris 1976); Jean-François Lyotard, La condition postmoderne: rapport sur le savoir, Paris 1979.
[22] André Gauron, Histoire économique et sociale de la Cinquième République, t. 2, Paris 1988, p. 16; id., Quelques détails sur le plan Fourcade in: Jean-Jacques Becker/Pascal Ory, Crises et alternances 1974–2000, Paris 2002, pp. 66–74.

En 1976 suivit le ‚plan Barre' en France, avec le gel des prix et le relèvement des cotisations sociales, une baisse de la TVA et un programme d'action de soutien à certaines catégories[23]. Au même moment, le gouvernement fédéral misait sur une politique de consolidation des finances publiques en remontant les cotisations sociales; la Bundesbank adopta à nouveau une politique restrictive. Ainsi, malgré des différences de résultats et des déphasages sur le court terme, les deux pays suivirent pendant ces années le même cours moyen entre politique de l'offre et politique de la demande, avec une oscillation entre des accents successifs. Les deux gouvernements furent exposés au même reproche d'inconstance et, en France surtout, les syndicats descendirent dans la rue[24].

Mutation et rupture. 1973 comme charnière du second 20e siècle?

On retrouve la question de la périodisation[25] à l'intérieur du processus, vécu en parallèle et en commun, de passage à des sociétés de consommation de masse, accompagnées dans le même temps d'une individuation des représentations. Avec la brutalité du choc, le milieu des années 1970 fut une période de passage entre le boom d'après-guerre et le début de la mondialisation massive qui interviendra après la guerre froide[26].

Il est d'usage dans les deux pays d'isoler des phases, que l'on affuble volontiers, en Allemagne surtout, du qualificatif de ‚long' ou ‚court', et qui correspondent exactement aux décennies. Ainsi examine-t-on les ‚années 1960', les ‚années 1970'. Cet expédient s'explique certainement par le fait que depuis la fin de la Seconde guerre mondiale l'histoire manque cruellement de dates-pivots aussi décisives que l'ont été 1918, 1933 ou 1945. Le comptage en décennies n'est pas sans intérêt ni rapport à la réalité. Il est surtout favorisé par le vécu des contemporains qui, pour se placer plus facilement dans la suite des générations, s'identifient volontiers au groupe d'années de leur naissance puis de leur socialisation. Dans le cas des années 1970 toutefois, les deux chocs pétroliers et les traces laissées dans les économies fondent bel et bien l'identifi-

---

[23] Sur les principes et la mise en pratique du plan Barre, voir Gauron, Histoire économique, pp. 33–37.

[24] Wolfgang Jäger, Die Innenpolitik der sozial-liberalen Koalition 1969–1974, in: id./Werner Link, Republik im Wandel 1974–1982. Die Ära Schmidt, Stuttgart 1987, pp. 9–272, ici p. 19; Gauron, Histoire économique, p. 17; Jean-Jacques Becker, Crises et alternances 1974–2000, Paris 2002, p. 76.

[25] Les travaux récents, plus nombreux, sur les années 1970, soulèvent tous le problème de la façon dont il faut situer les années 1970, notamment par rapport à la décennie précédente qui a été identifiée comme période de mutations majeures: Axel Schildt/Karl Christian Lammers/Detlef Siegfried (éds.), Dynamische Zeiten. Die 60er Jahre in den beiden deutschen Gesellschaften, Hamburg 2000; Matthias Frese/Julia Paulus/Karl Teppe (éds.), Demokratisierung und gesellschaftlicher Aufbruch. Die sechziger Jahre als Wendezeit der Bundesrepublik, Paderborn 2003; Heinz Gerhard Haupt/Jörg Requate (éds.), Aufbruch in die Zukunft. Die 1960er Jahre zwischen Planungseuphorie und kulturellem Wandel. DDR, CSSR und Bundesrepublik im Vergleich, Weilerswist 2004.

[26] Andreas Wirsching, Abschied vom Provisorium 1982–1990, München 2006, p. 471.

cation d'une phase particulière[27]. Ce temps fort de la crise fut un moment de perception brutale des mutations de fond qui étaient à l'œuvre, mais une perception soumise à un effet retard. Il serait abusif d'y voir un temps décisif dans le rythme de toutes les différentes mutations (sectorielles dans le domaine de l'économie et du travail, technologiques, médiatiques, de valeurs). Toutefois, ce fut une irruption fracassante du doute, après l'installation des deux sociétés dans le bien-être de masse et l'insouciance de 1968.

---

[27] Hélène Miard-Delacroix, Le défi européen, de 1963 à nos jours, Villeneuve d'Ascq 2011, pp. 17–28.

Pierre Guillaume
Les ajustements de l'Etat-providence en France dans les années soixante-dix

Au cours des années soixante-dix la France traversa deux temps marqués par d'importantes réformes, celui dit de la nouvelle société, où Jacques Chaban-Delmas fut le Premier ministre de Georges Pompidou, du 21 juin 1969 au 5 juillet 1972 et celui du ministère Chirac, Valéry Giscard d'Estaing étant président de la république, du 27 mai 1974 au 25 août 1976. A ces deux temps forts succédèrent des périodes d'accalmie réformatrice, avec les ministères Messmer de juillet 1972 à la mort de Pompidou le 2 avril 1974 et les ministères Barre d'août 1974 à l'élection de François Mitterrand le 10 mai 1981. C'est par son discours du 16 septembre 1969 que Jacques Chaban-Delmas annonce les intentions novatrices de son gouvernement dont on comprend vite qu'elles n'ont pas le plein assentiment du Georges Pompidou[1] tandis que c'est le 11 octobre 1976, alors que le gouvernement Barre a déjà pris le tournant de la rigueur, que Valéry Giscard d'Estaing dit, dans ‚Démocratie française'[2], ce qu'est son projet réformiste pour la France, après que bien des décisions majeures, comme l'autorisation de l'interruption volontaire de grossesse aient déjà été prises. Les hommes en place Pompidou Chaban-Delmas – Pompidou d'une part, Giscard d'Estaing-Chirac d'autre part sont trop différents pour qu'on puisse suggérer un parallèle entre les deux poussées de réformisme de ces années 70 mais on doit rappeler qu'elles ont toutes deux pour toile de fond des difficultés économiques majeures avec une inflation liée aux chocs pétroliers (13,7% en 1974 et encore 11,8% en 1975[3]) avec pour conséquence une première aggravation du chômage qui ne touchait encore que 3,5% de la population active en 1975 mais 5,4% en 1980. Dans bien des cas les réformes adoptées impliquent des réajustements de la politique sociale, soit pour adapter celle-ci à de nouvelles contraintes découlant de la dégradation de la conjoncture économique, soit pour répondre à des besoins qui ne sont pas nouveaux mais dont on admet la légitimité auparavant ignorée.

La révision des bases du système français de protection sociale

C'est l'ordonnance du 4 octobre 1945 qui est le fondement juridique du système français de sécurité sociale[4]; largement inspiré par Pierre Laroque, son premier directeur général, ce système est l'héritage d'une histoire complexe notamment marquée par la

---

[1] Pierre Guillaume, Un projet, la Nouvelle société, in: Bernard Lachaise/Gilles Le Béguec/Jean-François Sirinelli (éds.), Jacques Chaban Delmas en politique, Paris 2007, pp. 185–223.
[2] Valéry Giscard d'Estaing, Démocratie française, Paris 1976.
[3] Sophie Chauveau, L'économie de la France au 20ᵉ siècle, Paris 2000.
[4] Alain Barjot (éd.), La sécurité sociale, son histoire à travers les textes, t. 3: 1945–1981, Paris 1988.

création des assurances sociales en 1930 et des allocations familiales en 1932. Ce texte est aussi la traduction d'une volonté exprimée par le Conseil national de la Résistance en 1944 et reprend également des dispositions adoptées par le régime de Vichy, comme certains éléments du texte qui avait créé l'allocation aux vieux travailleurs en mars 1941 ou encore de la charte du travail du 4 octobre 1941. Ayant d'abord vu exclusivement les mesures prises à la libération en termes de ruptures avec le régime précédent les historiens sont aujourd'hui plus sensibles à des continuités ayant notamment marqué l'évolution du droit de la famille ou du travail de la troisième république à la quatrième république par delà les ruptures de 1940 et de 1945. C'est ce poids des héritages qui explique largement la grande complexité du système français.

En 1945 prévaut en théorie une volonté d'extension à tous les Français de la sécurité sociale, comme le précise une loi du 22 mai 1946 „portant généralisation de la sécurité sociale" et posant, par son article premier que „tout Français résidant sur le territoire de la France métropolitaine bénéficie…des législations sur la sécurité sociale". C'est là la traduction des dispositions adoptées en Grande Bretagne à l'initiative de Beveridge. D'emblée cependant cette volonté de généralisation est distinguée de toute mesure d'uniformisation puisque par son chapitre IV l'ordonnance du 4 octobre 1945 avait prévu que soient „maintenues ou créées" des formes de protection propres à certains travailleurs „salariés ou assimilés"; ainsi les professions agricoles et forestières gardaient elles le bénéfice de leur statut antérieur. C'est là l'origine de tous les „régimes spéciaux" qui rendent si complexe le fonctionnement du système français de sécurité sociale mais qui sont ou sont longtemps demeurés intouchables au nom du principe si respecté en France et si farouchement défendu par certains syndicats de la défense des „avantages acquis", sans que l'on veuille savoir si le contexte qui a justifié jadis l'attribution de ces avantages a encore une quelconque réalité; on prend toujours pour exemple de cette rigidité le cas des conducteurs de train, héritiers incontestés pendant longtemps des chauffeurs de locomotives de l'époque de Zola[5]. Parmi les singularités majeures et durables du système français de sécurité sociale il y a le droit reconnu aux agriculteurs de gérer eux-mêmes leur protection sociale avec la Mutualité sociale agricole et la dissociation des prestations familiales des autres formes de couverture sociale avec la reconnaissance par la loi du 22 août 1946 de l'autonomie du régime des prestations familiales, dispositions voulue par la famille démocrate chrétienne, le Mouvement républicain populaire de l'époque, particulièrement soucieux des droits de la famille. Très vite d'autres catégories sociales obtiendront le droit de gérer leur protection sociale, comme les enseignants cotisant dès 1946 à la Mutuelle générale de l'Education nationale. Ainsi se sont multipliés les régimes spéciaux avec le souci d'harmoniser leur fonctionnement avec celui dit ‚du régime général'. Telle est toujours la complexité du régime de protection sociale dans les années soixante-dix et les efforts faits ultérieurement pour la limiter, en touchant aux ‚régi-

---

[5] Dans une pieuse tradition ouvriériste ‚La Bête humaine', le roman de Zola, est toujours donnée comme une peinture réaliste de la condition des cheminots alors que les conducteurs de TGV sont des techniciens hautement qualifiés et traités comme tels. L'obligation de prendre leur retraite à 50 ans, sous la pression syndicale, alors qu'ils n'ont souvent pas le nombre d'annuités d'exercice leur donnant droit à une retraite entière, est souvent vécue par les intéressés comme une contrainte (témoignages de plusieurs responsables de la Caisse de retraite de la SNCF).

mes spéciaux', seront lourds de risques politiques majeurs comme en fera l'expérience Alain Juppé en 1995[6].

Complexe dans son organisation le système français de sécurité sociale ne l'est pas moins dans ses modalités de gestion et porte ici aussi le poids des héritages. Quoi qu'il en coûta aux Français de l'admettre au lendemain comme à la veille de la première guerre mondiale, le modèle alors suivi fut allemand, bismarckien pour plus de précision[7], en demandant le financement à des cotisations tant ouvrières que patronales, plutôt qu'à la fiscalité. Cependant, dans la droite ligne d'un héritage mutualiste que l'on voulait purement français comme dans le but de responsabiliser pleinement les assurés, c'est à des administrateurs qu'ils avaient à élire qu'étaient confiées les tâches de gestion. C'est aux conseils d'administration qu'à divers échelons allant du local au national, que je ne détaille pas ici, qu'il appartenait de choisir un personnel technique de gestion. Il fut décidé à la Libération que ces administrateurs seraient pour les deux tiers des élus des travailleurs et pour un tiers des élus des employeurs. Une réforme de 1967 établira la parité entre employeurs et employés. Malgré ce réajustement majeur, le choix des administrateurs de la sécurité sociale ne mobilise pas les électeurs. De fait on dut très vite constater le peu d'intérêt accordé par l'opinion publique aux élections à la sécurité sociale. A la quatrième consultation en 1962 le taux d'abstention des électeurs atteignait déjà 31,5%[8]. Un décret de mai 1960 consacre cet effacement des conseils d'administration en précisant ce que devaient être les compétences des directeurs de caisses. Les ordonnances d'août 1967 suppriment les élections des membres des conseils d'administration des caisses. Elles établissent la parité entre représentants des salariés et celle des patrons désormais désignés par les organisations syndicales reconnues comme les plus représentatives[9]. La loi du 17 décembre 1982 rétablit l'élection. Il y a effectivement une élection le 29 octobre 1983 mais au vu du peu d'intérêt suscité il n'y en aura pas d'autres et les administrateurs sont prorogés dans leur mandat. Dans le même temps la promotion des directeurs est consacrée par l'amélioration de leur formation; en 1960 est créé un centre d'études supérieures de la sécurité sociale qui devint l'Ecole supérieure de la sécurité sociale dont les élèves avaient une formation similaire, dans les institut politiques notamment, à celles des Enarques et se retrouvaient, par là même dans les rangs des hauts fonctionnaires alors même qu'ils étaient théoriquement recrutés par les conseils d'administration des caisses locales, régionales ou nationales. Cette banalisation de l'administration de la sécurité sociale qui intervient au cours des années soixante-dix, alors même que sont suspendues les élections des administrateurs contribue à la perte, pour la sécurité sociale, de son héritage mutuelliste qui ne se conserve, jusqu'à un certain point, que dans des régimes spéciaux comme celui des enseignants. L'espoir se

---

[6] Contraint à démissionner alors qu'il avait la majorité à la chambre, ce qui conduisit à la dissolution et aux élections de 1997 qui donnent la majorité à la gauche et amènent Lionel Jospin au poste de premier ministre, Jacques Chirac restant président de la république.
[7] Fut alors inventé en France, pour ménager l'amour-propre national, l'histoire d'un précédent alsacien qui aurait inspiré le modèle prussien
[8] Pierre Guillaume, Histoire sociale de la France au XXe siècle, Paris 1992.
[9] C'est en prenant pour base les résultats des élections de 1962 qu'est évaluée la représentativité des différentes formations syndicales, ce qui donne, pour les salariés, en nombre de sièges dans tous les conseils d'administration: CGT 3, CGT-FO 2, CFDT 2, CFTC 1, CGC 1.

perd du même coup de voir les assurés œuvrer pour équilibrer les comptes de ce qui est de moins en moins à leurs yeux, leur assurance, leur affaire. Le rétablissement des élections des administrateurs par la gauche ne fait pas renaître une conscience mutuelliste, le „trou" de la sécurité sociale se creuse et est financement, de plus en plus, budgétisé donc il incombe de plus en plus à l'Etat de le combler dans une logique qui n'est plus bismarckienne.

Alors même que la logique de la gestion de la sécurité sociale paraît ainsi bien instable, elle tend à devenir universelle, comme le voulait les promesses de 1945, ainsi qu'à couvrir des risques restés alors ignorés. Une loi du 4 juillet 1976 étend à l'ensemble de la population l'assurance vieillesse obligatoire, une autre du 2 janvier 1978 met en place un mécanisme d'assurance personnelle pour la population dite résiduelle réalisant ainsi la promesse faite dès 1946 d'une sécurité sociale universelle. Tandis qu'à la Libération c'est surtout l'enfance qui avait retenu l'attention avec pour effet d'encourager la natalité et d'accentuer le baby boom, la vieillesse comme problème est découverte en 1962 avec la publication du rapport Laroque qui en dénonce la misère. Les vieux, dont on admet qu'ils ne peuvent plus survivre des formes traditionnelles des solidarités familiales ont un sort grandement amélioré par le relèvement du minimum vieillesse, héritier de l'allocation aux vieux travailleurs de 1941 et Chaban-Delmas veut se targuer de les avoir sortis de la misère dans le cadre de sa politique de la ,nouvelle société' qui n'a pas été qu'une déclaration d'intentions. On peut rappeler, c'est là sortir du champ de la protection sociale, que c'est avec la nouvelle société que fut encouragée la politique contractuelle pour éviter les conflits sociaux .

Mais le risque „nouveau" auquel on dût faire face au cours des années soixante-dix fut celui d'un chômage qui ne touchait encore que 3,5% de la population active en 1975, et on parlait alors de ‚chômage frictionnel', dont la résorption devait découler du jeu normal du marché, à 5,4% en 1980, bien loin encore il est vrai des 10,7% de 1994, mais dont dût s'inquiéter le gouvernement Barre. En 1946 ce risque chômage n'avait pas été pris en compte et en France comme dans l'Angleterre de Beveridge le plein emploi était donné comme la condition naturelle du fonctionnement de l'Etat providence. C'est en 1958 que fut mis en place, indépendamment de la sécurité sociale, le système des ASSEDIC et de l'UNEDIC qui confiait la gestion des allocation chômage à des „associations" paritaires composées de représentants des employeurs et des employés donc aux syndicats.

L'aggravation du chômage amène Raymond Barre à présenter le 28 avril 1977 son plan national pour l'emploi[10]; il comporte des incitations à l'embauche par ajournement de la taxe professionnelle ou suspension des charges sociales pour les travailleurs qui viennent d'être embauchés et surtout des assouplissements majeurs des contrats de travail que l'on ne concevait guère jusqu'ici que comme à durée indéterminée (CDI) alors que la loi du 3 janvier 1979 instituera les contrats à durée déterminée (CDD) appelés à se multiplier.

Les politiques d'immigration sont étroitement liées à celles de l'emploi. L'immigration, qui était alors pour l'essentiel européenne avait été fortement encouragée pendant les années soixante pour répondre aux besoins de main d'œuvre. Un coup d'ar-

---

[10] Sylvie Guillaume, La France contemporaine, chronologie commentée (1959–1989), Paris 1991.

rêt est donné en 1972 par des circulaires Marcellin – Fontanet qui lient l'attribution de la carte de séjour à la possession d'un travail et d'un logement. En 1974 l'immigration de travailleurs est arrêtée tandis qu'en 1976 sont définies les conditions du regroupement familial. En 1977 le secrétaire d'Etat à l'immigration, Lionel Stoleru tente de provoquer un reflux des immigrés par l'instauration d'une prime de retour qui n'a qu'un succès limité. En 1981, le problème reste entier alors même que le programme commun de la gauche avait envisagé un élargissement des droits électoraux, au moins locaux, des immigrés.

Une réelle volonté de réforme

Voulant dépasser la gestion des difficultés du moment le gouvernement chercha, dans les années 1970, à préparer l'avenir par des réformes structurelles majeures. Citons, pour mémoire, la libéralisation de l'avortement en 1975 qui a suivi une redéfinition légale du rôle de la femme qui, depuis 1970 est, au sein du ménage, l'égale de l'homme: la responsabilité et l'autorité parentales sont alors substituées à la responsabilité et à l'autorité paternelle.

La loi du 30 juin 1975, dite d'orientation en faveur des personnes handicapées est la traduction d'une vision neuve des personnes handicapées puisqu'elle propose „la prévention et le dépistage des handicaps, les soins, l'éducation, la formation et l'orientation professionnelle, l'emploi, la garantie d'un minimum de ressources, l'intégration sociale et l'accès aux sports et aux loisirs du mineur et de l'adulte handicapés physiques, sensoriels ou mentaux constituent une obligation nationale"[11].

L'idée maîtresse de ce texte est l'intégration dans la société de l'handicapé, intégration par les facilités données pour sa vie quotidienne, facilités aussi promises pour lui permettre de travailler avec des possibilités de qualification. Cette orientation est l'inverse de celle qui avait prévalu au XIXe siècle et qui s'était largement perpétuée au cours des décennies suivantes et qui était celle de la mise à l'écart, voire de l'enfermement. Comme l'a montré Foucault les fous en ont été les victimes les plus représentatives mais les sanatoriums ont été aussi des lieux de séquestration[12] tout comme les maisons d'éducation pour les jeunes[13], du type Bon Pasteur ou bien des hospices très comparables aux fameux workhouse anglais.

Cette loi de 1975 témoigne aussi d'une renaissance moderne d'une assistance que l'on avait pu croire dépassée par une sécurité sociale alimentée par des cotisations levées sur le travail ou les profits et dont les bienfaits allaient aux travailleurs. S'affirme en 1975 une aide sociale qui n'est plus conditionnée par le travail et c'est la même inspiration qui amènera plus tard à la couverture médicale universelle (2000). Ce re-

---

[11] Barjot, La sécurité sociale, p. 623.
[12] Dominique Dessertine/Olivier Faure, Combattre la tuberculose, Lyon 1988; Pierre Guillaume, Du désespoir au salut: les tuberculeux aux XIXe et XXe siècle, Paris 1986.
[13] Pierre Guillaume, Un siècle d'histoire de l'enfance inadaptée. L'OREAG 1889-1989, Paris 1989. Nous avons pu calculer que la réinsertion d'un enfant inadapté coûtait, à la fin du XXe siècle, dix fois plus cher que la marginalisation de son prédécesseur un siècle auparavant. Certes, la vision de la délinquance juvénile a changé en un siècle mais ont changé aussi les moyens que la société entendait et pouvait mettre à sa prise en charge.

tour à l'assistance a été légitimé aux yeux de l'opinion par l'action d'individualités comme le Père Joseph Wresinski ou le comédien Coluche; l'association ATD-Quart monde existe depuis 1957. C'est le rapport au Conseil économique et social du Père Wresinski de 1987 qui lui donnera la notoriété[14].

Directement liée aux problèmes de financement d'une part, de l'efficacité d'autre part de la sécurité sociale, la réforme hospitalière et celle des rapports entre sécurité sociale et corps médical sont un autre aspect important de l'action sociale menée par l'Etat dans les années soixante-dix. La politique suivie ici porte la marque du ministre de la Santé du gouvernement Chaban-Delmas, Robert Boulin, qui a été à l'origine de la loi hospitalière du 31 décembre 1970 et de la première convention nationale signée entre le corps médical et la sécurité sociale le 28 octobre 1971. La loi du 31 décembre 1970 visait, écrit Jean Imbert „l'organisation rationnelle d'un service public bien défini dans ses obligations, ses structures, ses moyens, une évolution profonde des rapports entre les secteurs publics et privés de l'hospitalisation, une révision, enfin, des cadres juridiques, administratifs et techniques des établissements hospitaliers publics"[15]. Venant après les grandes lois hospitalières de 1941 et de 1958, ce texte de 1970 fait de l'hôpital l'outil de la médecine la plus sophistiquée; son directeur en est désormais le patron tandis que le rôle de la commission des hospices est considérablement amoindri. Cette mutation est du même ordre que celle des caisses de sécurité sociale. Quant à la convention médicale de 1971 elle uniformise les niveaux de remboursement à l'échelle nationale en les améliorant très sensiblement ce qui va dans le sens d'une démocratisation de la médecine.

Avec la loi Haby du 11 juillet 1975, du nom du ministre de l'Education nationale, c'est également une volonté de démocratisation qui inspire le gouvernement. Elle met en place le ‚collège unique' pour le premier cycle de l'enseignement secondaire. Cette réforme découle du passage de la fin de l'obligation scolaire de 14 à 16 ans en 1959. Les études au collège sont gratuites comme elles l'étaient depuis Jules Ferry dans l'enseignement primaire; comme dans celui-ci, elles sont les mêmes pour tous les enfants. C'est là une tentative de démocratisation d'un système scolaire français qui, sous les apparences d'une parfaite égalité, est une accumulation d'inégalités avec la coexistence de l'enseignement privé, sous contrat depuis les lois Debré de 1962, et de l'enseignement public, avec, pour l'enseignement supérieur, la coexistence des universités et des grandes écoles préparées dans les fameuses classes préparatoires des lycées. Uniformisatrice dans son principe, la réforme Haby, qui ne touche pas à l'enseignement privé, n'empêche nullement que se distinguent et soient distingués par les familles bons et mauvais collèges. L'uniformisation voulue par la loi est accusée d'abaisser le niveau général. Loin de toucher aux grandes écoles, celles-ci ne cessent de se multiplier avec l'ENA créée en 1945 puis des établissements comme les écoles supérieures de la sécurité sociale ou de la santé publique pour la gestion des hôpitaux tandis que se multiplient écoles d'ingénieurs et écoles de commerce. Plus que jamais

---

[14] Démocratie et pauvreté. Du quatrième ordre au quart monde. Actes du colloque de Caen organisé par ATD QUART MONDE, octobre 1989, Paris 1991.
[15] P. Raynaud et L. Veyret dans, Histoire des hôpitaux en France, chapitre XIII, sous la direction de Jean Imbert Privat, p. 403 Toulouse 1982.

en France, malgré la volonté de réforme dont témoigne la loi Haby[16], coexistent donc des filières sans sélection initiale mais aux débouchés que la crise économique rend de plus en plus incertains et des filières sélectives ou ultra sélectives (une place pour une douzaine de candidats est la norme pour bien des écoles) qui attirent les individus les mieux informés, donc venant des milieux aisés, et qui seules garantissent des débouchés. La volonté de démocratisation de l'enseignement dont témoigna la réforme Haby, très vivement combattue d'ailleurs par les syndicats enseignants, a donc fait long feu.

Evaluer les résultats des années Pompidou-Giscard

Politiquement ces années se sont soldées par un échec marqué, en mai 1981, par l'élection de François Mitterrand à la présidence de la République, sous l'étiquette socialiste et sur les bases posées dès 1972 d'un programme commun de gouvernement conclu entre communistes, socialistes et radicaux de gauche, bien qu'il ait été ébranlé en septembre 1977 par le retrait des radicaux.

Découlant pour une part des réformes du système de santé et de protection sociale, mais plus encore d'une élévation globale du niveau de vie, l'espérance de vie des Français s'est très sensiblement élevée en dix ans, passant, les deux sexes confondus, de 68,4 ans en 1970 à 70,2 ans en 1980, cette augmentation bénéficiant plus encore aux femmes qu'aux hommes malgré leur entrée massive sur le marché du travail salarié à partir de 1964. Cette augmentation de l'espérance de vie s'est accompagnée d'une augmentation plus significative encore de l'espérance de vie sans handicap. A partir de ces constats Patrice Bourdelais[17] a pu dire que le poids de la vieillesse ne s'accroissait pas dans la société française comme le fait croire une lecture rapide des données statistiques. C'est là une interrogation qui est au cœur du débat sur l'âge de la retraite. Dans les années 1970 en France l'abaissement de l'âge légal de la retraite reste une revendication syndicale essentielle, qui aboutira à son passage de 65 à 60 ans aux termes de la loi Auroux en 1982, à contre courant des évolutions constatées ailleurs en Europe. C'est en 1982 également que sera accordée la cinquième semaine de congés payés et la semaine de 39 heures faisant du salarié français l'un de ceux dont le temps annuel de travail est le plus faible des pays industrialisés (1545 heures en France contre 1815 aux Etats-Unis en 2008). Ces réformes Auroux qui améliorent aussi la représentation des salariés dans l'entreprise sont des réponses données à des revendications des années soixante-dix et des réactions à la politique Barre-Giscard; S'y ajoute une campagne de nationalisation d'établissement bancaires et une tentative pour nationaliser l'enseignement sous la responsabilité du ministre Savary mais c'est un échec et le gouvernement doit reculer en juillet 1984, Laurent Fabius succédant alors à Pierre Mauroy comme Premier ministre.

Paradoxalement, alors même que le taux de croissance de l'économie nationale faiblit, que les taux d'inflation et de chômage augmentent, le niveau de vie des Français

---

[16] Serge Berstein/Jean-François Sirinelli (éds.), Les années Giscard. Les réformes de société, Paris 2007.
[17] Patrice Bourdelais, L'Age de la vieillesse, Paris 1997.

continue, pendant les dernières années de la présidence de Giscard d'Estaing d'augmenter, quoique beaucoup plus lentement que pendant les Trente glorieuses, et la pauvreté tend à diminuer. Alors que pour les années 1960-1973, la croissance annuelle du PIB est, en France, de 5,4%, record absolu dans l'histoire des deux derniers siècles, il est encore de 3,4% pour la période 1975-1979. Les chiffres correspondants sont, pour la RFA, de 4,3% et 3,7%, pour les Etats-Unis de 4,8% et 4,2% Seul le Japon avec 10,0% et 5,7% fait mieux qu'une France considérée brièvement comme détenant le record des pays occidentaux. Dans ce contexte on voit régresser la pauvreté pour autant que l'on en donne comme définition un revenu inférieur à 60% du niveau de vie médian. En 1970 19,1% de la population vit en dessous de ce seuil de pauvreté, soit 9187 mille personnes; il n'y en a plus que 15,1% en 1979 soit 7918 mille personnes[18]. Cette régression de la pauvreté ne saurait faire oublier qu'en France l'inégalité des patrimoines est très forte alors même qu'il y a une tendance au rétrécissement de l'échelle des salaires. Cette vision statistique d'un tassement de la pauvreté, incontestable en tant que telle, n'en est pas moins en contradiction avec la nécessité que nous avons évoquée de revenir à des pratiques caritatives que l'on pouvait croire dépassées par l'affirmation de l'Etat providence.

Sur ces évolutions de fond largement déterminées par celles des marchés et notamment par celui du pétrole, les agitations, notamment étudiantes, apparaissent, avec recul, comme une mousse très superficielle. Il n'empêche qu'elles n'ont pas été toujours faciles à vivre et je peux en parler comme témoin. Dans un établissement de bon aloi comme l'Institut d'Etudes Politiques de Bordeaux dont les étudiants étaient peu nombreux et recrutés après entretien de motivation, il y eut des semaines entre 1971 et 1975 où l'on dut affronter le boycott de certains cours dont le contenu déplaisait à une poignée de maoïstes soumis aux caprices d'un jeune brocanteur de la ville et pseudo étudiant, dont on sut par la suite qu'il était aussi indicateur de police. Plus sérieusement une institution appelée l'OREAG et qui, dans plusieurs établissements se donnait pour tâche la prise en charge de jeunes marginaux, vit son existence même menacée lorsque les éducateurs très sensibles aux divers discours gauchistes voulurent faire triompher, contre l'administration, les principes de l'autogestion. Avec le plus profond mépris pour les contraintes budgétaires, et pour répondre à tous les désirs des jeunes qu'ils avaient en charge, ils contestèrent tout retour à une quelconque discipline. En deux ans, le mouvement perdit de son intensité et une institution somme toute socialement utile fut sauvée. Ces mouvements n'eurent que bien peu d'écho chez les salariés bordelais, Bordeaux n'étant pas ou n'étant plus, il est vrai une ville ouvrière, et échappant, par absence d'industries, aux contrecoups douloureux de certaines formes de désindustrialisation.

---

[18] INSEE, Observatoire des inégalités, octobre 2010.

Bernard Poloni

La citoyenneté dans l'entreprise: une asymétrie franco-allemande

Sous l'influence des mouvements sociaux de la seconde moitié des années soixante et de leurs conséquences politiques, la question de la citoyenneté dans l'entreprise gagne une nouvelle acuité durant la décennie suivante, et les décisions prises, ou non, dans ce domaine en France et en République fédérale d'Allemagne vont renforcer les différences entre les deux pays (pour des raisons évidentes tenant à son ordre socio-économique la République démocratique allemande ne peut être intégrée à une analyse comparative en ce domaine). L'objet de cette communication sera, une fois précisé son domaine d'application, de rappeler les données factuelles avant d'en présenter des éléments d'explication.

1. Qu'entendre par citoyenneté dans l'entreprise

Cette notion est dérivée de celle de citoyenneté dans le domaine politique. Un citoyen y est défini comme un sujet de droit, tenu à certains devoirs et, en contrepartie, disposant de certains droits imprescriptibles. Parmi ceux-ci on retiendra le droit d'expression; le droit d'information; le droit de consultation; le droit de proposition; et le droit de décision sous la forme du droit de vote, passant essentiellement par l'élection de ses représentants aux instances politiques ainsi que par le référendum.

La citoyenneté dans l'entreprise suppose la mise en place au sein de l'entreprise de droits similaires ouverts non seulement aux détenteurs du capital mais également à tous les salariés. Partant de ce constat, on peut distinguer deux statuts de la citoyenneté dans l'entreprise ainsi conçue. Elle peut reposer sur le libre choix, la libre décision laissée à chaque entreprise d'en intégrer ou non des éléments dans son mode de gestion. Ou bien elle peut acquérir un caractère obligatoire dès lors qu'elle est inscrite dans la loi, qui en fixe les modalités.

Dans la présente communication, nous nous en tiendrons à la seconde variante pour deux raisons. D'une part, il serait extrêmement difficile voire impossible de recenser tous les cas individuels relevant du bon vouloir de tel ou tel chef d'entreprise, ni même d'en établir un échantillonnage réellement représentatif de leur diversité. D'autre part, relevant du bon vouloir individuel, les éléments de citoyenneté d'entreprise ainsi accordés peuvent à tout moment être remis en question, ce qui ajoute l'instabilité à la diversité.

Par ailleurs, nous ne nous attacherons qu'à l'aspect de la problématique à notre sens le plus important: celui de l'association des salariés à la gestion de l'entreprise. Nous n'aborderons pas, en particulier, la question de la participation conçue comme intéressement financier des salariés aux bénéfices de leur entreprise, qui relève d'un autre domaine.

2. Les données factuelles

Avant de rappeler les faits, il convient de souligner qu'ils concernent deux étages de l'activité entrepreneuriale, que la terminologie distingue plus clairement et systématiquement en allemand qu'en français – ce qui est en soi déjà révélateur.

L'allemand utilise le terme de *betriebliche Mitbestimmung* ou *Betriebsmitbestimmung* pour l'un et de *Unternehmensmitbestimmung* pour l'autre. En français, l'usage tend souvent à confondre ces deux niveaux en utilisant de manière uniforme le terme d'entreprise. Pour échapper à cette confusion, nous recourrons chaque fois que possible à la paire terminologique ‚établissement' et ‚entreprise'.

En France, les années soixante-dix donnent certes lieu à quelques propositions de réforme mais n'apportent guère de novation dans les faits. Le document établi en 1975 par une commission dirigée par Pierre Sudreau[1] reste sensiblement en retrait par rapport aux idées formulées en 1963 par François Bloch-Lainé dans son livre *Pour une réforme de l'entreprise*[2] (en particulier la gestion collégiale et l'instauration d'une démocratie industrielle avec la mise en place dans les grandes entreprises d'une commission de surveillance composée de représentants du capital et des salariés), qui s'étaient d'ailleurs d'emblée heurtées à l'opposition tant du patronat que des syndicats; en retrait aussi par rapport aux projets de réformes sans lendemain que Jacques Chaban-Delmas avait esquissés dans son discours sur la 'Nouvelle société' prononcé le 16 septembre 1969 devant l'Assemblée nationale[3]. Le rapport Sudreau comporte trois grands ensembles de propositions touchant au sujet qui nous occupe.

Le premier vise à renforcer les moyens d'action des syndicats représentatifs afin qu'ils puissent mieux remplir leur double fonction de contestation et de participation par la négociation. Mais les solutions concrètes envisagées sont fort restreintes et peu efficientes: accroissement du nombre de délégués syndicaux; utilisation plus souple des heures de délégation payées durant le temps de travail; soutien financier à la formation des délégués du personnel. Rien par contre concernant l'activité des syndicats dans l'entreprise, l'information des salariés par les syndicats ni celle des syndicats par la direction, sans laquelle une négociation équilibrée n'est pas possible.

Le second concerne l'amélioration de la concertation à l'intérieur du comité d'entreprise et celle de la représentation des cadres en son sein. Mais aucune mesure visant à donner un pouvoir de participation à la prise de décision n'est envisagée, ni dans le domaine économique, ce que rejetaient de toute manière syndicats et organisations patronales, ni en matière d'emploi et de formation.

Le troisième domaine abordé dans le rapport Sudreau est celui de la représentation des salariés au sein des organes de gestion de l'entreprise (conseil d'administration ou de surveillance). Lors des négociations de la commission, une telle cogestion entendue comme composition paritaire de ces organes a été d'emblée écartée tant par la

---

[1] Voir Jean-Marie Verdier, Le Rapport Sudreau, in: Revue internationale de droit privé 28 (1976), pp. 771–783.
[2] François Bloch-Lainé, Pour une réforme de l'entreprise, Paris 1963.
[3] Jacques Chaban-Delmas, Déclaration du gouvernement et débat sur cette déclaration, 1ère séance du 16 septembre 1969, http://www.assemblee-nationale.fr/histoire/chaban/1969-1.asp [19.7.2010].

partie syndicale que par le patronat. En lieu de quoi est proposée une co-surveillance dans les entreprises de plus de mille ou deux-mille salariés, avec un tiers de représentants de ceux-ci et sans que soit clairement défini leur mode d'élection. Cette proposition sera rapidement abandonnée.

Concrètement, le législateur n'ira pas au-delà d'une actualisation, par une loi du 30 juin 1975[4], des droits du comité d'entreprise, dont l'activité se limite en fait au niveau de l'établissement à l'instar du *Betriebsrat* allemand. Obligatoire dans les établissements de plus de cinquante salariés, son pouvoir de décision reste limité aux activités sociales et culturelles; tandis que dans les domaines des attributions professionnelles et des attributions d'ordre économique il ne dispose, dans le meilleur des cas, que d'un droit d'information ou de consultation. Seule novation notable, qui fait ressortir les limites du système français, une loi du 31 mai 1976 instaure la mise en place dans les entreprises d'au moins 300 salariés, en sus du comité d'entreprise, d'une commission d'information d'aide au logement des salariés. Il faudra en fait attendre le début des années quatre-vingt et les lois Auroux[5] pour qu'interviennent des évolutions plus marquées.

En République fédérale, la situation est profondément, essentiellement différente. Deux textes législatifs sont à retenir. Il s'agit tout d'abord de la loi du 15 janvier 1972 sur les *Betriebsräte* (*Betriebsverfassungsgesetz*)[6], qui concerne donc – comme en France – le niveau de l'établissement et actualise celle de 1952 sur ce point. Un conseil d'établissement doit être élu dans toute entreprise privée comptant plus de cinq salariés habilités à voter (les entreprises publiques relèvent d'une législation spécifique, les *Personalvertretungsgesetze* de l'État fédéral et des Länder). La loi étend les compétences du conseil d'établissement, lui accordant en particulier – pour nous en tenir à ce niveau le plus élevé et sans aborder les points sur lesquels il dispose d'un droit de veto, de négociation, de consultation ou d'information – un droit de co-décision pour ce qui concerne les questions relatives au règlement intérieur, la répartition du temps de travail sur la journée et la semaine, le recours à des installations techniques aux fins de surveiller le rendement et le comportement des salariés, l'attribution de primes conditionnées par le rendement individuel des salariés, les méthodes d'évaluation des personnels et l'établissement des questionnaires dédiés à cette évaluation, la définition des postes de travail, le recrutement, l'incorporation, le changement d'affectation et, sous certaines conditions, le licenciement des salariés, les conséquences sociales d'éventuelles transformations dans l'entreprise, etc.

On le voit à cette seule présentation succincte, comité d'entreprise d'une part, *Betriebsrat* de l'autre jouissent de droits et compétences sans commune mesure. Mais c'est dans le domaine de la participation des salariés à la gestion stratégique des

---

[4] Loi n° 75-534; citons également la loi 75-5 du 3 janvier concernant les licenciements économiques.
[5] Il s'agit des lois n° 82-689 relative aux libertés des travailleurs dans l'entreprise, n° 82-915 relative au développement des institutions représentatives du personnel, n° 82-957 relative à la négociation collective et au règlement des conflits du travail, et n° 82-1097 relative aux comités d'hygiène, de sécurité et des conditions de travail.
[6] Pour cette loi et les suivantes concernant la République fédérale, voir Der Bundesminister für Arbeit und Sozialordnung (éd.), Mitbestimmung – Mitbestimmungs-Gesetz, Montan-Mitbestimmung, Betriebsverfassung, Bonn 1976.

entreprises que les différences entre la France et la République fédérale sont les plus criantes. Pour ce qui concerne la France, le constat est simple: la proposition de la commission Sudreau d'une représentation des salariés à hauteur d'un tiers au sein d'une commission de co-surveillance a été, nous l'avons vu précédemment, purement et simplement rejetée. Dès lors, ce chapitre est clos.

La situation est toute différente en République fédérale. La loi de 1972 précédemment évoquée, si elle étend les compétences des conseils d'établissement, ne modifie pas, et donc confirme une autre composante de celle de 1952: la *Drittelparität*, autrement dit le fait que le conseil de surveillance des sociétés par actions et des sociétés par actions en commandite doit comporter un tiers de représentants des salariés. La même règle vaut pour les sociétés à responsabilité limitée, les coopératives et les sociétés d'assurance mutuelle dotées d'un conseil de surveillance dès lors qu'elles emploient plus de cinq-cents salariés.

Au-delà de cette confirmation de l'acquis, la principale novation tient à l'adoption d'une nouvelle loi concernant la participation des salariés aux organes de contrôle des sociétés de capitaux, la *Mitbestimmungsgesetz* du 4 mai 1976. Tout en restant en retrait par rapport à celle de 1951 qui avait instauré la co-décision dans les entreprises minières et sidérurgiques, elle instaure la parité arithmétique au sein du conseil de surveillance des sociétés de capitaux – sociétés par action, sociétés en commandite par action, sociétés à responsabilité limitée, coopératives – employant plus de deux-mille salariés; en d'autres termes, leur conseil de surveillance doit être composé par moitié de représentants du capital et de représentants des salariés; parmi ces derniers, on trouve nécessairement des représentants du ou des syndicats présents dans l'entreprise ainsi qu'au moins un représentant par catégorie des ouvriers, des employés et des cadres supérieurs. Entrée en vigueur le 1er juillet 1976, cette loi est devenue définitivement applicable après écoulement de la période probatoire de deux ans prévue en son article 38.

Outre son contenu, elle mérite attention pour les conditions dans lesquelles elle a été adoptée et confirmée. L'extension de la parité, initialement introduite dans le secteur des mines et de la sidérurgie, à l'ensemble des entreprises est une revendication syndicale ancienne, clairement formulée en 1962 dans le cadre de la réforme du droit des sociétés par actions[7]. A l'opposé, les organisations patronales rejettent ce projet, dont elles jugent qu'il est contraire à une véritable économie de marché et à un ordre social libéral, et fondent en 1964 un organisme appelé *Arbeitskreis Mitbestimmung* destiné à le combattre dans l'opinion publique.

Quant aux partis politiques, ils évitent tout d'abord soigneusement de se saisir de la question. Ni la coalition chrétienne-libérale jusqu'en 1966, ni le gouvernement de grande coalition qui lui fait suite de 1966 à 1969 ne la thématise. Il faut attendre 1973 pour que le chancelier Willy Brandt évoque officiellement la nécessité de renforcer à terme la participation des salariés à la gestion des entreprises[8]; et février 1974 pour

---

[7] Cette réforme sera concrétisée par une loi – Aktiengesetz – du 6 septembre 1965, BGBl. 1965 I, p. 1089.
[8] Voir sa déclaration gouvernementale du 16 octobre 1969, http://www.1000dokumente.de/index.html?c=dokument_de&dokument=0021_bra&object=translation&st=&l=de [19.7.2010]

qu'un projet de loi sur cette question soit entériné par le gouvernement SPD-FDP. Après examen par le *Bundesrat*, il est transmis au *Bundestag* en juin de la même année. Suivront presque deux années de débat et de réflexion avant son adoption définitive le 18 mars 1976 à une très large majorité: 389 voix pour, 22 contre – ce qui signifie que plus de la moitié des députés de l'opposition l'ont approuvé.

Mais les choses n'en restent pas là. Le 29 juin 1977, 9 entreprises et 29 associations patronales introduisent un recours devant le Tribunal constitutionnel fédéral. Les griefs qu'elles formulent pour le motiver peuvent se résumer en sept points:
- l'évolution initiée par la loi conduirait à terme à une participation paritaire des salariés et des détenteurs du capital à la direction des entreprises;
- les effets conjugués de la loi de 1976 et de celle de 1972 – précédemment évoquée – déboucheraient sur une ‚surparité' des salariés;
- par conséquent, la loi serait en contradiction avec la garantie de la propriété privée inscrite à l'article 14 de la Loi fondamentale, dans la mesure où elle léserait les détenteurs de parts en matière de droits liés à la qualité d'actionnaire ou de sociétaire ainsi que de droit de la propriété résultant de cette détention;
- la loi comportant des éléments qui conduisent à un regroupement obligatoire des salariés et des détenteurs du capital, elle serait incompatible avec la liberté d'association telle qu'inscrite à l'article 9, alinéa 1 de la Loi fondamentale;
- les dispositions de la loi porteraient atteinte à la liberté du chef d'entreprise dans la mesure où elle entraverait le libre exercice d'une activité professionnelle inscrit à l'article 12 de la Loi fondamentale;
- la loi porterait atteinte à la liberté de coalition telle qu'inscrite à l'article 9, alinéa 3 de la Loi fondamentale;
- En définitive, la loi aurait pour conséquence une modification de l'ordre économique que seule pourrait valider une loi portant modification de la constitution.

De ces griefs, nous retiendrons les deux qui sont en rapport direct avec le sujet de cette communication: ceux relatifs à la garantie de la propriété privée et au libre exercice d'une activité professionnelle. Avant d'être rejeté par les juges de Karlsruhe le 1er mars 1979, pour des raisons sur lesquelles nous allons revenir, ce recours a pour effet immédiat – au moins à titre déclaratif – que les syndicats décident de se retirer de la *konzertierte Aktion* mise en place par la loi dite de stabilité du 8 juin 1967 (*Gesetz zur Förderung der Stabilität und des Wachstums der Wirtschaft*)[9].

3. Éléments d'explication de l'asymétrie entre France et République fédérale

Une telle évolution contradictoire de part et d'autre du Rhin peut être expliquée par différents facteurs qui, comme toujours, ne sont pas seulement importants en eux-mêmes mais plus encore par leur interaction. Elle tient tout d'abord au facteur ‚tradition'. En France, il faut attendre les accords de Matignon de juin 1936 pour qu'un premier pas soit franchi avec l'institution des délégués du personnel, remplacés sous le régime de Vichy par les comités sociaux d'entreprise institués en 1941 par la Char-

---

[9] BGBl. 1967 I, p. 582.

te du travail, puis réintroduits par une ordonnance du 22 février 1945 du Gouvernement provisoire de la République française, conformément au programme du Conseil national de la Résistance. Le 16 mai de l'année suivante est adoptée la loi sur les comités d'entreprise. Suivra celle de 1975 précédemment évoquée. Quant aux expériences d'autogestion des années soixante-dix, vouées à l'échec, elles relevaient non de la cogestion mais d'une volonté de changer l'ordre économique. On hésite dès lors à parler de tradition.

Il en va tout autrement en Allemagne. On peut y relever une première esquisse d'instauration de la citoyenneté dans l'entreprise durant les débats constitutionnels de l'église Saint-Paul en 1848–49, au cours desquels est évoquée la création d'un système à trois niveaux: instauration de comités de fabriques composés paritairement d'ouvriers et de contremaîtres élus par les salariés ainsi que du propriétaire de la fabrique ou de son représentant, chargés de veiller aux droits des salariés tout en favorisant l'essor de l'activité industrielle; ils auraient eu pour fonction de rédiger le règlement intérieur de la fabrique, de traiter d'éventuels conflits du travail et de gérer la caisse de secours en cas de maladie; des conseils de fabrique élus par ces comités auraient eu une fonction de coordination au niveau régional; tandis que des chambres de métier auraient chapeauté l'ensemble au niveau de chaque État.

Certes cette idée ne fut pas retenue, mais elle a vraisemblablement inspiré la constitution à partir de 1850 dans certaines fabriques, sur la base du volontariat, de comités ouvriers habilités à présenter des requêtes, essentiellement en matière de questions sociales. Un nouveau pas est franchi durant la Première Guerre mondiale; face aux exigences de production qu'implique la conduite du conflit est adoptée la 'Loi sur le service auxiliaire patriotique' qui entre en vigueur le 5 décembre 1916 dans le cadre du Programme Hindenburg; elle impose la constitution de comités d'ouvriers, élus au scrutin secret, dans toutes les entreprises de plus de cinquante salariés; elle prescrit également la création de comités de conciliation composés par moitié de représentants des patrons et des ouvriers et présidés par un conciliateur neutre, chargés de régler les questions salariales. C'est dans la droite ligne de ces décisions qu'est adoptée au début de la République de Weimar, le 4 février 1920, la loi sur les conseils d'entreprises, qui impose l'instauration d'un délégué du personnel dans toutes les entreprises employant au moins cinq salariés et d'un conseil d'entreprise dans toutes celles employant au moins vingt salariés. Ses membres disposent d'authentiques droits de cogestion, complets en matière d'élaboration du règlement intérieur, variables pour les questions sociales et économiques. Deux ans plus tard une loi complémentaire fera qu'un de ses membres au moins sera habilité à siéger au conseil de surveillance des entreprises qui en sont dotées. Parallèlement sont créées des commissions de conciliation paritaires chargées de traiter les différents entre patronat et salariés lors des négociations concernant les accords de branche. La voie est ainsi ouverte aux évolutions futures, qui devaient conduire aux lois sur la cogestion d'après la Seconde Guerre mondiale, tant au niveau des établissements que des entreprises.

A cet héritage historique divergent vient s'ajouter la situation de la fin de la Seconde Guerre mondiale. Alors que, dès la Libération, les autorités françaises sont seules responsables de la reconstruction économique et sociale du pays, l'Allemagne passe sous statut d'occupation; ainsi entre en vigueur le 10 avril 1946 la loi n° 22 du Conseil de contrôle allié qui autorise à nouveau la constitution des conseils d'entreprise interdits sous le régime national-socialiste; par ailleurs les négociations qui s'instaurent entre Hans Böckler, futur président du DGB, et les autorités d'occupation anglaises, auxquelles sont associées les autorités provisoires allemandes, débouchent sur la décision que le conseil de surveillance des entreprises minières et sidérurgiques de la zone d'occupation britannique – c'est-à-dire en particulier de la Ruhr – doit être composé paritairement de cinq représentants du capital, cinq représentants des salariés et un onzième membre neutre; et que siège au directoire un ‚directeur du travail' chargé des questions concernant directement le personnel, non éligible contre les voix des salariés. Une préfiguration de la future loi sur la cogestion dans les secteurs minier et sidérurgique (*Montanmitbestimmungsgesetz*) de 1951.

Terminons par un dernier aspect historique. Une fois retombé le trouble de la seconde moitié des années soixante, c'est une majorité de droite puis de centre-droit qui gouverne en France, sous les présidences de Georges Pompidou puis de Valéry Giscard d'Estaing. En République fédérale, c'est un chancelier social-démocrate, Willy Brandt, qui arrive au pouvoir en 1969, et c'est un autre responsable social-démocrate qui lui succède en 1974, Helmut Schmidt. Facteur plus défavorable ici, plus favorable là à des avancées en matière de participation institutionnalisée des salariées à la gestion des entreprises.

L'asymétrie entre France et République fédérale tient deuxièmement à des différences dans l'organisation des forces sociales. Si du côté patronal les schémas d'organisation sont assez similaires, il n'en va pas de même du côté des organisations de salariés.

La France présente une multiplicité de syndicats, avec cinq centrales principales défendant des programmes différents, en partie incompatibles. Morcellement de la représentation salariale et refus de toute concession en matière de cogestion de la part de certaines organisations ne sont pas faits pour faciliter, voire permettre des avancées institutionnelles dans ce domaine, d'autant qu'en face le patronat fait front de manière bien plus unitaire contre de tels projets.

En République fédérale, la situation est autre. A la fin de la Seconde Guerre mondiale a été retenu le principe d'une double unicité: un syndicat par branche économique et un syndicat par entreprise, avec une organisation confédérale dominante extrêmement puissante, le DGB. En outre le taux de syndicalisation est bien plus élevé en Allemagne qu'en France (chiffres pour 1980: 17,1% globalement / 66,3% dans le secteur public en France; 34,9% globalement / 39,3% dans le secteur public en République fédérale)[10]. Ces deux facteurs font que la partie syndicale est bien mieux armée en Allemagne pour mener les négociations et faire pression afin d'obtenir une extension des droits de participation des salariés à la gestion des entreprises.

Reste un troisième facteur à envisager, lié à la conception de l'ordre économique et à son ancrage constitutionnel dans les deux pays. En France, le préambule de la constitution de 1946 en son alinéa 8, repris par celui de la constitution de 1958, dé-

---

[10] Voir Bernhard Ebbinghaus/Jelle Visser, The Societies of Europe: Trade Unions in Western Europe since 1945, London 2000; Jeremy Waddington, La syndicalisation en Europe. Étendue du problème et éventail des réponses proposées par les syndicats. Document de travail pour l'Université d'été de la CES/ETUI-REHS des dirigeants syndicaux européens, Florence 1-2 juillet 2005.

clare que „tout travailleur participe, par l'intermédiaire de ses délégués, à la détermination collective des conditions de travail ainsi qu'à la gestion des entreprises". Une pure déclaration de principe aux applications pratiques, nous l'avons vu, très limitées. En particulier, la loi de 1966[11] sur les sociétés par action confie au seul PDG, à la fois président du conseil d'administration et directeur de l'entreprise, l'ensemble des pouvoirs de gestion de celle-ci. Et si la loi reprend la notion de responsabilité sociale de l'entreprise, qui renvoie au débat des années trente sous l'influence entre autres de la doctrine sociale de l'Église, ainsi qu'aux thèses débattues après-guerre dans une association comme 'Économie et humanisme' ou encore à celles exposées par des auteurs tels que Georges Ripert dans son ouvrage de 1951 *Les aspects juridiques du capitalisme moderne*, il ne sera en définitive adopté en la matière, nous l'avons vu, aucune décision, aucune mesure concrète.

En République fédérale, il en va cette fois encore tout autrement. Pour illustrer cette différence, nous nous référerons à la décision du Tribunal constitutionnel fédéral de 1979[12]. Nous avons relevé le fait que, par ce jugement, il rejette la plainte en inconstitutionnalité introduite contre la loi sur la cogestion de 1976. Des attendus du jugement, nous en retiendrons deux, en étroite relation avec les deux griefs du patronat précédemment évoqués. D'une part, d'un point de vue strictement technique, les juges de Karlsruhe soulignent qu'il n'y a pas d'incompatibilité avec la garantie du droit de propriété privée dans la mesure où la loi prévoit explicitement qu'en cas de ballottage lors d'un vote au conseil de surveillance son président dispose d'une seconde voix décisive; et où les dispositions de la loi font que les représentants du capital, donc, juridiquement parlant, les propriétaires de l'entreprise ont toujours la possibilité d'élire seuls le président s'ils ne peuvent se mettre d'accord sur un nom avec les représentants des salariés. Mais un autre attendu est plus important. Le tribunal souligne qu'il convient, au regard de la Loi fondamentale, de distinguer entre diverses formes de propriété; que, à la différence de la propriété strictement personnelle, le fait de détenir des parts dans une société de capitaux implique une responsabilité vis-à-vis des intérêts de tierces personnes, les salariés, qui participent à conserver voire accroître la valeur de la société, dont dépend par ailleurs leur situation économique, donc la possibilité pour eux d'organiser leur existence en toute responsabilité (*selbstverantwortliche Lebensgestaltung*). En d'autres termes, il incombe à l'entreprise, donc également à ceux qui en sont les propriétaires, une responsabilité sociale. Le tribunal le souligne explicitement au point III. 1. bb) de son jugement, dans lequel il insiste sur le rôle social de l'entreprise et la responsabilité sociale des détenteurs du capital; il s'appuie pour cela sur l'article 14 de la Loi fondamentale dans ses alinéas 1: „La propriété et le droit de succession sont garantis. Leur contenu et leurs limites sont fixés par la loi." (*Das Eigentum und das Erbrecht werden gewährleistet. Inhalt und Schranken werden durch die Gesetze bestimmt*); et 2 : „La propriété oblige. Son usage doit en même temps contribuer au bien public." (*Eigentum verpflichtet. Sein Gebrauch soll zugleich dem Wohle der Allgemeinheit dienen*). Le jugement de Karlsruhe confirme donc que sur les points incriminés, et tout spécialement en ce qui concerne la garantie de la propriété privée, la loi de 1976 est conforme à la constitution, plus précisé-

---

[11] Loi n° 66–537 du 24 juillet 1966 sur les sociétés commerciales, chapitre IV.
[12] Voir Neue Juristische Wochenschrift 32 (1979), pp. 699–711.

ment à un article spécifiant que l'usage de cette dernière ne saurait être de nature égoïste mais doit prendre en compte l'intérêt commun. On touche ici à un point essentiel du nouvel ordre socio-économique instauré en République fédérale, inspiré en l'occurrence moins par les théoriciens de l'ordo-libéralisme que par les tenants de la doctrine sociale de l'Église[13], présents dans les milieux résistants au national-socialisme avec, par exemple, le père jésuite Alfred Delp, membre du Cercle de Kreisau; influents aussi lors de la définition et de la mise en œuvre de l'ordre social d'après-guerre, que ce soit dans les cercles politiques chrétiens-démocrates et chrétiens-sociaux, que ce soit par l'intermédiaire de personnalités éminemment influentes comme le père jésuite Oswald von Nell-Breuning[14], qui a participé au début des années trente à la rédaction de l'encyclique *Quadragesimo anno* du pape Pie XI dans laquelle les obligations sociales liées à la propriété sont soulignées aux alinéas 44 à 52, et qui soutiendra par la suite activement le principe de l'association des salariés à la conduite des entreprises, y compris aux côtés du DGB.

4. En guise de conclusion

On le voit, l'écart est grand entre la situation française, dans laquelle l'opposition de principe entre les partenaires sociaux est la règle et des déclarations d'intention très générales ne sont guère suivies d'effet dans les années soixante-dix; et la situation allemande dans laquelle, même si les avancées de la cogestion ne vont évidemment pas sans débat ni opposition, une pratique de longue tradition se trouve renforcée par une réflexion théorique en matière d'éthique sociale et ses retombées dans le texte de la Loi fondamentale de 1949.

L'asymétrie qui en résulte, et qui se creuse durant la période concernée par le présent colloque, rendra à terme d'autant plus délicate l'harmonisation des pratiques vers laquelle tend l'intégration européenne, que ce soit par la création du comité d'entreprise européen (*europäischer Betriebsrat*)[15] ou de la société européenne[16] (*europäische Gesellschaft*).

---

[13] Voir entre autres Jan-Dirk Rosche, Katholische Soziallehre und Unternehmensordnung, Paderborn u. a. 1988.
[14] Voir entre autres, parmi sa nombreuse bibliographie, Oswald von Nell-Breuning, Mitbestimmung, Landshut 1950; Franz König, Soziallehre und Kirche, Wien 1977; Oswald von Nell-Breuning, Gerechtigkeit und Freiheit. Grundzüge katholischer Soziallehre, München 1985.
[15] Voir les directives européennes 94/45/CE du 22 septembre 1994, http://eur-lex.europa.eu/LexUriServ/LexUriServ.do?uri=CELEX:31994L0045:fr:pdf; 2006/109/EG du 20 novembre 2006, http://eur-lex.europa.eu/LexUriServ/LexUriServ.do?uri=OJ:L:2006:363:0416:0417:fr:pdf et 2009/38/CE du 6 mai 2009, http://eur-lex.europa.eu/LexUriServ/LexUriServ.do?uri=OJ:L:2009:122:0028:0044:fr:pdf.
[16] Voir le règlement communautaire n° 2157/2001, http://eur-lex.europa.eu/LexUriServ/LexUriServ.do?uri=CELEX:32001R2157:fr:pdf, et la directive 2001/86/EG du 8 octobre 2001, http://eur-lex.europa.eu/LexUriServ/LexUriServ.do?uri=OJ:L:2001:294:0022:0022:fr:pdf.

Nicole Pelletier

„1968 et après?" Le regard de Peter Schneider

Si, parmi les écrivains allemands qui jouèrent un rôle actif dans les événements de 1968, certains, tel Hans Magnus Enzensberger, rechignent notoirement à revenir sur ce moment de leur parcours, d'autres à l'inverse persistent à réfléchir et à écrire sur 68, à y trouver une source d'inspiration. Uwe Timm, Friedrich Christian Delius ou encore Peter Schneider, dont il sera question ici, appartiennent à cette seconde catégorie.

Peter Schneider fut, sinon un leader de tout premier plan, du moins une figure importante du mouvement étudiant berlinois, un proche aussi du leader charismatique Rudi Dutschke. Né en 1940, fils d'un père chef d'orchestre et compositeur, il quitta Fribourg, où il avait grandi, en 1962 afin de poursuivre ses études de philosophie, germanistique et histoire à la *Freie Universität* de Berlin. Recruté en 1965 par Klaus Wagenbach pour le *Wahlkontor*, il eut à écrire des discours et imaginer des slogans à l'usage du SPD en campagne électorale, mais rejoignit comme d'autres les rangs de l'opposition extra-parlementaire à la suite de la formation de la grande coalition. C'est le discours qu'il prononça en avril 1967 pendant un sit-in dans l'aula magna de la *Freie Universität* qui fit de lui un leader informel du mouvement anti-autoritaire à Berlin: un discours très rythmé, inspiré, dit son auteur, par Malcolm X et Peter Handke, dans lequel il appelait à la désobéissance civique selon le principe théorisé un an plus tard par Jürgen Habermas sous le nom de „technique de la transgression limitée"[1]. Il est devenu un texte canonique de la révolte en Allemagne:

„Wir haben Fehler gemacht, wir legen ein volles Geständnis ab: Wir sind nachgiebig gewesen, wir sind anpassungsfähig gewesen, wir sind nicht radikal gewesen. [...] Wir haben in aller Sachlichkeit über den Krieg in Vietnam informiert, obwohl wir erlebt haben, dass wir die unvorstellbarsten Einzelheiten über die amerikanische Politik in Vietnam zitieren können, ohne dass die Phantasie unserer Nachbarn in Gang gekommen wäre, aber dass wir nur einen Rasen zu betreten brauchen, dessen Betreten verboten ist, um ehrliches, allgemeines und nachhaltiges Grauen zu erregen. [...] Da sind wir auf den Gedanken gekommen, dass wir erst den Rasen zerstören müssen, bevor wir die Lügen über Vietnam zerstören können, [...] Da haben wir es endlich gefressen, dass wir [...] am sachlichsten argumentieren, wenn wir aufhören zu argumentieren und uns hier in den Hausflur auf den Fußboden setzen"[2].

Peter Schneider a principalement été actif dans la campagne contre l'éditeur Springer. Il était chargé de l'organisation du fameux ,Tribunal Springer'. À l'été 68, alors que la mobilisation de masse s'essoufflait, il tourna le dos aux difficultés berlinoises et partit pour l'Italie, où il accompagna le mouvement étudiant pendant plusieurs mois.

---

[1] Jürgen Habermas, „Scheinrevolution unter Handlungszwang", in: Der Spiegel Nr. 24/68, 10.06.1968, p. 57 et 59, ici p. 57.
[2] Peter Schneider, „Wir haben Fehler gemacht", in: id., Ansprachen, Berlin 1980 [première édition 1970], pp. 7–14, ici p. 7, 12–14. Voir le commentaire du texte par Wolfgang Kraushaar: Wolfgang Kraushaar, 1968 als Mythos, Chiffre und Zäsur, Hamburg 2000, pp. 66–72.

Il tenta ensuite, en 1970, de promouvoir en Allemagne le modèle italien d'alliance des étudiants et des ouvriers et se lança lui-même dans une expérience de travail en usine, chez Bosch à Berlin. Devenu enseignant stagiaire après avoir passé le *Staatsexamen*, il fut jugé „ennemi de la constitution", une expérience dont il tira un de ses textes les plus connus: *…schon bist du ein Verfassungsfeind*[3]. Il suivit donc la voie dans laquelle il avait songé s'engager à l'origine et devint écrivain. Ses nombreux essais et romans, souvent consacrés à la question de la division puis de l'unification de l'Allemagne, composent depuis lors une chronique des changements sociaux et politiques en République fédérale.

Peter Schneider nous intéressera ici pour deux titres: le petit récit *Lenz* d'abord, paru à l'automne 1973, sous-titré à l'origine *Eine Erzählung von 1968 und danach*, un des tout premiers textes littéraires à traiter de 68, en l'occurrence surtout de la fin ou la sortie du mouvement[4]; un ouvrage beaucoup plus récent ensuite, *Rebellion und Wahn. Mein '68*, long récit autobiographique publié en 2008 pour le 40e anniversaire de l'événement[5], où Peter Schneider reprend et approfondit le bilan critique et autocritique déjà présent dans le récit de 1973. Quoique relevant de deux genres largement étrangers l'un à l'autre et bien qu'ils soient très éloignés par leurs dates de rédaction et de publication, ces deux textes, qu'on abordera ici successivement, travaillent sur le même matériau historique et biographique; les mêmes motifs s'y retrouvent: l'histoire d'amour avec L., les manifestations, le premier pavé, le travail en usine, l'Italie. Deux traitements donc de l'événement 68, deux moments du regard rétrospectif ou quasi rétrospectif d'un acteur du mouvement, et, guidant l'écriture dans un cas comme dans l'autre, un souci d'analyse, un regard critique et autocritique.

Peter Schneider a écrit *Lenz* au début des années 70, dans une phase, note-t-il, „de dépression et de dépolitisation croissantes"[6], pour lui-même comme pour nombre de ses compagnons de lutte. Ce récit de 90 pages paru à l'automne 1973 connut aussitôt un grand succès et, avec 40 000 exemplaires vendus la première année et pas moins de 60 recensions, contribua grandement à lancer la jeune maison d'édition Rotbuch. Très vite, *Lenz* fut regardé comme le récit par excellence de la crise et de la fin de 68. On trouvait là pour la première fois, selon un critique de l'époque, „la somme de toutes les expériences du mouvement étudiant"[7]. Très vite, on présenta le récit de Peter Schneider comme le livre-culte d'une génération. Si le matériau est largement autobiographique, l'auteur insiste au demeurant sur le fait qu'il a conçu son héros

---

[3] Peter Schneider, …schon bist du ein Verfassungsfeind. Das unerwartete Anschwellen der Personalakte des Lehrers Kleff, Berlin 1975.
[4] Peter Schneider, Lenz. Eine Erzählung, Berlin 1973.
[5] Peter Schneider, Rebellion und Wahn. Mein '68, Köln 2008.
[6] Peter Schneider, cité par Ralf Schnell, Die Literatur der Bundesrepublik. Autoren, Geschichte, Literaturbetrieb, Stuttgart 1986, p. 284.
[7] „Die ganze Erfahrungssumme der Studentenbewegung". Wolfram Schütte, Zeitgenosse Lenz. Peter Schneiders erstaunliches Prosastück: Subjektive Erfahrungen 1968 und danach, in: Frankfurter Rundschau, 13.10.1973. Sur la réception de *Lenz*, on pourra consulter: Petra Platen, Zwischen Dableiben und Verschwinden. Zur Kontinuität im Werk von Peter Schneider, München 2006, ainsi que: Peter Laemmle, Büchners Schatten. Zur Rezeption von Peter Schneiders Lenz, in: Akzente, Heft 5, Oktober 1974, pp. 469–478.

comme un „personnage collectif"[8], incarnation des gauchistes désillusionnés des lendemains de 68. Manifestement, les jeunes gens du début des années 70 se reconnurent dans ce personnage et dans cette relation d'une crise simultanément politique et existentielle.

Différentes allusions permettent de situer l'intrigue, de façon un peu floue, entre fin 1967 et 1970. Il ne faut pas chercher à préciser plus: Peter Schneider ne donne pas d'indication de date, tout comme il ne respecte pas non plus exactement la chronologie historique ou biographique des événements. Il propose une image recomposée, synthétisée plus qu'une chronique fidèle. Le héros est un jeune intellectuel allemand, un révolutionnaire pris de doute; c'est bien ce qu'annonce le nom de Lenz que Schneider a choisi pour lui. La reprise de l'„intrigante syllable"[9] évoque l'association de la révolte ou la révolution manquée et d'une crise, une névrose personnelle. Mais elle ne désigne pas plus une vraie réécriture du texte célèbre de Büchner qu'une évocation précise de son modèle, quelques échos plutôt: la maladie de l'âme, le voyage, les montagnes, l'espoir de guérison, associés à des citations ponctuelles. Le nom de Lenz affiche aussi et peut-être avant tout un retour spectaculaire et assumé à la littérature après les années de disette où, pour Peter Schneider et ses amis, la littérature n'avait de légitimité que pour autant qu'elle était „opérative", qu'elle valait intervention politique. On se souvient des slogans de l'époque: „Färbt die Blaue Blume rot", „Keine Zeit für Goethe und Schiller". Pour cette raison aussi, *Lenz* apparut comme une provocation, la transgression d'un tabou.

Le récit relate quelques mois, à moins plutôt qu'il ne synthétise quelques années de l'histoire du personnage: au premier moment berlinois, pendant les événements de 1967–1968, succède un voyage en Italie, séjour à Rome d'abord, mais surtout ensuite à Trente, haut-lieu des événements des années 1966 et suivantes en Italie. L'histoire s'achève sur le retour à Berlin.

La toute première scène, qui a frappé les esprits, pose efficacement le thème ou la thèse: „Schon seit einiger Zeit konnte er das weise Marxgesicht über seinem Bett nicht mehr ausstehen. Er hatte es schon einmal verkehrt herum aufgehängt. Um den Verstand abtropfen zu lassen, hatte er einem Freund erklärt. Er sah Marx in die Augen: ‚Was waren deine Träume, alter Besserwisser, nachts meine ich? Warst du eigentlich glücklich?'"[10]. Ce geste programmatique, anti-autoritaire et subversif, est moins dirigé contre l'orthodoxie marxiste que contre l'intérêt exclusif des cercles révolutionnaires, à partir surtout de mi- ou fin 68 selon Schneider, pour la théorie, les concepts abstraits, l'idéologie, aux dépens des rêves nocturnes, du sentiment, de l'émotion, du bonheur[11]:

---

[8] „Der Lenz ist eine kollektive Figur, er besteht zum Teil aus mir, zum Teil aus Leuten, die ich kenne, zum Teil aus Leuten, die ich mir vorgestellt habe"; Peter Schneider, Antwort an einen anonymen Kritiker, in: id., Atempause. Versuch, meine Gedanken über Literatur und Kunst zu ordnen, Reinbek bei Hamburg, 1977, pp. 202–203, ici p. 203.

[9] Jean-Pierre Lefebvre, La traversée de la neige, préface, in: Georg Büchner, Lenz. Nouvelle, suivi de Monsieur L…, de Jean Frédéric Oberlin et de Le Dialogue dans la montagne, de Paul Celan, Paris 2007, pp. 7–19, ici p. 10.

[10] Schneider, Lenz, p. 5.

[11] Le geste de Lenz fait écho à la phrase, célèbre, de la nouvelle de Büchner que Peter Schneider a placée en exergue, juste au-dessus de cet incipit donc: „Er ging gleichgültig weiter, es lag ihm nichts am Weg, bald auf-, bald abwärts, Müdigkeit spürte er keine, nur war es ihm manchmal unangenehm, daß er nicht auf dem Kopf gehen konnte".

Lenz éprouve le besoin de faire dégoutter le cerveau, de vider le trop-plein de théorie. Il faut redécouvrir les rêves, le sujet; c'est ce qu'il va entreprendre. La première page introduit ainsi le procès de l'enfermement du mouvement dans l'idéologie, qui est au centre du propos de l'auteur. Sous la description et le couvert d'une crise existentielle, Schneider déroule dès lors un constat d'échec ou de dérive du mouvement de 68, constat très appuyé et insistant, même s'il ne débouche dans le récit sur aucune rupture ouverte et même si le projet de poursuivre la lutte, une lutte peut-être radicale, ne semble jamais franchement abandonné. On dirait le personnage à la recherche d'un nouveau souffle.

Le récit commence par une description très négative, très dépressive du milieu des intellectuels gauchistes berlinois, après les expériences grisantes des premiers mois. Partout, c'est l'échec et la désillusion. Lenz travaille en usine, dans une grande firme de construction électrique; il voit les conditions de travail des ouvrières qui travaillent à la chaîne et aux pièces, les augmentations de cadence, la souffrance physique de ces femmes, mais la communication avec elles se révèle difficile; il essaie de leur parler pendant la pause, d'éveiller sans doute en elles une conscience de classe, il leur montre des solutions pour améliorer leur situation, elles se contentent d'écouter poliment le jeune intellectuel. Et l'épisode se termine sur une intervention définitivement dégrisante du narrateur: „Er sah die Blicke nicht, mit denen sie ihn betrachteten"[12]. Le mardi soir, Lenz participe aux réunions de la cellule d'entreprise où syndicalistes et étudiants étudient ensemble les phrases de Mao Tsé Toung. Il ne comprend pas que jamais aucun participant ne fasse état de ses expériences personnelles, de ses sentiments ou de ses sensations. On s'enferme ici dans l'espace hermétique de la théorie. „Lenz gab es auf, sich über den Text zu ärgern", dit Schneider, „er ärgerte sich über den hypnoseähnlichen Zustand, in dem er aufgenommen wurde"[13]. Chaque épisode apporte une nouvelle variante du grief central. Lors d'une discussion avec son ami B. sur les missions politiques de l'intellectuel, Lenz conçoit de la haine pour les phrases toutes faites qu'ils échangent. Perte de réalité, d'humanité aussi. Disparition de l'expression du sujet. Cela veut dire que le mouvement s'est trahi lui-même: le soulèvement inventif, provocateur, libérateur, vitaliste des premiers mois s'est enlisé dans le discours théorique. Où sont passés les clowns, les acrobates, les magiciens des premiers temps, toute cette „troupe fellinienne"[14] qui apparaît en rêve à Lenz au début du récit?

Lenz s'est mis à douter, il prend ses distances, il est las des manifestations, il ne comprend plus l'ardeur du jeune étudiant qui lance son premier pavé, il n'est plus convaincu qu'il soit toujours utile politiquement de „dominer sa peur personnelle de l'usage de la violence"[15]. L'échec atteint la vie privée: la jeune femme d'origine prolétarienne dont il est amoureux le quitte. Constat d'échec encore lorsqu'il se rend dans les rues commerçantes de la ville et constate que rien n'a changé, que la société de consommation continue à tourner à plein. Il lui semble qu'au cours des deux dernières années „les vitrines auraient dû se vider, que les passants devraient avoir mainte-

---

[12] Ibid., p. 22.
[13] Ibid., p. 29.
[14] Ibid., p. 5.
[15] Ibid., p. 24.

nant de nouveaux désirs"¹⁶; mais non: les gens attendent le dernier modèle de Volkswagen avec la même impatience que ses amis et lui les dernières nouvelles politiques.

Lenz monte alors dans le train pour Rome, et son auteur, très littérairement, s'en remet au *topos* du voyage en Italie, avec ses vertus éprouvées, plus que jamais nécessaires: l'Italie, c'est la promesse d'une (re)découverte de la réalité concrète, humaine et sensuelle. La deuxième partie est donc un récit de rééducation, le récit d'une thérapie italienne. L'étape romaine est très insatisfaisante encore. Lenz fait la connaissance d'un groupe de psychanalystes, qui ne lui apportent aucun soulagement; il a le sentiment qu'on lui propose seulement une nouvelle version de la pathologie qu'il fuit: „[Sie] bewegten sich in einer ähnlich geschlossenen Welt wie die politischen Gruppen, in denen er es nicht mehr ausgehalten [hatte]. Führten jene jeden Konflikt, auch noch den privatesten, auf den Widerspruch zwischen Kapital und Arbeit zurück, so versteiften sich diese darauf, jeden Konflikt, auch noch den gesellschaftlichsten, aus der Familiensituation abzuleiten"¹⁷.

C'est avec la remontée vers le Nord, la traversée de l'Italie en direction de Trente, que s'amorce la guérison de la „maladie 68", interprétée dans ce livre comme maladie de la rationalité abstraite et dogmatique. Lenz apprend à voir, réapprend à percevoir les détails et les contours, redécouvre la précision, l'unicité des perceptions et des sensations: „Lenz genoss es, nach draußen zu schauen und alles wahrzunehmen – im Rhythmus der Fahrt. Was er sah, wollte er nicht so schnell in Begriffe auflösen, nicht gleich den Punkt erreichen, wo man nur noch das Wesen der Dinge, aber nicht mehr ihre Außenseite sah"¹⁸. C'est l'histoire très flagrante d'un déconditionnement, il s'agit de désapprendre à subsumer le réel sous le concept, le détail singulier sous l'essence présumée, de déconstruire de l'intérieur le mécanisme de l'élaboration idéologique systématique du vécu, qui apparaît maintenant à Lenz comme une trahison de la réalité par sa conceptualisation. La description de l'Italie, de ses paysages, de la façon d'être et de vivre de ses habitants, dans la nouvelle perspective attentive, observatrice de Lenz, définit par contrecoup l'expérience 68 comme une perte du réel dans sa diversité, sa singularité. Il décrit dans une importante confession à la première personne ce conditionnement dont il faut se défaire:

„Später, als ich lernte, politisch zu denken, änderte sich die Richtung meiner Wahrnehmung, aber an der Hast, eine Einzelheit für einen Begriff zu nehmen, änderte sich nichts. Wenn die Arbeiter um höhere Löhne kämpften, so kämpften sie in meinen Augen schon um die Abschaffung der Lohnarbeit. Wenn sie gegen einen Streikbrecher Gewalt anwandten, so bekannten sie sich zur proletarischen Gewalt, wenn sie einen Gewerkschaftler einen Verräter nannten, so hatten sie den Verrat der Gewerkschaften durchschaut. Ernst nehmen konnte ich eine Einzelheit nur, wenn ich sie in einen Begriff verwandelte [...]. Hier in Italien, wo ich mehr Geduld mit den Einzelheiten aufbringe, bemerke ich allmählich die Angst, die einen, was man wahrnimmt, so hastig verschlingen und in Begriffe verwandeln lässt."¹⁹

---

[16] Ibid., p. 32.
[17] Ibid., p. 71.
[18] Ibid., p. 74.
[19] Ibid., pp. 75–76.

Il convient, dans l'esprit de l'auteur, d'être attentif à l'utilisation de la première personne du singulier dans ce passage. Dans le contexte de 68 ou de l'immédiat après-68, le „je", le „moi" a valeur de programme sinon de provocation, Schneider le rappelle dans une interview: „In der Studentenbewegung entstand das programmatische Wir, darin ging ich fast unter, wie viele andere auch. Ein Wir schreibt ja nicht, schreiben kann nur ein Ich. Erst in *Lenz*, meinem ersten Roman, wagte sich das Ich wieder hervor. Es war eine Befreiung vom Denken im Verein"[20]. Là est donc la leçon de l'Italie: faire droit au singulier, qu'on n'avait pris en compte que comme le point de départ d'un diagnostic généralisant; retrouver une attention aux détails, au concret et au sensible, au „vrai rythme de ses perceptions"[21], redonner la parole à la subjectivité, au moi. Comment ne pas voir là, aussi, la description d'un nouveau programme littéraire?

À Trente, Lenz visite les hauts-lieux de la contestation étudiante et des luttes ouvrières. Schneider a quelque peu retouché la géographie pour rapprocher les unes et les autres. Il semble que Lenz parvienne à réconcilier son ancien combat et ses nouvelles exigences. Car on ne s'intéresse pas seulement, dans cette Italie idéalisée, aux positions politiques mais aussi aux doutes et incertitudes de celui qui les exprime. On ne fait pas abstraction de la réalité humaine. Lenz vit parmi les étudiants et les ouvriers comme au sein d'une communauté utopique; en même temps que la langue italienne, il apprend un art de vivre, goûte l'immédiateté de la relation au monde et à autrui, une proximité et une solidarité humaines dont le mouvement allemand s'était privé; Schneider propose ici une version lumineuse des sombres expériences berlinoises, une Arcadie révolutionnaire pour laquelle il ne craint pas de mobiliser tous les stéréotypes attachés à l'Italie et à ses habitants: la relation avec les ouvriers est plus facile; et mieux qu'il ne l'aurait fait auprès des psychanalystes romains, Lenz peut maintenant se ressouvenir des scènes de son enfance, revoir les images traumatiques de la guerre et des ruines, de sa mère qu'il a perdue très jeune; libération si totale qu'il en vient même à dépasser son narcissisme: „Da er mit den meisten ohne weiteres über L., über einen Traum, über eine Angst sprechen konnte, erschien es ihm nicht mehr so wichtig, darüber zu sprechen"[22].

Un commentateur italianiste rappelle utilement que „les luttes historiques des ouvriers, que le texte de Schneider transpose de Valdagno à Trente, n'étaient nullement caractérisées par cette alliance harmonieuse des travailleurs, des paysans et des intellectuels que décrit *Lenz*"[23]. Mais probablement s'égare-t-on en critiquant le schématisme, le caractère artificiel de cette image de l'Italie, comme on l'a fait parfois, en reprochant à Schneider de n'être pas moins sommaire dans son approche que les jeunes idéologues qu'il critique. Car l'image si manifestement stylisée, si délibérément

---

[20] Peter Schneider, „Ja, gerade Propheten irren sich". Peter Schneider wird 70. Ein Gespräch über '68, Deutschland und Amerika, die Menschenpflicht – und das schlechte Gedächtnis der Schriftsteller, in: Der Tagesspiegel, 20. 4. 2010.
[21] Schneider, Lenz, p. 75.
[22] Ibid., p. 82.
[23] Manfred Beller, Lenz in Arkadien: Peter Schneiders Italienbild von Süden betrachtet, in: Arcadia, Sonderheft: Horst Rüdiger zum 70. Geburtstag, janvier 1978, pp. 91–105, ici p. 93.

stéréotypée de l'Italie fonctionne avant tout comme le truchement d'une critique et d'une autocritique, dans un récit qui n'est pas de conception réaliste.

Pour autant, et même si le récit dans cette partie trentine prend des allures de conte, le travail de désillusionnement, de retour au réel, essentiel à la thérapie, progresse bel et bien. L'ouvrier communiste Roberto décrit clairement à son ami allemand les limites de l'alliance des intellectuels et des ouvriers, de l'expérience de fraternisation:

„Wir können euch brauchen: ihr könnt uns Dinge erklären, die wir nicht verstehen, ihr habt uns Kampfformen vorgemacht, die wir schon fast vergessen hatten, ihr könnt uns helfen, Flugblätter zu schreiben, die ohne eure Hilfe nicht zustande kämen. Aber wie lange werdet ihr dabei bleiben? Eure Begeisterung für unsere Sache, woher kommt die? […] Solange wir euren Ideen folgen, geht alles gut. Was wird aber, wenn es uns nicht mehr nützt, euren Ideen zu folgen, wenn wir euch enttäuschen müssen?"[24].

Lenz est ensuite arrêté et raccompagné à la frontière, mais Schneider nous fait comprendre, à la manière de Kafka pour ainsi dire, que les autorités ne font là que prendre acte de son désir profond. Lenz retrouve Berlin, où en apparence rien n'a changé: „[…] das Hochhaus des Verlegers stand immer noch. […] Die Betriebsgruppe interpretierte immer noch am gleichen Text herum, […] immer noch gründeten Studenten neue Parteien"[25]. Mais il a appris à se défier des jugements rapides et, à mieux y regarder, il perçoit bel et bien des signes de changement: „Der Student Dieter hatte es satt bekommen, nachts Uhren zu reparieren, hatte im Betrieb gekündigt und bereitete sein Examen vor. War das was Neues? Immerhin. Wolfgang hatte von einem Tag auf den andern die Koffer gepackt und ohne ein Wort der Erklärung das Zimmer in seiner Wohngemeinschaft aufgegeben. Er hatte Spaß daran, sich eine eigene Wohnung einzurichten. […] Neue Gruppen waren entstanden, die auch mal Musik zusammen hörten"[26]. Dépolitisation, semble-t-il; la fin du tout politique assurément. Une aspiration au bonheur individuel qui ne se dissimule plus. La dernière réplique du personnage a été souvent relevée et diversement interprétée: „Was Lenz denn jetzt tun wolle. ‚Dableiben', erwiderte Lenz"[27]. Fin ouverte, à l'image de la nouvelle ouverture sur le réel d'un héros guéri des abstractions et rigidités idéologiques. Il faudra désormais, sans renoncer peut-on penser à la force inspiratrice de l'utopie, se colleter avec la réalité, rechercher peut-être une conciliation de l'engagement politique et du bonheur individuel. Rupture par conséquent, non avec le mouvement de 68 dans son inspiration, ses aspirations et ses formes originelles, que Schneider n'a jamais reniées, mais avec sa dérive dogmatique.

Friedrich Christian Delius, à l'époque lecteur des éditions Rotbuch qui publiaient l'ouvrage, se souvient en ces termes de l'événement *Lenz*: „Jeder spürte: Das wird ein außergewöhnliches, provokantes Buch. Heute wird leicht vergessen, dass *Lenz* gegen viele linke Tabus verstieß wegen des Insistierens auf Emotionen und, wie man damals sagte, gegen bürgerliche Tabus, wegen des Insistierens auf einer radikalen Politik. Der selbstkritische Grundton war ebenso gewagt wie die Adaption eines klassischen Textes. Und es war noch nicht zu ahnen, dass „Lenz" der Vorläufer der später so

---

[24] Schneider, Lenz, p. 88.
[25] Ibid., p. 90.
[26] Ibid.
[27] Ibid.

genannten „Neuen Subjektivität" werden sollte"²⁸. Quant à l'auteur, il se rappelle que l'accueil ne fut pas unanimement positif: „Prompt wurde ich im eigenen Lager als Verräter und Renegat beschimpft". Et sur l'arrière-plan autobiographique de l'épisode du travail en usine, il précise: „Erst als ich 1970 bei Bosch in der Produktion arbeitete, begriff ich, dass wir uns verirrt hatten. […] Eigentlich haben die Bosch-Frauen mir den Kopf zurecht gerückt"²⁹.

Volonté d'analyse, perspective critique et autocritique se retrouvent, à 35 ans de distance, dans le récent *Rébellion et délire. Mon '68*. Schneider y formule ainsi le principe qui le guide: „Nächst den Erkenntnissen gehören eingestandene und intelligent analysierte Irrtümer zum Besten, was Intellektuelle zum Fortschritt beizutragen haben"³⁰. La présence dans le texte actuel d'extraits du journal intime que le jeune militant tenait à l'époque est une des caractéristiques les plus originales de l'ouvrage et une sorte de clin d'œil, le rappel de la prédilection des années 68 pour le genre documentaire. Avec l'histoire d'un amour fou qu'il consigne, le désarroi quelque peu narcissique qui s'y exprime souvent, le journal intime des années 68 apparaît rétrospectivement comme un lieu de résistance du sujet à l'époque du „nous" tout-puissant: „Das Tagebuch hielt mich bei mir", commente Schneider dans une interview³¹. Contrepoint donc, prise de distance, résistance, là encore, de l'émotion vécue à la pensée du groupe, la tyrannie de la théorie, l'absorption du sujet par les certitudes révolutionnaires: „Die neuen Gewissheiten des Tagebuchschreibers lösten sich mit verblüffender Geschwindigkeit auf, wenn er statt auf die Weltkarte der Revolution nach innen blickte", constate Schneider³². La crise privée est peut-être salvatrice parce qu'elle préserve une autre sphère. La politique a du coup assez peu de place dans ces notes. Mais la publication d'extraits de son journal des années 68 n'en signale pas moins de la part de l'auteur la volonté, caractéristique de cet ouvrage, d'affronter son passé, sans complaisance. Schneider voudrait faire plus qu'entretenir le mythe. Les moments de face-à-face entre l'écrivain de soixante-huit ans et le jeune soixante-huitard, concrètement présent à travers son journal mais aussi des extraits de ses discours de l'époque, comptent parmi les plus forts de l'ouvrage.

La construction binaire de *Lenz* se retrouve dans le livre de 2008. Ce 68 est double. Schneider n'oppose pas cette fois l'Allemagne et l'Italie, mais – ce n'est pas si différent sur le fond – la première phase, antiautoritaire, du mouvement et une deuxième époque de „paralysie idéologique progressive"³³.

L'évocation de la révolte antiautoritaire est précédée d'une remise en perspective classique, une évocation de la République fédérale des années cinquante, d'une société autoritaire, fermée, intolérante. Un morceau de bravoure est l'énumération des panneaux d'interdiction que le jeune étudiant berlinois s'était mis à collectionner, qui

---

[28] Friedrich Christian Delius, Peter Schneider und der „Lenz" als Geburtshelfer des Rotbuch Verlags, http://www.fcdelius.de/lobreden/lob_peter_schneider.html.
[29] Peter Schneider, „Erzähl uns nicht solchen Blödsinn!" Interview: Peter Schneider über die Revolte von 1968, in: Neue Westfälische, 4.7.2009; http://www.nw-news.de/owl/kultur/3016227_Erzaehl_uns_nicht_solchen_Bloedsinn.html.
[30] Peter Schneider, Rebellion und Wahn, p. 197.
[31] Peter Schneider, „Ja, gerade Propheten irren sich".
[32] Peter Schneider, Rebellion und Wahn, p. 233.
[33] Ibid., p. 124.

révélaient à ses yeux une „tendance consensuelle à réprimer la vie" dans une „société coincée"[34]; il y a peu de communication et beaucoup de silence au sein des familles, pas seulement à propos de l'histoire récente d'ailleurs, car il règne une difficulté générale à extérioriser ses sentiments; les parents ne parlent pas de la guerre, les enfants sont discrets. Au lycée à Fribourg la période qui va de 1919 à 1945 n'est pas abordée. Le procès de Jérusalem, les procès de Francfort sont donc pour le jeune homme de 21–23 ans une révélation et un choc[35]. Le mouvement de 1968 sera au départ une révolte de la jeune génération contre la génération précédente, contre un État où les jeunes gens savaient, sans être plus précisément informés et sans chercher non plus à s'informer plus précisément, que d'anciens nazis occupaient un certain nombre de positions importantes. Peter Schneider souligne que la plupart des contestataires „ne dépassèrent pas le stade d'une méfiance vague, générale"[36]. Ils ne craignaient pas d'interpeller les passants agressifs à propos de leur passé, mais ils n'interrogeaient pas leurs parents, pour les ménager et pour se ménager. Le soupçon général envers la „génération nazie" n'en fut pas moins probablement, estime Schneider, le moteur principal de la contestation; il fut à l'origine d'une charge émotionnelle particulière qui lui semble caractériser la rébellion allemande, comme de la disproportion parfois observable entre des motifs bénins et des accusations démesurées.

Le vent nouveau vient, au début des années 1960, de la culture, la culture américaine en particulier: „In allen Künsten schien eine Zeit des grundsätzlichen Fragens angebrochen zu sein"[37]. Pour les futurs leaders allemands de la révolte, tous étudiants en lettres et sciences humaines, la culture fit office de déclencheur, le théâtre spécialement, américain (Living Theatre, Bread and Puppet) ou allemand avec le *Marat-Sade* de Peter Weiss et l'*Outrage au public* de Handke; les passions éclatèrent sur scène avant d'éclater dans la rue. La première phase de la révolte, jusqu'au 2 juin, voit éclore à Berlin une culture de la contestation tout à fait inédite. Moment de délivrance, d'émancipation, d'invention: la rue, la vie prennent un coup de jeune; libération du style vestimentaire, des coiffures: une métamorphose des habitus et des allures dont l'auteur observe qu'elle arrive en République fédérale avec la rébellion, alors qu'elle la précède ailleurs. La contestation anti-autoritaire invente des formes toujours renouvelées, dans l'esprit du happening à l'américaine, car la culture contestataire est paradoxalement plus américanisée que le reste de la société. Schneider conserve un souvenir fort des scènes originelles de la contestation berlinoise, sur le *KuDamm*: la manifestation du 10 décembre 1966 contre la guerre du Vietnam, un véritable happening, durement réprimé, et la manifestation-promenade au *Kranzlereck* une semaine plus tard, où les étudiants déguisés en passants chargés de paquets de Noël émergent de la foule de façon sporadique pour former des groupes de manifestants, avant de se fondre à nouveau parmi les promeneurs lorsque la police veut les prendre en chasse. La protestation politique disparaît alors presque derrière la provocation pure, derrière le

---

[34] Ibid., p. 55. Voir déjà: Peter Schneider, Rede an die deutschen Leser und ihre Schriftsteller [1968], in: id., Ansprachen, p. 29–38.

[35] „Erst der Eichmannprozess in Jerusalem und der nachfolgende Auschwitzprozess in Frankfurt öffneten mir die Augen. Danach war die Welt nicht mehr dieselbe", ibid., p. 38.

[36] „über ein vages, generelles Misstrauen kamen nur wenige hinaus", ibid., p. 126.

[37] Ibid., p. 60.

soulèvement contre la „culture de l'obéissance"³⁸. Mais une vague de politisation parcourt bel et bien la jeunesse étudiante, et les manifestants qui protestent contre la guerre du Vietnam, la dictature des colonels en Grèce ou le régime iranien ont le sentiment exaltant de participer à une révolte globale (une société civile transnationale apparaît), associé au „sentiment merveilleux d'être toujours et partout dans son droit"³⁹.

C'est pour Schneider avec le 2 juin, le „désastre du 2 juin"⁴⁰ – complété par l'acquittement de Kurras quelques mois plus tard – que tout bascule, que la protestation entre dans cette deuxième phase dont le souvenir est autrement moins lumineux. Le mouvement s'élargit, devient mouvement de masse, il s'idéologise aussi et, pour les plus militants, se radicalise: l'heure est désormais, explique Schneider avec le recul, „aux pourvoyeurs d'une nouvelle langue, aux propagateurs d'une nouvelle conscience"⁴¹. C'est un moment intéressant de l'analyse. Entre juin 1967 et Pâques 1968, dit-il, une nouvelle langue apparaît, le jargon de la révolution avec ses concepts ‚scientifiques' auxquels on prête le pouvoir de stabiliser la protestation. S'inspirant pour ainsi dire de l'exemple de Victor Klemperer, Peter Schneider recherche dans les productions discursives de l'époque la trace tangible de l'étape qui se franchit alors, de la prise de pouvoir par l'idéologie et sa phraséologie. À la relecture de ses propres textes il s'étonne de la rapidité du changement: „Mehr und mehr übernahm ich Denkfiguren und Fachwörter aus dem Revolutionslexikon", observe-t-il⁴². À travers la métamorphose de la langue, de sa propre langue, il essaie de saisir le moment et de comprendre l'énigme du déraillement:

„Aber wie ging dieser Prozess vor sich? Wie kam es, wann genau geschah es, dass ich/wir nicht mehr von „Arbeitern" sprachen – die wir damals bestenfalls vom Aufstellen eines Baugerüsts oder vom Bier in einer Eckkneipe kannten –, sondern von ‚der Arbeiterklasse'? Wann genau – und warum – ersetzten wir/ich das Wort ‚Revolte' oder ‚Protest' durch den Begriff ‚Revolution'? Was war passiert, dass wir/ich nicht mehr von dieser Regierung oder von diesem oder jenem Unternehmer oder Bonzen sprachen, sondern von der ‚herrschenden Klasse'? Dass wir/ich unsere vermeintlichen oder wirklichen politischen Widersacher nicht mehr Gegner nannten, sondern sie als ‚Charaktermasken', ‚Konterrevolutionäre', ‚Arbeiterverräter' beschimpften und mit der ultimativen Denunziation ‚Faschist' an die Wand stellten?"⁴³

Disparition de l'individu comme sujet et objet du discours. Double perte du singulier, dans l'abdication du sujet pensant et dans l'assimilation de l'adversaire individuel à un groupe ou une classe ennemie. Le journal intime est sensiblement moins affecté que les textes destinés à un usage public, preuve, dit Schneider, de la pression que le groupe exerce sur le locuteur – c'est un leitmotiv de l'ouvrage –: on utilise le lexique, la phraséologie régnante pour faire la démonstration de sa conscience révolutionnaire. Ce processus de déréalisation et de dépersonnalisation s'est emparé tôt ou tard de

---

[38] Ibid., p. 278.
[39] Ibid., p. 140.
[40] Ibid., p. 274.
[41] „die Stunde der Sprachgeber und Bewusstseinsspender", ibid., p. 275.
[42] Ibid., p. 208.
[43] Ibid., p. 208–209.

tous les militants, estime-t-il, pour une période plus ou moins longue, quelques mois pour les uns, dix ans pour les autres. La potentialité du terrorisme est inscrite dans l'adoption du jargon de la révolution, la dépersonnalisation culminant et révélant sa monstruosité dans l'assassinat de Hanns Martin Schleyer et dans la formule par laquelle les terroristes le revendiquent[44].

Peter Schneider relit les discours. Il reprend le texte du discours prononcé par Rudi Dutschke lors du Congrès International sur le Vietnam en février 68, selon lui un des sommets de la perte de réalité. Les mots de Dutschke sont si grisants avec leur promesse de révolution mondiale que l'enthousiasme des auditeurs comble le vide de formules plus ou moins intelligibles: „Der heutige Faschismus ist nicht mehr manifestiert in einer Partei oder einer Person, er liegt [...] in der Erziehung, kurz in der entstehenden Totalität der Institutionen und des Staatsapparats. [...] Es hängt von unseren schöpferischen Fähigkeiten ab, kühn und entschlossen die sichtbaren und unmittelbaren Widersprüche zu vertiefen und zu politisieren"[45]. Schneider cite aussi un extrait de son propre discours d'ouverture de la grande manifestation contre Springer le 1er février 1968, dans l'*audimax* de la Technische Universität, discours gagné lui aussi par la novlangue révolutionnaire. Et il interpelle rudement le jeune militant qui, s'associant à la brutalisation en cours, mêlait dans son journal intime les slogans environnants et les sentences de Marcuse à l'expression de sa dépression personnelle: „Es ist aber so, dass man schuldig wird, wenn man nicht hasst. Da wir alles, ausnahmslos alles ablehnen müssen, was der kapitalismus hervorgebracht hat, da es buchstäblich kein auto, keine apfelsine, kein riesenkaufhaus gibt, an dem nicht das blut totgeschlagener seelen klebte, müssen wir uns ständig wehren. [...] Wir haben nur unseren hass und eine unausrottbare vorstellung von einer menschlichen zukunft"[46].

Peter Schneider relit encore l'article qu'il avait rédigé pour un numéro du journal *konkret* de Hambourg consacré à la violence dans les métropoles, encore et sous le choc de l'attentat contre Rudi Dutschke venant après l'assassinat de Martin Luther King. Il n'appelait pas à la violence, il misait sur la violence prolétarienne, ce qui était, explique-t-il, le raisonnement qu'on utilisait dans la gauche radicale pour contenir des individus isolés prêts à passer à l'action violente[47]. Mais il reprenait les concepts marcusiens de „violence latente" et „violence manifeste" des institutions, il utilisait l'expression fatale de *Gegengewalt*, et il évoquait avec pathos un jeune tireur noir de Detroit transporté de bonheur pour avoir tiré sur un policier du haut d'un toit („er machte sich in diesem Augenblick zu einem Menschen"[48]); toutes positions dont Schneider ne peut, quarante ans après, que se démarquer: mon article, commente-t-il, était l'œuvre d'un délirant[49]. Ailleurs encore, il relève l'écart entre le journal intime, tenté par le défaitisme, et le discours public, radical: d'un côté cette note, non datée,

---

[44] „Wir haben seine klägliche und korrupte Existenz beendet", ibid., p. 209.
[45] Ibid., p. 254–255.
[46] Ibid., p. 262.
[47] „Wir leben nicht in den Slums von Detroit und New York. Wir können nicht sagen: Wir haben einen gemeinsamen Feind. [...] Wir können auch nicht behaupten, dass wir zu den Ausgebeuteten gehören", ibid., p. 271.
[48] Ibid., p. 271.
[49] Ibid., p. 272.

dans le journal: „Es kommt mir manchmal lächerlich vor, dass ich für die Revolution arbeiten will. Manchmal ist mir, als könnte ich nichts mehr ändern, nur noch beschreiben"; de l'autre côté, au même moment, ce passage du *Discours aux lecteurs allemands et à leurs écrivains*, dont le texte fut affiché au mur de nombreux logements: „Was wir da um uns herum sehen und erleben, ist überhaupt nicht mehr zu beschreiben, nur noch zu ändern"[50].

Revenant sur le mécanisme qui conduit à pareil délire, il évoque „un processus collectif de contamination intellectuelle réciproque, de manipulation et d'automanipulation", assez comparable à celui qu'on observe dans le cas des sectes[51]. La séduction de la rhétorique révolutionnaire est grande. Le groupe de ceux qui s'expriment dans un jargon pseudo-scientifique, nourri du vieux vocabulaire marxiste-léniniste agrémenté de sagesse maoïste, exerce un effet d'intimidation auquel il est difficile de se soustraire. J'ai cru effectivement un moment qu'une révolution allait se produire dans deux ou trois ans, se souvient Peter Schneider, un espoir, dit-il, qui permet de mesurer la perte de réalité. Mais cette dérive concerne les plus militants et à vrai dire eux seulement, car dans le même temps le mouvement s'était éloigné de sa base. Avec le congrès sur le Vietnam, en février 1968 déjà, le décrochage était irrémédiable.

Schneider évoque très brièvement en terminant sa sortie de crise personnelle, le moment *Lenz* en quelque sorte. Il lui a fallu longtemps, dit-il, pas moins de deux ans, pour se libérer intellectuellement et émotionnellement de ce qu'il décrit comme une aliénation ou une schizophrénie. C'est aux ouvrières de Bosch, à des amis moins impliqués, à l'écriture enfin – le travail sur *Lenz* – qu'il doit d'y être parvenu. Quant au bilan de la révolte, il découle logiquement de la présentation qui en est faite. À la perception d'un mouvement double, avec une face de lumière et une face d'ombre, fait pendant un bilan lui aussi dédoublé, celui d'ailleurs qui fait largement consensus aujourd'hui[52], pas seulement dans le cas de l'Allemagne: un échec au plan politique, mais des effets socio-culturels importants, dont il n'est pas aisé toutefois d'évaluer précisément l'ampleur. C'est la rupture avec la culture de l'obéissance que Schneider porte avant tout au crédit du mouvement de 68 en Allemagne. Et, à propos d'obéissance précisément, il ajoute cet épilogue à l'usage de la jeunesse : „Es ist nötig – und wird immer wieder nötig sein und Mut erfordern –, gegen […] eine feige oder übergeschnappte Obrigkeit zu rebellieren. Aber noch mehr Mut gehört dazu, gegen die Führer in der eigenen Gruppe aufzustehen und zu sagen: ,Ihr spinnt! Ihr seid verrückt geworden!'"[53] Ceux qui s'étaient élevés contre la culture de l'obéissance étaient, pour un temps au moins, c'est un des enseignements forts de l'expérience 68 aux yeux de Peter Schneider, retombés eux-mêmes dans une nouvelle obéissance.

---

[50] Ibid., p. 293.
[51] Ibid., p. 273.
[52] Cf. Kraushaar, 1968 als Mythos, p. 345.
[53] Ibid., p. 362.

Georges-Henri Soutou

La France et la RFA au milieu des années 70: une prise de distance à l'égard des Etats-Unis?

Valéry Giscard d'Estaing et Helmut Schmidt parvinrent au pouvoir à peu près simultanément au printemps 1974. Dans un premier temps, un point les rapprocha: leur souci convergent d'améliorer les relations entre leurs pays respectifs et les Etats-Unis. Après les difficultés franco-américaines de 1973–1974, liées à des divergences profondes sur l'évolution des relations Est-Ouest, sur le problème du Moyen-Orient et sur la question de l'énergie, en plein choc pétrolier, le nouveau président français réussit une réconciliation. Il rencontra le président Ford à la Martinique les 14–16 décembre 1974. Les deux hommes se mirent d'accord pour résoudre le différend franco-américain apparu après la guerre du Kippour en matière de politique énergétique[1]. On constatait à Paris que le souci de stabilité internationale dont témoignaient Ford et Kissinger convenait à la France, et que les responsables américains avaient compris que la volonté d'indépendance de la France n'était pas incompatible avec ses engagements envers l'Alliance[2].

De même, après les relations parfois difficiles de l'équipe Brandt avec Washington, Helmut Schmidt eut d'excellents et confiants rapports avec le président Ford et son secrétaire d'Etat Henry Kissinger et les relations germano-américaines redevinrent, jusqu'à l'arrivée à la présidence de Jimmy Carter, étroites[3]. Ajoutons que le chancelier allemand usa de son influence pour contribuer au rapprochement franco-américain après l'arrivée au pouvoir de Valéry Giscard d'Estaing. D'une façon générale, si on suit Henry Kissinger, durant la Présidence Ford la RFA, la France, la Grande-Bretagne et les Etats-Unis formèrent une sorte de directoire informel de l'Alliance atlantique et collaborèrent étroitement sur toute une série de sujets, allant de la Guerre froide aux problèmes de l'eurocommunisme et de l'énergie. Le rôle personnel et convergent des deux hommes d'Etat français et allemand fut essentiel dans cette embellie passagère des relations transatlantiques[4]. Et on peut en dire tout autant à propos de la relance de la Communauté européenne, en crise à leur arrivée, mais qui fut revitalisée, en particulier par la création du Conseil des chefs d'Etat et de gouvernement en décembre 1974[5].

Sur bien des sujets donc, Valéry Giscard d'Estaing et Helmut Schmidt se comprenaient sans difficulté et avait une vision convergente des choses. Bien sûr d'autres éléments entrèrent en compte dans ce rapprochement franco-allemand, après la retombée des espoirs mis à Paris dans le traité de l'Elysée de 1963 et la méfiance de

---

[1] Samy Cohen/Marie-Claude Smouts, La politique extérieure de Valéry Giscard d'Estaing, Paris 1985; Valéry Giscard d'Estaing, Le pouvoir et la vie, t. II, Paris 1991, pp. 187 ss.
[2] Archives nationales 5AG3/AE 96, Note de Gabriel Robin du 14 mai 1976.
[3] Helmut Schmidt, Weggefährten. Erinnerungen und Reflexionen, Berlin 1996, pp. 264, 282, 283ss., 301–303. Cf. aussi Wolfgang Jäger/Werner Link, Republik im Wandel 1974–1982. Die Ära Schmidt, Stuttgart 1987.
[4] Henry Kissinger, Years of Renewal, New York 1999, pp. 622 et 687.
[5] Hartmut Soell, Helmut Schmidt. Macht und Verantwortung, München 2008, pp. 358 ss.

Georges Pompidou à l'égard de Willy Brandt, c'est-à-dire après dix ans de refroidissement, malgré la mécanique des consultations franco-allemandes et le discours officiel. Tout d'abord, au milieu des années 1970, la RFA apparaît de plus en plus aux Français comme un modèle de gestion économique et sociale, et comme un exemple de décentralisation efficace. En outre, après la politique de relance hasardeuse de Jacques Chirac en 1974–1976, Raymond Barre, qui lui succède comme premier ministre en août 1976, adopte une politique budgétaire, monétaire et économique beaucoup plus compatible avec celle de Bonn. Ses propos sur la stabilité monétaire et l'équilibre de la balance commerciale qui permettent les investissements qui garantissent les emplois futurs et sont le vrai soubassement du développement économique et social rejoignent tout à fait ceux de Helmut Schmidt[6].

En outre Schmidt jouit dans les milieux dirigeants français d'un incontestable prestige depuis son action résolue dans l'affaire du détournement d'un avion de la Lufthansa en octobre 1977, dont les passagers furent libérés par les forces spéciales allemandes à Mogadiscio[7]. Et le gouvernement français, à la différence de ses prédécesseurs et contre une campagne acharnée des partis de gauche, soutint le gouvernement fédéral dans sa lutte contre les terroristes de la RAF.

Mais un facteur essentiel de la convergence et de la coopération franco-allemande à partir de 1977–1978 fut une inquiétude partagée face à la politique internationale et à la politique économique de l'administration Carter. Jusque-là la RFA, tout en essayant de ne pas avoir à choisir, avait donné la priorité à ses relations avec l'Amérique par rapport à la France. Pour un temps cela allait être l'inverse. C'est cet aspect moins connu que je voudrais explorer ici, en particulier à propos du système monétaire international, de la détente, des questions de défense et des problèmes nucléaires.

Le choc Carter

L'arrivée au pouvoir du président Carter et sa politique provoquèrent immédiatement beaucoup d'interrogations et d'inquiétude à Paris. Il ne paraissait pas contrôler véritablement une Administration anarchique; son insistance sur les droits de l'Homme, en particulier en Afrique, risquait de compromettre la résistance de l'Occident face à la pénétration soviétique dans cette région; sa volonté de stopper les essais nucléaires gênait beaucoup Paris; les divergences de vues au sujet du Moyen-Orient étaient considérables. Quant à l'accord SALT II de juin 1979, Valéry Giscard d'Estaing se montra fort critique, expliquant au sénateur Byrd, le 6 juillet 1979, qu'il conduisait „à une certaine mesure de découplage entre l'Europe et les Etats-Unis"[8].

On comprit d'autre part tout de suite qu'au sujet de la Détente en particulier le nouveau président avait des conceptions fort différentes de celles de ses prédécesseurs ou de celles de Paris: au lieu d'un processus prudent, prenant en compte la division durable de l'Europe, ne cherchant dans l'immédiat qu'à améliorer les rapports de

---

[6] Georges-Henri Soutou, Notice sur la vie et les travaux de Raymond Barre (1924–2007), lue lors de la séance du 12 avril 2010, Paris 2010.
[7] Soell, Schmidt, pp. 671 ss.
[8] Compte rendu de l'entretien dans AN 5AG3/AE 94.

toute nature entre les deux parties du Continent et comptant à long terme sur „une évolution interne du camp socialiste", évitant toute provocation, acceptant certaines ambiguïtés, Carter voulait forcer le rythme en imposant ses idéaux démocratiques et en soutenant les dissidents, au risque d'aboutir à une crise et de compromettre la Détente[9].

Quant aux relations personnelles entre le président Carter et Valéry Giscard d'Estaing, elles ne furent pas bonnes. Il y avait plusieurs raisons, en dehors de l'évident manque de „chimie" comme disent nos amis américains, entre les deux hommes. Les deux plus importantes furent les doutes évidents du Président français quant à la capacité de son homologue américain à soutenir les pressions de la ‚Nouvelle Guerre froide'[10], et son désaccord avec lui au sujet de sa volonté d'injecter des valeurs morales et libérales dans les relations Est-Ouest et de faire pression sur Moscou dans ce domaine. Valéry Giscard d'Estaing déclara à Newsweek le 25 juillet 1977: „What seems clear in Mr. Carter's foreign policy is that he has introduced a fresh ideological dimension. This undoubtedly met certain needs – such as nonproliferation, arms limitations and human rights – just as it met some of my own preoccupations, but it has compromised the process of Détente. The question now arises whether or how new ideological themes can be applied without provoking negative reactions".

Or on constata très vite à Paris que Bonn éprouvait elle aussi une vive méfiance à l'égard de la politique de la nouvelle Administration américaine, qu'il s'agisse de la Détente, des négociations stratégiques SALT ou de la défense de l'Europe[11]. Cette méfiance allait encore s'accroître les années suivantes, et allait sans doute être considérée à Paris comme une opportunité: depuis 1963 en effet bien des initiatives françaises avaient été bloquées ou freinées par la priorité que Bonn reconnaissait à ses relations avec Washington[12].

Selon un préjugé fréquent à Paris, Bonn aurait toujours été à la remorque des Etats-Unis. Ce point de vue avait en particulier été exprimé fréquemment par de Gaulle après le départ d'Adenauer. En fait on confondait (et on confond encore souvent) des nécessités géopolitiques existentielles pour Bonn, et un pro-américanisme idéologique qui n'était certainement pas général en RFA. On notera que sous Hitler la résistance allemande, même non-communiste, avait été réservée à l'égard des USA et du capitalisme libéral, dans l'esprit de ce que l'on appelle en France „les idées des années 30"[13]. Elle était beaucoup plus ‚européenne' qu' ‚atlantique'. Quant à Helmut Schmidt, indépendamment même de ses problèmes avec Carter, il a toujours été en fait réservé face à l'hégémonie américaine dans le cadre atlantique[14].

---

[9] AN 5AG3/AE 51, Note de Gabriel Robin, conseiller diplomatique à l'Elysée, du 1er avril 1977.
[10] Giscard d'Estaing, Pouvoir, t. II, pp. 198–201, 404–409, 409–438, 454–457, 469.
[11] AN 5AG3/AE 132, Note de Gabriel Robin du 14 juin 1977.
[12] AN 5AG3/AE 71, Dépêche de l'ambassade à Bonn du 26 juin 1979, note de Gabriel Robin du 21 février 1979, compte rendu d'une entretien du 5 juillet 1980 entre Tchervonenko et le secrétaire général de l'Elysée Jean Wahl au sujet des derniers entretiens entre Brejnev et Schmidt.
[13] Boris Schilmar, Der Europadiskurs im deutschen Exil 1933–1945, München 2004, pp. 237, 258 ss., 269–270.
[14] Helmut Schmidt, Außer Dienst. Eine Bilanz, München 2008, pp. 197 et 205–210.

Le Système monétaire européen

On peut penser que le manque de lisibilité de la politique économique de l'administration Carter, sa tendance à laisser baisser le dollar pour favoriser les exportations américaines, et ses pressions indiscrètes sur la RFA pour que celle-ci pratique une politique de relance et accroisse ses importations, ont beaucoup contribué à la révision drastique de la politique monétaire internationale de l'Allemagne en 1978, qui alors admit l'intérêt d'une solidarité monétaire européenne face à Washington pour pouvoir maintenir les grandes lignes de la politique monétaire et économique allemandes. Cela permit la mise en place du SME début 1979, grâce à une étroite collaboration franco-allemande[15].

C'était de la part des Allemands une attitude nouvelle: en mars 1976, lors de la crise qui amena la France à sortir du serpent monétaire européen (selon ce système, les monnaies des Neuf flottaient en commun par rapport au dollar depuis avril 1972, en maintenant entre elles une marge de fluctuation par rapport à la monnaie américaine de 4,5% au maximum) une telle collaboration s'était avérée impossible. Suivons le témoignage de Jean-Marie Soutou, alors représentant de la France auprès de la Communauté européenne[16]:

„Donc le 14 mars 1976, Fourcade arrive vers 16 heures à Bruxelles avec Clappier, gouverneur de la Banque de France... Ils ont rendez-vous à 17 heures chez moi avec le ministre allemand des Finances, Hans Apel, et une dizaine de hauts fonctionnaires... L'objet de ce tête à tête franco-allemand est le suivant : nous voulons obtenir l'accord et l'aide des Allemands pour maintenir le franc dans le serpent mais avec de nouvelles marges de fluctuations. Fourcade dira à un moment donné, comme un petit coup de sonde, on prend 7 points comme marge de fluctuation[17], la France dévaluera de 3,5%, l'Allemagne réévaluera de 3,5%. Pourquoi? Fourcade m'expliquera, et il expliquera à ses interlocuteurs, que la France a mal absorbé la crise pétrolière née du conflit de 1973, qu'il y a des élections cantonales qui viennent d'avoir lieu et qui sont très mauvaises pour la majorité de Giscard[18]. Si bien qu'il y a une fuite des capitaux. Fourcade et Clappier ont puisé dans toutes les réserves et on est à bout de souffle. Donc il faut une décision. Si on ne se met pas d'accord, la France sera obligée de sortir du serpent monétaire. Et Fourcade m'explique, qu'il y ait accord ou désaccord avec les Allemands, ils vont se rendre, en sortant de chez moi, chez le ministre belge des Finances. Il y aura une réunion élargie avec tous les autres pays membres du serpent et les représentants de la Commission.
J'accueille les Allemands et la conversation commence. Fourcade expose notre situation monétaire. Comme je viens de dire, il a donc quasiment épuisé les réserves pour endiguer les effets de la spéculation. Si bien que les répercussions sur notre commerce extérieur de la discipline du serpent sont graves, le franc se trouvant surévalué... L'Allemand répond qu'il a vu le chancelier, que le cabinet s'est réuni à Bonn. Le gouvernement allemand, à la suite de ces réunions,

---

[15] C'était l'avis de l'ambassadeur à Bonn, Jean-Paul Brunet (télé. du 19 juillet 1978, archives privées). Sur la controverse germano-américaine, cf. la dépêche de Washington du 9 mars 1978, archives privées).
[16] Il s'agit d'un témoignage oral, enregistré entre 1999 et 2003, qui a fait l'objet d'une publication (résumée) par mes soins: Jean-Marie Soutou, Un diplomate engagé. Mémoires 1939–1979, Paris 2011. Pour ce passage, cf. pp. 507–509.
[17] Au lieu de 4,5 points auparavant (2,25% vers le haut, 2,25% vers le bas); cette modification permettait d'élargir la marge de fluctuation du franc par rapport au mark, donc de faciliter les problèmes de balance commerciale en rendant les exportations françaises moins chères, et les importations en France plus chères. Mais évidemment, pour les raisons inverses, la RFA n'y tenait pas...
[18] Premier tour le 7 mars, deuxième tour le 14.

veut bien faire quelque chose pour nous aider. Mais il ne veut pas partager les frais moitié-moitié. Sur trois, il veut bien prendre 1 à sa charge, un sur trois doit être la règle. Si l'on décide 6 de marge de fluctuation par exemple, il y aura 4 à la charge de la France et 2 à la charge de l'Allemagne. C'est une affaire d'opinion publique. On ne comprendrait pas en Allemagne, où l'on dirait: vous aidez toujours ces Français. Le gouvernement allemand en tout cas, ne veut pas réévaluer le mark.
Fourcade reprend la parole. Si je dois sortir du serpent, il y aura dévaluation de fait et nos importations d'Allemagne, baisseront. L'Allemand balaie tout cela avec politesse. Il balaie tout cela avec politesse mais massivement et avec le poids de toutes les certitudes confortables de celui qui parle au nom d'un pays sérieux, raisonnable, travailleur, surtout bien géré. Et soyez tranquille, dit-il à Fourcade, il n'y aurait pas de problèmes pour le gouvernement allemand. Il dira qu'il n'a pas voulu aider davantage Paris et qu'il a tenu ferme dans son refus de réévaluer le deutschemark. Il sera applaudi. En fait la France est en train de payer son erreur initiale qui a été d'entrer dans le serpent avec un taux trop élevé'– il faut savourer chaque mot! – C'est là le problème. D'ailleurs, ce qui pourrait être fait aujourd'hui, serait sans doute à recommencer avant peu. L'Allemand: ‚Nos syndicats sont raisonnables. Nous n'avons pas de problèmes, ils viennent d'accepter une augmentation de 5,4% seulement alors qu'en raison du taux de croissance, ils pouvaient avoir beaucoup plus. Ils y perdent et l'ont accepté'. Deuxième leçon!
Finalement, ils partent tous chez le ministre belge sans s'être mis d'accord. Le Hollandais ne veut rien faire. S'il faisait quelque chose, Bonn pourrait alors aller un peu plus loin mais pas jusqu'à la répartition moitié-moitié. Le ministre allemand prendra contact par téléphone avec son chancelier, auquel notre président a d'ailleurs téléphoné. Dans la nuit du 14 au 15, Fourcade a annoncé que le franc quittait le serpent monétaire et flotterait désormais".

Mais au printemps 1978 la situation était toute différente. En France Raymond Barre, premier ministre depuis août 1976, avait mis en place une politique budgétaire et économique beaucoup plus compatible avec celle de Bonn que celle de ses prédécesseurs: le manque de sérieux et de rigueur qu'avait souligné Apel en 1976 était surmonté[19]. Et Barre et Schmidt étaient en accord complet sur les conséquences catastrophiques pour l'Europe de la politique économique cartérienne; lors de leur rencontre du 6 février 1978, après avoir constaté cet accord ainsi que la convergence de leurs politiques économiques respectives, ils décidèrent de lancer la proposition franco-allemande qui allait conduire à l'adoption, lors du conseil européen de Brême en juillet, du SME (Système monétaire européen), qui entra en vigueur en mars 1979[20]. Cet ancêtre linéaire de l'euro était donc largement issu d'une réaction franco-allemande convergente face à la politique américaine.

La préservation de la Détente.

A propos des relations Est-Ouest et des problèmes posés par la Détente (y compris la politique des droits de l'homme de Carter) Giscard d'Estaing et Schmidt partageaient une conviction commune: l'équilibre entre les deux blocs restait la meilleure garantie de la paix. En effet, le contrepoint et la condition de la Détente pour Giscard d'Estaing, c'est l'équilibre': son discours à Helsinki en juillet 1975 proclamait que „le maintien de l'équilibre est une condition nécessaire des progrès de la détente et de la

---

[19] Georges-Henri Soutou, Notice sur la vie et les travaux de Raymond Barre (1924–2007), lue lors de la séance du 12 avril 2010, Paris 2010.
[20] AAPD 1978, n° 32.

paix parce qu'il permet seul que s'établisse le climat de sécurité indispensable"[21]. Et Schmidt était tout à fait sur la même ligne: il déclara au Spiegel en janvier 1979, après avoir loué Bismarck d'avoir maintenu après 1871 l'équilibre et la paix en Europe: „dans une situation entièrement différente, beaucoup plus vulnérable que celle du Reich bismarckien, et alors que l'Allemagne est partagée en deux Etats, avec l'île de Berlin-Ouest, notre devoir est de veiller au maintien de la paix par le maintien de l'équilibre"[22]. Schmidt déclara à Newsweek le 29 mai 1978: „I strongly believe in the balance of power". Et les deux hommes signèrent une déclaration commune franco-allemande le 6 février 1981, à propos de la Pologne, soulignant l'„exigence [...]de l'équilibre dans la sécurité"[23].

La détérioration de la situation internationale à partir de l'invasion de l'Afghanistan en décembre 1979 eut pour conséquence un resserrement des liens entre Paris et Bonn, dans un souci commun de sauver la Détente. Après l'invasion soviétique de l'Afghanistan en décembre 1979, Valéry Giscard d'Estaing et Helmut Schmidt réagirent par un communiqué commun, le 5 février 1980, déclarant l'intervention soviétique „inacceptable" et exigeant sa „fin sans délai". Mais le reste du communiqué était plus ambigu: il proclamait que la Détente était devenue „plus incertaine" et „ne résisterait pas à un nouveau choc", ce qui affaiblissait la condamnation de l'invasion, et surtout il soulignait les „responsabilités particulières" de l'Europe, ce qui revenait à se démarquer des Etats-Unis[24]. Cette impression fut accentuée par les commentaires de Valéry Giscard d'Estaing devant la Presse, soulignant le refus français d'une „renaissance des blocs" (on va revenir dans une seconde sur la signification de cette précision giscardienne, par rapport au texte du communiqué)[25].

Le communiqué du 5 février fut à l'époque souvent critiqué. Sa véritable signification dans l'esprit du président français s'éclaire sans doute par les déclarations de celui-ci au Conseil des ministres, le 6 février. La France et l'Allemagne avaient voulu faire réfléchir l'URSS et contribuer „avec leurs responsabilités propres de puissances européennes, au maintien des acquis de la Détente. Celle-ci a été un choix politique fondamental et justifié. Elle ne nous a jamais fait perdre notre méfiance à l'égard de l'expansionnisme soviétique. Le temps qui passe joue en faveur de l'Occident et contre l'URSS, car le régime de ce pays s'adapte difficilement aux évolutions économiques et tend à s'essouffler sur le plan idéologique. C'est dans une situation de relative vulnérabilité qu'il devra faire face aux énormes problèmes que lui posera l'évolution de l'Asie... Les Etats-Unis ont eu raison d'avancer leurs pions. Cela ne signifie pas que la France et l'Allemagne aient intérêt à s'aligner sur la superpuissance comme l'a fait, trop vite, le Premier ministre britannique"[26].

---

[21] Voir AN 5AG3/917, Dossier de préparation du discours de Giscard d'Estaing à Helsinki, 31 juillet 1975.
[22] Entretien du Spiegel avec Helmut Schmidt, in: Der Spiegel N° 3/1979, 15.1.1979, pp. 32–45, ici p. 45.
[23] AN, 5AG3/AE 72, Déclaration commune franco-allemande, 6 février 1981.
[24] AN 5AG3/AE 71, Communiqué commun de la République française et la République fédérale de l'Allemagne, 5 février 1980.
[25] Cf. Le Monde, 6 et 7 février 1980.
[26] AN 5AG3/AE 71, Communiqué commun de la République française et la République fédérale de l'Allemagne, 5 février 1980.

La crise afghane avait donc, aux yeux de Paris, donné l'occasion de resserrer la collaboration franco-allemande dans le sens de la promotion d'une identité européenne dans la Détente, distincte de la politique américaine, estimée trop imprudente. On peut en dire autant pour Bonn, même si Schmidt veilla à ce que le communiqué fort balancé du 5 février se distingue moins des Etats-Unis que Paris n'aurait été au départ disposé à le faire (comme le montrent les propos de Giscard sur la „renaissance des blocs", expression beaucoup plus gaulliste que le communiqué du 5 février). Et de fait, entre l'invasion de l'Afghanistan fin décembre, et la rencontre franco-allemande des 5–6 février, Schmidt s'était discrètement entremis entre Giscard et Carter pour rapprocher les points de vue. Et la RFA fut le seul pays de la CEE à s'associer au boycott des jeux olympiques, alors que la France devait y participer (sauf ses cavaliers) mais sans les emblèmes nationaux. Mais dans les mois suivants, à cause de son souci de sauver la Détente, l'opposition de Schmidt à Carter devait croître, car ce dernier durcissait considérablement son attitude face à Moscou tout au long du printemps 1980. La tension atteint son sommet lors du sommet des pays industrialisés à Venise, au mois de juin[27].

Bien entendu, car tout cela est complexe, Paris voulait conserver le contrôle de cette collaboration franco-allemande renforcée, ainsi que des évolutions du triangle Paris-Bonn-Moscou, au moyen d'une réassurance du côté des Russes sur la question allemande, mais aussi, on va le voir ensuite, par un certain retour à la conception gaullienne d'une ‚Europe européenne' à base franco-allemande. La rencontre de Valéry Giscard d'Estaing avec Brejnev à Varsovie le 19 mai 1980, fort critiquée à l'époque, allait semble-t-il dans ce sens. Le président appela de ses vœux une conférence politique pour le règlement du problème afghan, mais les Soviétiques devaient annoncer „leurs intentions de retrait"[28]. En même temps il réaffirma son opposition à la réunification de l'Allemagne: „Je considère que l'équilibre de l'Europe exige le maintien de deux Allemagnes. C'est un des points fondamentaux de nos relations avec l'URSS"[29].

Le président français dévoila ses arrière-pensées devant le Conseil des ministres le 21 mai; il serait „dangereux et néfaste" d'abandonner la politique de Détente: „Pourquoi les Etats-Unis auraient-ils le monopole des relations avec l'URSS? Il en résulterait une minoration du rôle mondial de la France tout à fait inacceptable... De plus il n'était pas opportun de donner à la RFA un rôle pilote dans les rapports entre l'Europe de l'Ouest et l'URSS: mieux valait donc que cette rencontre ait lieu avant la visite de M. le chancelier Schmidt à Moscou"[30].

En même temps, et on retrouve ici les complexités de la politique allemande de Valéry Giscard d'Estaing, il n'était nullement question d'écarter la RFA dans cette nouvelle phase des rapports Est-Ouest: le voyage que fit Schmidt à Moscou en juillet

---

[27] Soell, Schmidt, pp. 744ss.
[28] Je partage pleinement le jugement d'Henri Froment-Meurice, à l'époque ambassadeur à Moscou sur l'attitude en fait ferme su président de la République lors de cette rencontre. Voir Henri Froment-Meurice, Vu du Quai, Paris 1998, p. 574.
[29] AN 5AG3/AE 135, Compte rendu de l'entretien Giscard d'Estaing – Brejnev à Wilanow, 19 mai 1980.
[30] Ibid.

et les propositions qu'il fit à cette occasion à propos de l'Afghanistan avaient été concertés auparavant avec Paris[31].

Vers un rapprochement en matière de défense?

L'état de la documentation accessible actuellement amène cependant à se poser une série de questions. Si les rapports entre Paris, Bonn et Moscou apparaissent avec une certaine clarté, l'évolution des relations au sein de l'autre triangle, Paris-Bonn-Washington, et en particulier au sein de la composante franco-américaine de ces relations, est plus obscure. Différents courants existaient en effet à ce sujet au sein de la majorité et des administrations. A côté des défenseurs sourcilleux du legs gaulliste, il existait tout un courant qui estimait que la France devait améliorer ses relations avec les Etats-Unis et l'Alliance atlantique, ne serait-ce que pour mieux combattre un danger de dérive de la part de l'Allemagne[32]. Ce courant avait eu des effets: il n'était certes pas question de rejoindre le commandement intégré, mais les accords Valentin-Ferber de 1974, complétés par des conversations sur le nucléaire tactique avec SACEUR, et les inflexions de la doctrine française vers la ‚sanctuarisation élargie' et la participation à la bataille de l'avant de l'OTAN annoncées par le général Méry (Chef d'Etat-major des Armées) en 1976 allaient dans ce sens. Certes, les polémiques soulevées par les propos du général Méry amenaient en 1977 le Premier ministre Raymond Barre à revenir à une interprétation plus restrictive de la solidarité entre la France et ses alliés de l'OTAN, mais on peut penser que le Président de la République veillait à maintenir un équilibre soigneux entre indépendance nationale et solidarité atlantique. Il était en effet parfaitement conscient de l'importance de la relation stratégique franco-américaine, en particulier dans le domaine ultra-sensible des échanges de renseignement en matière nucléaire[33]. Mais quel rapport s'établissait-il dans son esprit entre cette volonté de collaboration stratégique avec l'Amérique et ses réserves à l'égard de la politique du président Carter? Ce n'est pas totalement clair.

D'autre part il est certain que le Président était aussi très conscient des interactions entre la politique de défense française et les rapports franco-allemands[34]. Certaines décisions dans le domaine des matériels en particulier montraient peut-être que l'on avait compris que le problème de l'arme nucléaire tactique, c'est-à-dire l'éventualité d'une frappe nucléaire tactique française en Allemagne en cas de conflit, préoccupait de plus en plus les Allemands. C'est ainsi qu'en juin 1980 Giscard d'Estaing annonça que la France avait mis au point la bombe à neutrons et se réservait la possibilité d'en

---

[31] Werner Link, Außen- und Deutschlandpolitik in der Ära Schmidt 1974–1982, in: id./Wolfgang Jäger, Republik im Wandel 1974–1982. Die Ära Schmidt, Stuttgart 1987, pp. 273–432, ici, p. 335.

[32] François de Rose, La France et la défense de l'Europe, Paris 1976; l'ambassadeur de Rose était un conseiller discret de Giscard sur les questions stratégiques. En décembre 1980 un grand débat eut lieu sur ces questions, organisé par la Fondation pour les Etudes de Défense et la revue Défense Nationale et publié dans le numéro de mars 1981 de cette revue.

[33] Georges-Henri Soutou, L'Alliance incertaine. Les rapports politico-stratégiques franco-allemands, 1954–1996, Paris 1996, pp. 357–367.

[34] Giscard d'Estaing, Pouvoir, t. II, pp. 197–198.

équiper ses forces. Il s'agissait aussi sans doute de diminuer les dommages collatéraux d'éventuelles frappes tactiques, en particulier sur le sol allemand[35]. Mais les Allemands remettant de plus en plus en cause le rôle même des armes nucléaires dans la défense de l'Europe, il n'y avait pas en fait de réel rapprochement stratégique franco-allemand; ni même semble-t-il de dialogue bilatéral approfondi sur ces sujets[36]. Là aussi, quelles conclusions en tirait Valéry Giscard d'Estaing?

Ceci dit, il semble bien que la ‚nouvelle Guerre froide' à partir de l'invasion de l'Afghanistan et le durcissement de Carter aient, là aussi, conduit à un rapprochement entre Giscard et Schmidt. Werner Link estime, dans sa contribution au volume *Die Ära Schmidt*, dans la *Geschichte der Bundesrepublik Deutschland*, que Helmut Schmidt et Valéry Giscard d'Estaing auraient en 1980 sérieusement considéré la possibilité de donner une impulsion décisive à la coopération franco-allemande à l'occasion du vingtième anniversaire du Traité de l'Elysée en 1983. Ils envisageaient un accord sur la défense ou même une alliance, comme noyau d'une défense européenne[37]. (On se souvient d'ailleurs que le 25 février 1982, François Mitterrand et le chancelier Schmidt annoncèrent par une déclaration commune que Paris et Bonn allaient faire revivre les dispositions militaires du Traité de l'Elysée: il y aurait désormais des rencontres conjointes des ministres des Affaires étrangères et de la Défense à l'occasion des sommets franco-allemands; on créerait une commission sur la sécurité et la Défense comprenant les chefs d'Etat-major et les directeurs politiques des deux ministères des faires étrangères; trois groupes seraient formés au sein de cette commission: un groupe de coordination politico-stratégique, un sur la coopération en matière d'armements, un sur la coopération militaire. Il semblerait donc que ces idées étaient discutées depuis 1980, ce qui n'est nullement invraisemblable). Et on se souvient également qu'en 1988, Paris et Bonn, toujours sur la base du traité de l'Elysée, créent un Conseil de défense, organisme permanent, qui rédigea en particulier le ‚concept stratégique commun' adopté en décembre 1996 par Jacques Chirac et Helmut Kohl lors du sommet franco-allemand de Nuremberg, en même temps qu'ils présentaient aux autres membres de l'Union européenne des propositions pour renforcer la PESC. On atteint là le sommet de la collaboration franco-allemande en matière de défense, le point haut de la séquence lancée par Giscard et Schmidt, mais force est de dire que, malgré quelques tentatives de relance en 2003 à l'occasion de la guerre en Irak, les choses sont bien retombées depuis[38].

Les questions nucléaires

Il faut rappeler ici que la France avait été très opposée en 1968 au traité de non-prolifération nucléaire (TNP). L'Allemagne aussi. Willy Brandt, lorsqu'il était devenu

---

[35] David Yost, La France et la sécurité européenne, Paris 1985, pp. 139 ss.
[36] Soutou, L'Alliance incertaine, pp. 368–369.
[37] Link, Außen- und Deutschlandpolitik, pp. 334–335.
[38] Le ‚concept stratégique commun' de 1996, a fait l'objet d'une publication partielle et d'une étude approfondie dans Le Monde du 25 janvier 1997, puis d'une publication complète dans le même quotidien le 30 janvier.

ministre des Affaires étrangères fin 1966, en avait accepté le principe comme une *Vorleistung* en vue de *l'Ostpolitik*, et l'avait signé en 1969, mais Schmidt était resté très amer (il condamnait l'inégalité de statut entre puissances nucléaires et non nucléaires, et redoutait des dangers pour l'industrie nucléaire allemande)[39].

Mais cette industrie nucléaire de la RFA était considérée avec inquiétude à Paris. Les firmes allemandes se révélaient être de très sérieuses concurrentes des sociétés françaises, dans un marché mondial de réacteurs nucléaires qui s'ouvrit largement à partir du choc pétrolier de 1973. Et en même temps on soupçonnait Bonn d'être secrètement partisan d'une certaine prolifération, de façon à diminuer l'importance relative du statut nucléaire de la France, et peut-être à rouvrir un jour la question d'un armement nucléaire allemand[40].

L'accord germano-brésilien de 1977, prévoyant la fourniture par l'Allemagne de huit centrales nucléaires et d'une usine de retraitement du plutonium, provoqua une vive inquiétude à Paris. Non seulement c'était un accord très prolifèrant (à cause de l'usine de plutonium) mais en plus les firmes françaises étaient battues sur un marché nucléaire brésilien qu'elles cultivaient depuis les années 1960[41]. Il y avait d'autres motifs d'irritation à Paris: les Allemands voulaient pouvoir disposer librement du plutonium extrait des barreaux irradiés qu'ils faisaient retraiter en France, et ils envisageaient de se doter d'une capacité nationale d'enrichissement basée sur les centrifugeuses qu'ils avaient étudiées et perfectionnées depuis la deuxième guerre mondiale. Cela les aurait rapproché d'une capacité nucléaire militaire[42].

Mais là aussi, Carter, avec sa politique offensive de non prolifération et sa volonté d'interdire le retraitement du plutonium (l'un des deux explosifs nucléaires possibles, produit naturellement dans toutes les centrales nucléaires, y compris civiles, et donc très prolifèrant) allait amener Paris et Bonn à se rapprocher. Les responsables français et allemands étaient d'accord sur un point essentiel: derrière l'argument politique et moral de la lutte contre la prolifération, Carter voulait en fait bloquer la concurrence de plus en plus vive que les firmes allemandes et françaises faisaient à l'industrie nucléaire civile américaine, en particulier en s'apprêtant à maîtriser le cycle nucléaire complet, y compris le retraitement du plutonium et les réacteurs surgénérateurs[43].

En outre il fallait empêcher les Allemands, soumis à de très fortes pressions, d'accepter l'exigence américaine d'un moratoire sur le retraitement, ce qui aurait isolé la France[44]. Il fallait donc négocier avec eux. Valéry Giscard d'Estaing suggéra au chancelier Schmidt, lors de leur rencontre des 16–17 juin 1977, que la France et la RFA pourraient collaborer dans le domaine de l'énergie nucléaire à usage civil, à condition

---

[39] Schmidt, Außer Dienst, pp. 206–209.
[40] Note du Centre d'Analyse et de Prévision du Quai d'Orsay, du 11 juin 1976, archives privées.
[41] Un savoureux récit des raisons de l'échec français dans Yves Girard, Un neutron entre les dents, Paris 1997, pp. 265 ss.
[42] AN 5AG3/AE 70, notes des 31 mars et 12 septembre 1978.
[43] AAPD 1977, t. 1, n° 160: Rencontre Giscard, Schmidt, Barre, Genscher et Guiringaud le 17 juin 1977, et notes prises par Jean-Marie Soutou, d'après le récit de la réunion fait par Guiringaud aux responsables du Quai d'Orsay, archives privées.
[44] Note de Mentré, chargé des questions nucléaires au ministère de l'Industrie, au Quai d'Orsay, janvier 1977, archives privées.

que l'Allemagne adopte les orientations de la politique française de non prolifération[45]. Cette conversation avait été préparée le 8 mars par un long et approfondi entretien entre un groupe de hauts fonctionnaires français, conduits par Jean-Marie Soutou, secrétaire général du Quai d'Orsay et président du comité des exportations nucléaires récemment créé, et leurs homologues allemands, avec à leur tête le secrétaire d'Etat Hermes. Paris était évidemment prêt à faire beaucoup pour obtenir le soutien allemand face à l'indiscrète politique américaine de non prolifération, et aussi évidemment pour s'assurer que les Allemands ne suivraient pas dans les questions nucléaires un programme purement national[46]. En même effet c'était toujours la même ambiguïté à Paris: on se rapprochait de Bonn, certes, contre Carter, mais c'était aussi pour veiller au grain… Giscard répéta à différentes reprises aux Soviétiques qu'il n'avait aucune intention de laisser la RFA se rapprocher du nucléaire militaire[47].

Néanmoins, dans le domaine du nucléaire civil, la France et la RFA collaborèrent effectivement étroitement jusqu'à tout récemment: un comité nucléaire franco-allemand dont on sait peu de choses fut créé à la fin des années 1980 pour étudier la façon de promouvoir l'énergie nucléaire dans les opinions publiques des deux pays[48]; le programme de surgénérateurs Phénix et Superphénix fut mené en commun par les deux pays, associés à d'autres, en particulier l'Italie, tandis que se développaient les recherches du Centre Langevin – Von Laue de Grenoble; Siemens entrait au capital d'Areva et les deux sociétés mettaient au point conjointement le programme de réacteur de troisième génération EPR. Mais cette séquence semble se clore actuellement, avec la remise en cause du nucléaire civil en RFA, la façon dont Paris a poussé Siemens vers la porte d'Areva, les difficultés du programme EPR et la probabilité qu'une Europe ayant largement choisi la désindustrialisation (la RFA est une exception), ait beaucoup moins besoin d'électricité à l'avenir qu'il n'était prévu à partir des projections faites après les deux chocs pétroliers.

Conclusion

Il paraît donc clair que l'évolution de la politique américaine sous le président Carter et les inquiétudes convergentes qu'elle souleva à Bonn comme à Paris contribuèrent à une réorientation de la politique allemande, dans un sens plus favorable aux thèses françaises, tandis que la France, dans le même contexte, prenait l'habitude de coopérer sérieusement dans bien des domaines essentiels avec l'Allemagne, et sur un pied d'égalité, ce qui n'avait été que rarement le cas auparavant. De Gaulle avait certes

---

[45] AN 5AG3/AE 69, Entretien entre Guiringaud et Genscher le 11 juin 1977, et dossier du sommet des 16–17 juin.
[46] Rapport du conseiller Lahusen, ambassade de la RFA à Paris, 8 mars 1977, in: AAPD 1977, n° 57, pp. 291–301.
[47] Georges-Henri Soutou, L'anneau et les deux triangles: les rapports franco-allemands dans la politique européenne et mondiale de 1974 à 1981, in: Serge Berstein/Jean-François Sirinelli (éds.), Les années Giscard. Valéry Giscard d'Estaing et l'Europe 1974–1981, Paris 2006, pp. 107–123.
[48] Témoignages à l'auteur de Michael Stürmer et de Christian Stoffaës, l'un des principaux dirigeants d'EDF.

proposé à la RFA de le suivre, comme brillant second, dans la voie qu'il traçait lui, mais ce n'était pas vraiment la même chose. C'est d'ailleurs à cette époque-là que l'expression de ‚couple franco-allemand' fit son apparition. Et jusqu'à la création de l'euro, jusqu'à l'approfondissement du traité de l'Elysée en 1982 et 1988, jusqu'à Maastricht, bien des choses furent faites dans le prolongement de ce qui avait été commencé par Giscard et Schmidt. Il y avait incontestablement une réalité: c'est ainsi que dans son rapport sur l'Etat de la Nation du 17 mai 1979, Schmidt imposa une phrase distinguant entre „l'alliance [*Verbundenheit*] étroite avec la France", et d'autre part „le partenariat amical avec les Etats-Unis et la Grande-Bretagne". Genscher protesta vivement au conseil des ministres, mais Schmidt déclara: „Messieurs, ce texte me convient et de plus il reflète la réalité. Je n'y changerai pas une virgule". Les diplomates américains à Bonn se déclarèrent frappés par le côté „irrespectueux et même impertinent" de la formule[49].

Bien entendu, il y avait du côté français des arrière-pensées: quand mon Père partit pour Bruxelles comme représentant permanent auprès de la Communauté, en mars 1975, la seule instruction en fait qu'il reçut de Giscard lors de l'entretien traditionnel avec l'ambassadeur en partance fut: „A Bruxelles il faut faire surtout attention à la montée en puissance de l'Allemagne"[50]. Et bien entendu, l'Allemagne devait rester divisée, de tous les présidents français Giscard fut le plus brutalement formel à ce sujet, en particulier lors de ses échanges avec les Soviétiques, avec lesquels il recherchait une sorte de réassurance discrète[51].

Et il chercha même parfois une réassurance à Washington, même du temps de Carter. Dans l'affaire de la ‚double décision' de l'OTAN en 1979, Giscard appuya beaucoup plus le volet réarmement que le volet négociation, dont en fait il ne voulait pas, à l'opposé de Schmidt. Et il organisa le sommet de la Guadeloupe de janvier 1979 en accord discret avec Washington, pour contrer les tendances neutralistes en RFA, que les deux capitales redoutaient[52].

De son côté, le chancelier Schmidt développa sa propre politique vers Moscou, par exemple lors de la visite de Brejnev à Bonn en mai 1978, et en particulier de l'accord de coopération économique et industrielle pour 25 ans conclu à cette occasion entre les deux pays (Paris suivit ces développements avec la même inquiétude que Washington, comme le montrent les télégrammes des ambassades de France à Bonn et Washington). Il en alla de même lors de la visite de Schmidt à Moscou en juillet 1980, au cours de laquelle le chancelier allemand évoqua les missiles „eurostratégiques" d'une façon qui pouvait conduire à la prise en compte, même indirecte, de la force de frappe française dans d'éventuelles négociations sur les SS 20[53]. Et en novembre 1980, en constatant la retenue du chancelier dans la crise polonaise, les services du Quai

---

[49] AN 5AG3/828, Télé. de l'ambassade de France à Bonn du 28 juin 1979.
[50] Souvenirs de Jean-Marie Soutou, à paraître.
[51] Soutou, L'anneau et les deux triangles.
[52] Georges-Henri Soutou, Mitläufer der Allianz? Frankreich und der NATO-Doppelbeschluss, in: Philipp Gassert/Tim Geiger/Hermann Wentker (éds.), Zweiter Kalter Krieg und Friedensbewegung. Der NATO-Doppelbeschluss in deutsch-deutscher und internationaler Perspektive, München 2011, pp. 363–376.
[53] AN 5AG3/828, Note de la sous-direction d'Europe orientale du 7 juillet 1980; Soell, Schmidt, pp. 766–767.

d'Orsay étaient parvenus à la conclusion que Bonn était désormais décidée à faire les plus grandes concessions à Moscou pour sauver l'Ostpolitik[54].

Bien entendu, Giscard d'Estaing est très conscient des deux triangles fondamentaux pour la France à l'époque: Washington – Paris– Bonn et Moscou – Paris – Bonn. Et il aurait pu souscrire à la formule de Bismarck: „quand on est trois, l'important, c'est d'être l'un des deux"[55]. Il s'est ingénié à utiliser les équilibres complexes et changeants d'un monde qui entrait dans la dernière phase de la Guerre froide pour sauvegarder le rôle de la France („puissance moyenne' désormais, il a été le premier chef d'Etat à le reconnaître) dans le monde. Il s'est appuyé sur la RFA contre Carter pour promouvoir l'Europe, sur Carter pour maintenir la RFA fermement dans le camp occidental, et sur Moscou comme réassurance face à la montée de l'Allemagne. En plus prudent, en plus habile, c'était une politique beaucoup plus gaulliste qu'on ne l'a dit. Le 16 juillet 1980, à la suite d'un sommet franco-allemand, le Président expliqua au conseil des ministres qu'il constatait la „renaissance de l'Europe". Et il évoqua les projets d'Union européenne de De Gaulle en 1962 (le Plan Fouchet) en ajoutant qu'ils avaient échoué à l'époque à cause de la ‚dépendance' de la RFA envers les Etats-Unis. Mais „les équilibres du monde ont changé depuis cette époque" et désormais Bonn voit les choses comme Paris[56]. Il y revint lors du conseil des ministres du 12 novembre, en estimant que cette tendance était encore renforcée depuis l'élection de Reagan, qui inquiétait en RFA. La RFA était d'autre part gênée dans sa politique extérieure à cause du levier qu'offraient les relations interallemandes à l'URSS, et ses rapports avec Washington risquaient d'être plus difficiles que ceux de la France[57]. L'implication était claire: Paris allait pouvoir se maintenir au sommet des deux triangles évoqués plus haut. et conserver un certain ascendant sur la RFA.

Il n'en reste pas moins vrai que l'on mit en place à l'époque une réelle coopération franco-allemande. Mais c'est peut-être à cause de ces diverses arrière-pensées de part et d'autre que ce réel rapprochement n'a pas duré, en fait, au-delà du sommet de Nice en 2000?

---

[54] AN 5AG3/828, Note du Jean-Marie Guéhenno, directeur du CAP au Quai d'Orsay, du 5 novembre, et de patrick Leclercq, du 6 novembre.
[55] Cité par Schmidt dans son interview du Spiegel en 15 janvier 1979 (voir note en bas de page N° 22).
[56] AN 5AG3/828, Extrait compte rendu du conseil des ministres du 16 juillet 1980.
[57] Ibid.

Veronika Heyde

Entspannung, Menschenrechte, Abrüstung: Die KSZE-Politik Frankreichs in den 1970er Jahren

Als nach zähen Verhandlungen die KSZE-Schlussakte am 1. August 1975 in Helsinki von 35 Staaten unterzeichnet wurde, beendete dies nach Meinung der Zeitgenossen die Ära des Kalten Krieges und markierte den Höhepunkt der Entspannung. Eine lange Zeit der Krisen schien besiegelt, und vor allem die westlichen Regierungen hofften, dass die Prinzipien von Helsinki zu einer besseren Zusammenarbeit zwischen Ost und West und zu einer Verfestigung der Entspannung führen werden. Die Hoffnung auf die Kooperationsbereitschaft der Staaten des Ostblocks wurde jedoch rasch getrübt, als deutlich wurde, wie gering deren Wille war, die Schlussakte zu implementieren. Sie wurde schließlich gänzlich zunichte gemacht, als die Sowjetunion im Dezember 1979 in Afghanistan einfiel und damit das Ende der Entspannung einleitete. Wenngleich die Sowjetunion die in der Schlussakte von Helsinki vereinbarten Prinzipien zwischenstaatlicher Zusammenarbeit nicht wie vorgesehen respektierte, war es doch das Verdienst des KSZE-Prozesses, dass keine der nachfolgenden Krisen eskalierte. Denn obwohl die Ostblockstaaten weder die humanitären Bestimmungen des ‚dritten Korbes' noch die sicherheitsrelevanten Vereinbarungen korrekt umsetzten, erhielten Ost und West ihren Dialog aufrecht. Die Fortführung des KSZE-Prozesses verhinderte eine irreversible Verhärtung der Fronten und ermöglichte wenn auch nicht die Beilegung, so doch eine Entschärfung der Krisen.

Ziel des vorliegenden Beitrags ist es, die Rolle Frankreichs in diesem KSZE-Prozess zu untersuchen. Dazu muss analysiert werden, welche Erwartungen die französische Regierung unter Georges Pompidou und seinem Nachfolger Valéry Giscard d'Estaing an die KSZE hatte, welche Impulse sie setzte und wie sie die Zusammenarbeit mit ihren Partnern der Europäischen politischen Zusammenarbeit (EPZ) und der NATO gestaltete. Da hier nicht alle Facetten der französischen KSZE-Politik beleuchtet werden können, werden drei charakteristische Aspekte herausgegriffen: erstens die idealistischen Überlegungen der Regierung, zweitens die machtpolitischen Interessen Frankreichs und drittens der Pariser Vorschlag einer allgemeinen Abrüstungskonferenz in Europa, der den KSZE-Prozess nachhaltig beeinflusste.

Idealistische Motive

Als Präsident Georges Pompidou 1970 der Einberufung einer Sicherheitskonferenz in Europa zustimmte, tat er dies unter anderem mit dem Ziel, den Gesellschaften im Osten „mehr Luft zu geben" und zur Aufweichung der Breschnewdoktrin beizutragen[1]. Die Erklärungen einiger Regierungschefs des Warschauer Paktes, sie sähen in der KSZE die Möglichkeit, ihre eigene Stimme unabhängig von der Sowjetunion gel-

---

[1] Eric Roussel, Georges Pompidou, Paris 1984, S. 410.

tend zu machen, waren für Pompidou und seinen Außenminister Maurice Schumann die überzeugendsten Argumente für die Konferenz. Der multilaterale Rahmen der KSZE bot Moskaus Satelliten die seltene Gelegenheit, ihre eigenen Interessen auf einem internationalen Forum zu vertreten und damit etwas Autonomie zu gewinnen, da die Sowjetunion nicht wie sonst üblich für den von ihr beherrschten Block sprechen konnte. Auf diese Weise, so das Kalkül der Ostblockstaaten, könnten sie den Einfluss Moskaus eindämmen, so dass Übergriffe wie in Prag im August 1968 zumindest erschwert würden. Durch eine Plattform, die es jedem Land erlaubte, mit gleichberechtigter Stimme zu sprechen, sollte die KSZE Anstöße geben, die Blöcke zu überwinden. Dies war für die französische Regierung das edelste Ziel der KSZE. Dem damaligen Sicherheitsberater des amerikanischen Präsidenten, Henry Kissinger, erläuterte Pompidou seine Vorstellungen folgendermaßen: „Wir sind überzeugt, dass der Kommunismus als solcher, also sein Wirtschafts- und Sozialsystem, nun in vielen sogenannten sozialistischen Ländern künstlich geworden ist. Wir glauben, dass Polen, Rumänien und sogar die Tschechoslowakei nur eine Sache verlangen: das Joch abzuschütteln, das auf ihnen lastet. Man sagt, dass ein geteilter westlicher Block einem geeinten Block gegenüber steht; und dass wir deshalb von vorneherein die Verlierer sind. Ich für meinen Teil glaube, dass es auf der einen Seite die freien und unabhängigen Länder gibt, und Frankreich sieht sich als solches; und auf der anderen Seite Länder, die sich auf den Weg der Freiheit und der Unabhängigkeit begeben wollen"[2].

Das zweite, daran anknüpfende Ziel Frankreichs war es, den Kommunismus zu unterwandern. Paris wollte in den Ländern des Warschauer Paktes von innen heraus die kommunistischen Werte entglorifizieren und eine Basis für verstärkten westlichen Einfluss schaffen. So hoffte Pompidou auf lange Sicht die Völker des Ostens mit dem „Virus der Freiheit" zu infizieren[3], wobei es ihm dabei um die Bevölkerungen im Osten als Ganzes ging und noch nicht – wie später Valéry Giscard d'Estaing – um die individuellen Freiheitsrechte der Menschen. Um der Freiheit willen begrüßte Paris in der KSZE die Möglichkeit, verstärkt den kulturellen Austausch zu fördern und westliches und darüber demokratisches Denken im Osten zu verbreiten. Diese Absicht verfolgte Frankreich nicht erst mit der KSZE, denn bereits Charles de Gaulle hatte die französischen Kontakte zu den Oststaaten in den 1960er Jahren etabliert und mit seiner Annäherung an den Osten zum Dialog zwischen den beiden Teilen des Kontinents aufgerufen. Sein Ziel war dabei die schrittweise Verbesserung der Kontakte mit dem Osten, die Erneuerung und Wiederherstellung des Einflusses der mittleren Mächte, den der Kalte Krieg erstickt hatte und die Auflösung der Politik der Blöcke. Früher als Henry Kissinger hatte de Gaulle verstanden, dass ein Krieg wegen des Gleichgewichts des Schreckens unmöglich geworden war, und dass deshalb die Diplomatie erneut größere Bedeutung erlangt hatte[4]. Durch Diplomatie wollte er zu einer Arbeitsgrundlage und letztlich zu einer intensiven Zusammenarbeit mit dem Osten

---

[2] AN 5AG2/1019, Protokoll des Gesprächs zwischen Pompidou und Richard Nixon, 13.12.1971.
[3] AN 5AG2/1014, Drittes Gespräch zwischen Pompidou und Edward Heath, Chequers Court, 19.3.1972.
[4] MAE Direction d'Europe 1970–1975, 3721, Zusammenfassende Notiz über französische und sowjetische Auffassungen der Entspannung, 24.1.1974.

gelangen. Dies fand sich ausgedrückt in seinem oft zitierten Leitsatz „détente, entente, coopération", den sein Nachfolger Pompidou übernahm[5]. Besonders das Ziel, die Zusammenarbeit zu stärken, sah dieser als zukunftsweisend an, da durch Zusammenarbeit die Sicherheit am besten garantiert werden könne. Durch enge Kooperation sollte ein gegenseitiger Interessenausgleich in allen Bereichen stattfinden[6]. Mit ihrem Versuch, die Zusammenarbeit zu stärken und die französische Kultur im Osten zu verbreiten, griff die französische Regierung somit auf eine bewährte Strategie zurück. Die KSZE war eine Gelegenheit, die bereits begonnene Arbeit in größerem und international anerkanntem Rahmen fortzusetzen.

Machtpolitische Hintergedanken

Hinter diesen offiziell vertretenen hehren Zielen versteckten sich allerdings wie bei allen KSZE-Teilnehmern auch machtpolitische Interessen. Seitdem de Gaulle die erwähnte Annäherung an den Osten betrieben hatte, verstand sich Paris als Initiator und Anführer der Entspannung. Die französische Führung verband mit der Hoffnung auf die Schaffung einer neuen, blockfreien Ordnung in Europa den Hintergedanken, in dieser Ordnung den Platz eines Ersten unter Gleichen einzunehmen, um so nicht nur in Europa tonangebend zu sein, sondern auch gegenüber den Supermächten im Rang zu steigen. Deshalb drang Pompidou sogar darauf, früher als die anderen westlichen Staaten ein positives Signal für die Einberufung der KSZE zu geben, um so weiter als ‚Freund' der Sowjetunion und Vorreiter der Entspannung zu gelten. Einer der wichtigsten Gründe dafür war, dass Paris in der Annäherung an den Osten auf keinen Fall hinter der Bundesrepublik zurückfallen wollte. Zwar äußerte sich die französische Regierung offiziell positiv zur Ostpolitik der Bundesrepublik, weil diese sich auf die Schlagworte ‚Entspannung' und ‚Zusammenarbeit mit dem Osten' berief, die genauso auch im gaullistischen Konzept vorkamen[7]. Insgeheim meinte Pompidou dabei jedoch nur den ersten Schritt, nämlich die Unterzeichnung der Verträge mit der Sowjetunion, Polen, der Tschechoslowakei und der DDR, welche de facto die Teilung Deutschlands und die Grenzen von 1945 festschrieben. Diesen Teil der deutschen Ostpolitik, der dazu beitrug, die bestehenden Spannungen im Ost-West-Verhältnis abzubauen, die aus der Anerkennung der durch den Zweiten Weltkrieg entstandenen Grenzen resultierten, begrüßte auch die französische Presse in vielerlei Stellungnahmen. Derartig begrenzte Zielsetzungen kamen einer französischen Politik entgegen, die angesichts des gesteigerten Bedrohungspotenzials der Sowjetunion an einer Stabilisierung des Status quo interessiert war. Außenminister Maurice Schumann betonte mehrfach, die von Bundeskanzler Willy Brandt und

---

[5] Die Parole „détente, entente et coopération" hatte de Gaulle während seiner Moskaureise 1966 ausgegeben. Vgl. dazu den Bericht des Botschafters von Walther, Moskau, an das Auswärtige Amt vom 23.6.1966, in: AAPD 1966, Bd. 1, Dok. 204, S. 856.
[6] So der politische Direktor François Puaux zu seinem polnischen Kollegen Józef Czyrek, MAE CSCE 1968–1975, 4, Protokoll der französisch-polnischen Besprechungen, 6.6.1972.
[7] Vgl. Raymond Aron, La crise de l'Europe, 18.9.1973, in: ders., Les articles de politique internationale dans *Le Figaro* de 1947 à 1977, Bd. 3: Les Crises (Février 1965 à avril 1977), Paris 1997, S. 1252.

Außenminister Walter Scheel betriebene Politik füge sich nicht nur nahtlos in das französische Entspannungskonzept ein, sondern sei sogar notwendige Voraussetzung für die Realisierung der Pariser Ostpolitik[8]. Alles, was über die Anerkennung der Grenzen hinaus ging, war Paris jedoch suspekt. Pompidou verdächtigte die Bundesregierung, die Wiedervereinigung Deutschlands in einem neuen und auf einer deutsch-sowjetischen Vereinbarung basierenden europäischen Sicherheitssystem erreichen zu wollen. Als zweite mögliche Alternative befürchtete er, Deutschland könne als Gegenleistung für die Wiedervereinigung zu nah an Moskau heranrücken, also eine Neutralisierung, oder, wie es damals ausgedrückt wurde, eine ‚Finnlandisierung' Deutschlands. Dies hätte die Sicherheit Frankreichs erheblich beeinträchtigt, denn Paris wäre so zu einem direkten Nachbarn eines von Moskau beeinflussten Gebietes geworden. Diese Angst äußerte Pompidou sogar gegenüber Brandt in einem Gespräch über die Vorteile der KSZE. Er betonte, dass eines der möglichen Resultate der KSZE, nämlich die Auflösung der Blöcke, zu einer Annäherung aller Völker in Ost und West und somit auch der beiden deutschen Staaten führen könne. Positives Ergebnis dieser Entwicklung sei die Verhinderung einer Neutralisierung Zentraleuropas und damit Deutschlands und die politische Zusammenarbeit aller Völker[9]. Aus diesem Grund schätzte die französische Regierung an der KSZE nicht allein die Entspannung, sondern auch die Möglichkeit, Westdeutschland und die Ostpolitik der Regierung Brandt/Scheel in einen multilateralen Rahmen einzubetten und damit zu kontrollieren.

An diese Überlegungen knüpfte sich eine doppelte Strategie: Um mit den Staaten des Ostens und besonders mit der Sowjetunion privilegierte bilaterale Beziehungen zu pflegen, benötigte Paris einen funktionierenden Entspannungsprozess. Um diesen aufrecht zu erhalten, setzte Frankreich auf multilateraler Ebene auf eine Haltung, in der es seine idealistischen und machtpolitischen Interessen vereinte: Es überzeugte seine europäischen Partner, den kulturellen Austausch als eigenen Punkt auf die Tagesordnung der KSZE zu setzen. So wollte Frankreich vermeiden, Moskau von vornherein mit allzu weitreichenden Forderungen bezüglich der Liberalisierung der Kontakte und der Menschenrechte zu brüskieren und damit eine entspannungsfeindliche Gesamtsituation heraufzubeschwören. Aus diesem Grund erklärte Giscard vor seinem ersten Treffen als Staatschef mit Breschnew im Dezember 1974 in Rambouillet, er werde von Breschnew nur so viel Liberalisierung verlangen, wie das sowjetische System verkraften könne[10]. Dies hieß allerdings nicht, dass die französische Regierung die humanitäre Dimension der KSZE, also das 7. Prinzip über Menschenrechte und den ‚dritten Korb' mit den Bestimmungen zur Zusammenarbeit in humanitären Bereichen hintan stellte. Die Idee war vielmehr, dass zunächst mittels eines kompromissfähigen Themas Erfolge erzielt werden sollten, um hernach in einem zweiten Schritt zu argumentieren, dass die Umsetzung dieser Vereinbarungen eine Liberalisierung der menschlichen Freizügigkeit und eine Erleichterung der Verbreitung der In-

---

[8] Vgl. die Grundsatzerklärung zur deutschen Ostpolitik, die Maurice Schumann am 28.4.1970 vor der Französischen Nationalversammlung abgegeben hat, in: La Politique étrangère de la France, 1/1970, S. 142.
[9] AN 5AG2/106, Erstes Gespräch zwischen Pompidou und Brandt, Paris, 10.2.1971.
[10] Vgl. Michel Tatu, M. Giscard d'Estaing exprime à M. Brejnev son désir de voir rapidement aboutir la conférence sur la sécurité européenne, in: Le Monde, 6.12.1974.

formation verlange[11]. Die Entscheidung für die Betonung des kulturellen Austausches war also ein taktisches Manöver, mit dem substanzielle Ergebnisse angebahnt werden sollten.

Zu dieser Strategie, die Pompidou und Giscard gleichermaßen verfolgten, gehörte auch, dass sie nicht wie der amerikanische Präsident Jimmy Carter russische Dissidenten öffentlich im Elysée empfingen. Nach der Ansicht der Pariser Diplomaten barg ein solches Vorgehen die Gefahr, den Doppelsinn der Entspannung zu zerstören. Zwar sahen sie ein, dass Carter so handeln musste, weil die amerikanische Öffentlichkeit einen harten Kurs gegenüber der Sowjetunion forderte, doch erschien ihnen die Auswirkung eines solchen Vorgehens auf die interne Entwicklung des sozialistischen Lagers problematisch. Ihrer Meinung nach konnte man nur dann derart agieren, wenn die realistische Hoffnung bestand, dass das sowjetische System in absehbarer Zeit zusammenbreche. Da dies aber unwahrscheinlich und aufgrund der damit verbundenen Risiken für den Frieden auch nicht wünschenswert sei, hielten die Pariser Diplomaten wenig von Carters Strategie und fürchteten, dass sie, wenn sie nicht schnell zum Ziel führe, entweder in eine Sackgasse gerate oder die Entspannung an sich gefährde[12]. So verzichtete die französische Regierung auf ostentative Unterstützung der Dissidenten und ließ die Diplomaten Härtefalllisten an ihre sowjetischen Kollegen übergeben. Besonders Giscard achtete darauf, das Prinzip der Nichteinmischung in innere Angelegenheiten zu respektieren und schrieb dies in mehreren bilateralen Kommuniqués mit Moskau fest.

Dabei ließ sich Giscard auch nicht von der Kritik der französischen Öffentlichkeit beeinflussen, die besonders ab Anfang des Jahres 1977 eine härtere Haltung gegenüber der Sowjetunion und eine Verurteilung ihrer Vergehen forderte. Allerhöchstens nutzte er die öffentlichen Proteste als Druckmittel im Gespräch mit Breschnew, wie zum Beispiel im Juni 1977, als er gegenüber dem Generalsekretär der KPdSU anlässlich des Staatsbesuches in Rambouillet zugab, dass es in Frankreich gewisse Feindseligkeiten gegenüber der Sowjetunion gab, und dass die französische Presse und einige politische Parteien die französisch-sowjetische Zusammenarbeit missbilligten. Zwar nannte Giscard diese kritischen Elemente „isoliert" und „unverantwortlich" und verkündete, er widme diesem Thema große Aufmerksamkeit und würde die sowjetischen Einrichtungen aus Gründen der Gastfreundschaft vor Übergriffen schützen. Doch indem er eine direkte Einflussnahme auf die öffentliche Debatte versagte und Breschnew zu verstehen gab, dass die öffentliche Meinung im Westen für Moskau zur Gefahr werden könnte, bewies er, dass ihm die Reaktion der Öffentlichkeit keineswegs gleichgültig war[13]. Jedoch sah er keinen anderen Ausweg und bekundete gegenüber Journalisten, dass die Entspannung nicht durch Polemik oder Provokation gefährdet werden dürfe. Schließlich bedeute die Alternative zur Entspannung zwangsläufig die Annahme der Konfrontation, welche im nuklearen Zeitalter zu viele Risiken berge, besonders auf dem europäischen Kontinent, der für das Gleichgewicht der Welt von großer Bedeutung sei. Entspannungspolitik war für Giscard auch deshalb unerlässlich, weil

---

[11] MAE CSCE 1968–1975, 7, KSZE-Abteilung der Europaabteilung, Zusammenfassende Notiz, Vorbereitung der KSZE: Kulturelle Zusammenarbeit, 16.5.1972.
[12] AN 5AG3/984, Zusammenfassende Notiz (Gabriel Robin)/Entspannung, 1.4.1977.
[13] AN 5AG3/1092, Protokoll der erweiterten Gespräche, Rambouillet, 20.6.1977.

er sich keine Konfrontation in Europa leisten konnte, da dies Frankreichs volle Eingliederung in die atlantische Allianz notwendig machen und Moskau und Washington die Gestaltung der Ost-West-Beziehungen überlassen würde. Auch für die Ausgestaltung der europäischen Union sah die französische Regierung nur im Rahmen der Entspannung eine Chance, da Europa sonst niemals eine von den beiden Großmächten unabhängige Politik entwickeln könne.

Giscard fühlte sich in seiner Analyse der besten Entspannungsstrategie bestätigt, als die erste Folgekonferenz von Belgrad Anfang 1978 daran zu scheitern drohte, dass die USA das Treffen zu einem Tribunal werden ließen und die Sowjetunion beschuldigten, sich nicht an die Beschlüsse von Helsinki zu halten. Obwohl die unnachgiebige Vorgehensweise des amerikanischen Delegierten Justice Goldberg den Erwartungen der öffentlichen Meinung entsprach, war Paris mit dieser Methode nicht einverstanden und erteilte der französischen Delegation den Auftrag, an einem weicheren Kurs festzuhalten und ähnlich wie in Genf vor allem die kulturellen Aspekte des ‚dritten Korbes' anzusprechen und sich bei dem Thema Menschenrechte und Grundfreiheiten zurück zu halten. Giscard befürchtete, dass eine allzu nachdrückliche Einforderung der Einhaltung der Menschenrechte zu einem Scheitern der Konferenz führe und dass die französische Bevölkerung fälschlich seine Entspannungspolitik dafür verantwortlich machen werde. Also griff Giscard persönlich ein, um das Treffen aus der Sackgasse zu führen und abzuwenden, dass die Öffentlichkeit die Konferenz von Belgrad als Scheitern der Entspannung verbuchte. Er wies seine Delegation an, in Absprache mit den Sowjets ein Kompromiss-Abschlussdokument vorzubereiten, das um die strittigsten Passagen der humanitären Dimension bereinigt und damit sowohl für den Westen als auch für den Osten akzeptabel war. Damit hoffte er der breiten Öffentlichkeit zu demonstrieren, dass kein Stillstand eingetreten war und der Dialog weiter ging, kurz dass die westliche und insbesondere die französische Entspannungspolitik Erfolg hatte. Ähnlich wie während der Genfer Verhandlungen erwies sich in Paris, dass mit der Forderung, die Menschenrechte einzuhalten, keine Fortschritte in der Entspannung zu erzielen waren. Dies heißt jedoch nicht, dass Frankreich die Menschenrechte und Grundfreiheiten nicht hätte fördern wollen. Es entschied sich aus den oben genannten Gründen sehr bewusst dagegen, dies mit direkten Einforderungen zu tun[14]. Um das Schlussdokument durchzusetzen, riskierte Giscard sogar einen Konflikt mit den anderen EPZ-Staaten, die eine kämpferischere Haltung gegenüber der Sowjetunion befürworteten. Obwohl die europäischen Partner sich in der Sitzung des Politischen Komitees der EPZ am 14. Februar 1978 in Kopenhagen gegen das vom französischen Botschafter präsentierte Kompromissdokument geäußert hatten, ließ Giscard diesen Entwurf ohne Vorwarnung in die Belgrader Verhandlungen einbringen. Sein Vorgehen war jedoch nicht von Erfolg gekrönt. Die Neun waren empört und weigerten sich, dem französischen Alleingang zu folgen. Letztlich wurde die Belgrader Konferenz mit einem substanzlosen Dokument beendet und galt als gescheitert[15].

---

[14] MAE Direction d'Europe 1976–1980, 4326, Europaabteilung, Redevorlage, 19.3.1977.
[15] Vgl. zu dem französischen Alleingang ausführlich das fünfte Kapitel einer Monografie der Verfasserin zur französischen KSZE-Politik, die derzeit für den Druck vorbereitet wird.

Frankreich befand sich in einem Zielkonflikt. Einerseits wollte Paris die Entspannung vertiefen und den Staaten des Warschauer Paktes durch die Überwindung der Blöcke zu mehr Unabhängigkeit verhelfen, andererseits die eigene Machtposition stärken. Einer der langjährigen Berater Giscards, Gabriel Robin, dachte die mögliche Entwicklung zu Ende und kam zu dem Ergebnis, dass Frankreich den Entspannungsprozess womöglich nicht allzu sehr beschleunigen sollte. Denn ein Nebenprodukt oder Resultat gesteigerter Unabhängigkeit im Osten könne die Wiedervereinigung Deutschlands sein, was zwangsläufig Frankreichs angestrebte Rolle als führende Macht in Europa in Frage stellen würde[16]. Giscard teilte offenbar diese Befürchtung seines Beraters, denn er betonte bei jeder sich ihm bietenden Gelegenheit gegenüber Breschnew und einigen Partei- und Regierungschefs der Staaten des Warschauer Paktes, dass Frankreich die Wiedervereinigung Deutschlands nicht wünsche. Zum Beispiel erläuterte Giscard anlässlich eines Gesprächs mit Breschnew im April 1979, dass Frankreich trotz seiner guten Beziehungen zur Bundesrepublik eine Vereinigung der beiden deutschen Staaten vermeiden wolle, weil das fragile Gleichgewicht in Europa nur durch die Teilung Deutschlands gewährleistet und durch eine Wiedervereinigung erschüttert werde[17].

Paris versuchte sich unangreifbar zu machen. Um sich in der internationalen Politik zu behaupten und an allen Fronten präsent zu sein, vollführte es einen Balanceakt: Es sicherte sich durch seine Beziehungen zu Moskau und den USA gegen die Bundesrepublik ab, und es besprach sich mit der Bundesrepublik und den USA, um eventuelle Vorstöße Moskaus gen Westen blockieren zu können[18]. Pompidou äußerte gegenüber dem sowjetischen Marschall Gretschko: „Wir wollen unabhängig sein gegenüber den USA, aber auch gegenüber ihnen und gegenüber allen beiden gleichzeitig. Gemäß unserem Unabhängigkeitssinn haben wir nicht nur Vertrauen und Freundschaft für sie, sondern auch gemeinsame Interessen mit ihnen, angesichts der möglichen Entwicklungen in einem stets von der germanischen Philosophie bedrohten Europa"[19].

Insgesamt vollführte Frankreich mit der KSZE also eine Gratwanderung zwischen multilateraler Konferenzdiplomatie und nationaler Eigenständigkeit, denn es versuchte auf multilateraler Ebene eine Atmosphäre zu schaffen, die für die Umsetzung seiner eigenen Ziele günstig war.

Der Vorschlag einer europäischen Abrüstungskonferenz

Neben Frankreichs Beharren auf dem Kulturaustausch und seinem Bemühen um die Aufrechterhaltung des Entspannungsprozesses ist der Vorschlag einer allgemeinen Abrüstungskonferenz in Europa ein sprechendes Beispiel für die französische KSZE-Politik. Er illustriert, wie die nationale Eigenständigkeit Frankreichs zu einem Mittel

---

[16] AN 5AG3/872, zusammenfassende Notiz (Gabriel Robin)/Ministerrat: Kommunikation des Außenministers über die Entspannung, 1.2.1977.
[17] AN 5AG3/1094, Protokoll des Gesprächs zwischen Giscard und Breschnew, 27.4.1979.
[18] Vgl. Georges-Henri Soutou, Le Président Pompidou et les relations entre les Etats-Unis et l'Europe, in: Journal of European Integration History 6 (2000), Nr.2, S.111–146, hier S.119.
[19] AN 5AG2/113, Audienz des Marschalls Gretschko, 1.12.1972.

wurde, um den KSZE-Prozess zu dynamisieren und wie sie teilweise sogar dazu beitrug ihn aufrecht zu erhalten.

Nach der Unterzeichnung der Schlussakte im August 1975 bemühte sich Paris zunächst in bilateralen Gesprächen mit den Staaten des Warschauer Paktes, die Implementierung der Bestimmungen von Helsinki einzufordern. In zahlreichen Gesprächen ermahnten die französischen Diplomaten ihre osteuropäischen Kollegen, die in Genf ausgehandelten Bestimmungen umzusetzen, und bemühten sich um den Abschluss von Verträgen im Geiste von Helsinki. Die Erfolge dabei waren mäßig. Meistens blieb es bei gegenseitigen Absichtserklärungen, die aber immerhin dazu beitrugen, dass der Dialog fortgeführt werden konnte.

Parallel dazu fand in Paris ein Prozess des Umdenkens bezüglich der verteidigungspolitischen Prioritäten Frankreichs statt. Dafür gab es mehrere Gründe: Erstens verkündete Präsidentschaftskandidaten Jimmy Carter zu Beginn des Jahres 1976, dass sein Ziel die völlige Abschaffung von Atomwaffen sei. Angeregt durch die technologischen Fortschritte der konventionellen Waffen skizzierte er für die nahe Zukunft verschiedene Rüstungskontrollentwürfe, welche die Rolle der nuklearen Abschreckung in der westlichen Verteidigung beschränken sollten. Zu den Details seiner Politik gehörte das Verbot aller Atomtests sowohl für große als auch für mittlere Nuklearmächte, der Versuch einer substanziellen Reduzierung der sowjetischen und amerikanischen Kernwaffenarsenale und, wenn dies funktionierte, auch der Arsenale der anderen Atommächte. Die amerikanischen Interkontinentalraketen würden damit nur noch das amerikanische Territorium schützen, Europa bliebe weitgehend sich selbst überlassen und jedes Reduzieren oder Einfrieren der britischen und französischen Nuklearpotenziale würde angesichts der Überlegenheit des sowjetischen Waffenarsenals die Glaubwürdigkeit der französischen und britischen Abschreckung einschränken[20].

Der zweite Grund für die Überlegungen zu einer Umgestaltung der französischen Verteidigungspolitik waren die wiederholten Versuche der Sowjetunion, mit Paris bilateral über die ‚militärische Entspannung' zu sprechen, das heißt über die Reduzierung der Nuklearwaffen in Europa. Mit dem Argument, der politischen Entspannung müsse eine militärische folgen, hoffte Moskau den Westen dazu zu bringen, seinen Verteidigungsaufwand zu verringern. Der Kreml wollte ein ganzes Maßnahmen-Paket durchsetzen, das freilich nur dem Anschein nach auf Entspannung abzielte, wie beispielsweise den Abschluss eines Vertrages über den Verzicht auf den atomaren Erstschlag oder das Verbot, die in Europa bestehenden Militärbündnisse um neue Mitglieder zu erweitern[21]. In den Gesprächen mit der französischen Regierung war

---

[20] Privatarchiv, MAE, CAP, zusammenfassende Notiz/Nukleare Abrüstung und Frankreichs Sicherheit: Elemente für eine Stellungnahme, 16.6.1977. Das Schriftstück ist in einer Sammlung von Papieren eines ehemaligen französischen Botschafters enthalten, der ungenannt bleiben möchte. Für alle weiteren Belege aus dieser Sammlung wird als Fundort „Privatsammlung" angegeben.

[21] Anlässlich einer Tagung am 25. und 26. November 1976 in Bukarest verabschiedete der Politische Beratende Ausschuss des Warschauer Paktes die „Deklaration über internationale Entspannung sowie Festigung der Sicherheit und Zusammenarbeit in Europa", in welcher der Abschluss eines Vertrags zwischen den an der KSZE teilnehmenden Staaten vorgeschlagen wurde, „gegeneinander nicht als erste Kernwaffen anzuwenden". Ferner wurde der Entwurf

Moskaus Ansinnen ganz eindeutig, die Verteidigungskapazität Frankreichs zu schwächen. Denn angesichts seines riesigen Nukleararsenals konnte Moskau leicht viele quantitative Konzessionen machen, wohingegen Frankreich bei jeder Reduzierung seine Fähigkeit zu einem atomaren Gegenschlag in Frage gestellt hätte[22].

Die Pariser Rüstungsexperten befürchteten ein Abschreckungsungleichgewicht zu Lasten Westeuropas und sahen großen Handlungsbedarf, einerseits um die Sicherheit Europas zu erhalten und andererseits um Frankreichs strategischen Prioritäten weiter gerecht zu werden. Um also weiter Atomtests durchführen zu können und zu verhindern, dass die französischen Nuklearstreitkräfte in eine Beschränkungsverhandlung aufgenommen würden, entwickelte das französische *Centre d'Analyse et de Prévision* (CAP, das Pendant des deutschen Planungsstabes im Auswärtigen Amt) einen Ansatz, mit Hilfe dessen Paris sich von den amerikanischen wie von den sowjetischen Vorschlägen absetzen und seine Position als Nuklearmacht verteidigen wollte. Im Rahmen einer neuen Abrüstungsdoktrin, deren Ziel es war, Frankreich aus seiner Isolation in Abrüstungsfragen zu lösen und zu mehr internationalem Einfluss zu verhelfen, entstand die Idee einer allgemeinen Abrüstungskonferenz in Europa. Sie knüpfte an die in der Schlussakte nur unverbindlich vereinbarten vertrauensbildenden Maßnahmen (VBM) an, da Paris meinte, so am besten auf die Vorschläge vor allem der Sowjetunion zu reagieren und diese auf ein für Paris günstiges Terrain zu lenken[23]. Paris erwartete, dass mit einer Initiative im Bereich der VBM, denen die Sowjetunion nur widerwillig zugestimmt hatte und die sie kaum in die Tat umsetzte, ein großer Propagandaeffekt erzielt werden könne, da so der ‚offene' Charakter der westlichen Gesellschaften gegenüber den sozialistischen Staaten herausgestellt würde[24]. Deshalb plante Paris eine Konferenz, auf der in einem ersten Schritt über vertrauensbildende Maßnahmen und in einem zweiten über Rüstungsreduzierungen verhandelt werden sollte.

Die Schlüsselüberlegung in diesem Konzept war, dass Frankreich nicht zusammen mit der Sowjetunion an Abrüstungsverhandlungen teilnehmen konnte, wenn dabei nicht auch die sowjetischen Streitkräfte auf ihrem gesamten nationalen Territorium in Europa eingerechnet würden. Daher sollte auf der geplanten Abrüstungskonferenz

---

eines Vertrags über den Verzicht auf den Ersteinsatz von Kernwaffen vorgelegt. Vgl. das Gespräch des Bundeskanzlers Schmidt mit Ministerpräsident Andreotti vom 18.1.1977, in: AAPD 1977, Bd. 1, Dok. 7, Anm. 16, S. 33. Für den Wortlaut der Zur Bukarester Erklärung vgl. Europa-Archiv 1976, S. D 644–653. Darüber hinaus befürworteten die WVO-Staaten eine Vereinbarung über die Vernichtung chemischer Waffen, das Verbot der Entwicklung neuer Systeme von Massenvernichtungswaffen, eine „Sondertagung der UNO-Vollversammlung zu Fragen der Abrüstung als Etappe auf dem Weg zur Weltabrüstungskonferenz", Abkommen über die Reduzierung von Streitkräften, neue „Anstrengungen zur Liquidierung der Militärstützpunkte auf fremden Territorien" und zum Abzug von Truppen aus den Territorien andere Staaten sowie einen Weltvertrag über die „Nichtanwendung von Gewalt in den internationalen Beziehungen". Schließlich schlugen sie eine Auflösung des Warschauer Paktes bei gleichzeitiger Auflösung der NATO vor. Vgl. den Runderlaß des Vortragenden Legationsrats I. Klasse Engels vom 2.2.1977, in: AAPD 1977, Bd. 1, Dok. 17, Anm. 20, S. 102.

[22] Privatarchiv, MAE, CAP, zusammenfassende Notiz/Nukleare Abrüstung und Frankreichs Sicherheit: Elemente für eine Stellungnahme, 16.6.1977.

[23] Privatarchiv, MAE, CAP, zusammenfassende Notiz/Welche möglichen Initiativen für Frankreich im Bereich der Abrüstung?, 16.6.1977.

[24] Idem.

über VBM und Rüstungsreduzierung in einem Gebiet vom Atlantik bis zum Ural verhandelt werden. Dies war offensichtlich gegen die seit 1973 in Wien tagenden MBFR-Gespräche gerichtet, die lediglich über eine Zone in Zentraleuropa debattierten und damit die sowjetischen Streitkräfte kaum berücksichtigten. Zudem sollte sich die neue Abrüstungskonferenz ausschließlich auf konventionelle Waffen konzentrieren. Denn Paris sah besonders das Ungleichgewicht auf diesem Sektor Europa als einen Faktor der Instabilität an, und zwar sowohl politisch, weil durch diese Situation in der Wahrnehmung der Öffentlichkeit ein Gefühl der Unsicherheit geschürt werde, als auch militärisch, weil es das Risiko eines Überraschungsangriffs steigere, der in einen nuklearen Konflikt münden könne[25].

Der politische Direktor und ehemalige Leiter der französischen Delegation in Genf Jacques Andréani erkannte umgehend den Wert des Vorschlags und machte sich dafür stark, ihn in den KSZE-Prozess einzubinden[26]. Damit gab er einen Anstoß, der für das weitere Geschehen entscheidend sein sollte. Doch auch Andréani sah nicht die ganze Entwicklung voraus, die der Vorschlag durchmachen sollte. Denn anstatt die KSZE als Rahmen zu nutzen, um mit der Konferenz ein nationales Interesse zu verteidigen, sollte der Vorschlag wiederholt dazu dienen, den KSZE-Prozess zu dynamisieren. Der aus nationalem Sicherheitsinteresse entworfene Abrüstungsvorschlag wurde zu einem Instrument, das einen wichtigen Beitrag bei der Überwindung einiger schwerer Krisen im KSZE-Prozess leistete.

Zum ersten Mal geschah dies nach der KSZE-Folgekonferenz von Belgrad, die wegen der bereits erwähnten amerikanischen Vorhaltungen wegen der Verletzungen der Menschenrechte im Osten und trotz des Eingreifens von Giscard zu keinem gehaltvollen Ergebnis geführt hatte. Da die französische Regierung die Konferenz auch durch ihren Kompromissvorschlag nicht hatte retten können, hielt sie nun vor allem bilaterale Kontakte für geeignet, um den Entspannungsprozesses weiterzuführen und den Dialog mit der Sowjetunion aufrecht zu erhalten. Die Idee der europäischen Abrüstungskonferenz, die zu diesem Zeitpunkt noch nicht Teil der KSZE war, schien dabei als Diskussionsthema besonders geeignet, denn die Belgrader Konferenz hatte deutlich gezeigt, dass mit den Themen und Methoden von Genf nicht mehr viel zu erreichen war. Die französische Regierung ging davon aus, dass sich die Sowjetunion kein zweites Mal auf eine Debatte über die Respektierung der Menschenrechte einlassen würde. Der Rahmen der KSZE musste also mit neuem Inhalt gefüllt werden[27]. Und was eignete sich dafür besser, als ein Thema, das Moskau selbst immer wieder vorbrachte, nämlich die ‚militärische Entspannung'? Durch die Debatte über eine allgemeine, europäische, konventionelle Abrüstung hoffte Paris einerseits dem multilateralen Prozess neuen Schwung zu geben und andererseits Frankreichs führende Rolle als Vermittler zwischen Ost und West zu unterstreichen. In der Tat trug die französische Initiative dazu bei, dass der KSZE-Prozess nach dem enttäuschenden Ergebnis der Konferenz von Belgrad nicht etwa erlahmte, sondern neue Kraft erhielt.

---

[25] AN 5AG3/899, MAE, Centre d'Analyse et de Prévision, Notiz/Französischer Abrüstungsbeitrag, 8.2.1978.
[26] Privatarchiv, Notiz, o. D.
[27] Privatarchiv, MAE, Kabinett des Ministers, Entwurf einer Mitteilung im Ministerrat vom 15. März 1978/Ende des Treffens von Belgrad, 14.3.1978.

Da sowohl Ost als auch West an den Themen Sicherheit und Abrüstung interessiert waren, konnten beide Seiten durch Gespräche über diese Themen vermeiden, dass die Konfrontation über die Menschenrechte zu einem dauerhaften Stillstand der Ost-West-Beziehungen führte. Außerdem blieb so die Möglichkeit offen den Dialog auf andere Gebiete auszuweiten.

Zum zweiten Mal erwies sich der französische Abrüstungsvorschlag nach der sowjetischen Invasion in Afghanistan im Dezember 1979 als hilfreiches Instrument. Die Vorbereitungen der für November 1980 geplanten zweiten KSZE-Folgekonferenz von Madrid gerieten ins Stocken, weil der Westen sich über die weitere Vorgehensweise gegenüber der Sowjetunion uneinig war. Die USA reagierten mit einem Boykott: Jimmy Carter verbot den amerikanischen Athleten, zu den olympischen Spielen nach Moskau zu reisen. Und der spätere Leiter der amerikanischen KSZE-Delegation Max Kampelmann fragte: „Wenn die Sportler nicht entsandt werden, weshalb sollen sich dann die Diplomaten nach Madrid begeben?"[28] Wenngleich es auch zwischen den neun EPZ-Mitgliedern anfangs Meinungsverschiedenheiten darüber gab, wie auf diese erneute Krise zu reagieren sei, überwog die Auffassung, dass der KSZE-Prozess weitergeführt werden müsse, wofür sich besonders die französische Regierung einsetzte. Die Delegation Frankreichs im politischen Komitee der EPZ warnte ihre Partner ausdrücklich davor, den Zustand der Ost-West-Beziehungen für die Krise in Afghanistan verantwortlich zu machen, da dies der Sowjetunion nur ein Argument dafür liefern werde, ihre Invasion zu rechtfertigen. Die KSZE habe ihre eigenen Verdienste, unabhängig von der Qualität der Ost-West-Beziehungen und dem Verhalten der Unterzeichner der Schlussakte. Es sei also unbedingt nötig nicht nur die Entspannung, sondern auch die Kontinuität des multilateralen Prozesses aufrecht zu erhalten[29]. Sie argumentierte ferner, dass die sowjetische Invasion demonstriert habe, wie groß die Gefahr eines Überraschungsangriffs sei, auf die sie seit der Ausarbeitung ihres Vorschlags der Abrüstungskonferenz immer wieder aufmerksam gemacht habe. Innerhalb eines sehr kurzen Zeitraums sei die Sowjetunion imstande gewesen, Truppen in einer Stärke von über 100 000 Soldaten zu mobilisieren und in ihrem Grenzgebiet einzusetzen. Die Ereignisse in Afghanistan hätten also gezeigt, wie wichtig es sei, die politischen und diplomatischen Kosten eines Einsatzes konventioneller Streitkräfte zu erhöhen, indem verpflichtende vertrauensbildende Maßnahmen vereinbart würden, als sie die Schlussakte beinhalte. Genau diese Voraussetzungen bringe das französische Projekt einer europäischen Abrüstungskonferenz mit sich[30]. Auch die Frage der Ausweitung der Abrüstungszone auf die Region vom Atlantik zum Ural gewann neue Relevanz, denn die Invasion hatte die große Flexibilität der konventionellen Waffen ja deutlich bewiesen und die Notwendigkeit demonstriert, die sowjetischen Streitkräfte in die Abrüstungsverhandlungen einzubeziehen[31]. Der Einmarsch der

---

[28] Interview der Verfasserin mit Benoît d'Aboville am 5. 7. 2009.
[29] MAE Direction d'Europe 1976–1980, 4156, Telegramm der Europaabteilung an die Botschaften/Politisches Komitee vom 22. und 23. Januar 1980, 25. 1. 1980.
[30] MAE Direction d'Europe 1976–1980, 4211, KSZE-Abteilung der Europaabteilung, zusammenfassende Notiz/Die Ereignisse in Afghanistan und die KSZE. Standpunkt der Neun, 14. 1. 1980
[31] AN 5AG4/PM36, MRE, Unterabteilung für strategische Angelegenheiten und Abrüstung, Unterabteilung Abrüstung, Chronologische Tabelle des Verlaufes der Verhandlungen über

Roten Armee in Afghanistan hielt Frankreich also nicht davon ab, den KSZE-Prozess weiter voran zu treiben. Im Gegenteil förderte sie in Paris den Willen, den Dialog mit dem Osten aufrecht zu erhalten und eine positive Haltung gegenüber dem KSZE-Prozess zu pflegen[32]. Je deutlicher wurde, dass das Thema Sicherheit während der Konferenz von Madrid viel Raum einnehmen würde, desto mehr wuchs in Paris die Überzeugung, dass man sich nicht mit den symbolischen vertrauensbildenden Maßnahmen der Schlussakte zufrieden geben durfte. Der Abrüstungsvorschlag wurde somit zu einem Mittel, um die Vorbereitungen von Madrid weiterführen zu können, ohne bisherige Errungenschaften der Entspannung zu opfern: Er sollte nach der Meinung der Regierung von da an nicht mehr allein Frankreichs Isolation in den Abrüstungsgesprächen beenden, sondern auch die Gelegenheit schaffen, von der Sowjetunion eine Geste des Vertrauens zu fordern und den KSZE-Prozess aufrecht zu erhalten.

Zum dritten Mal wurde der Abrüstungsvorschlag während der zweiten KSZE-Folgekonferenz von Madrid zu einem Hilfsmittel, um eine drohende Blockade oder sogar einen Abbruch zu verhindern, diesmal nach der Unterdrückung der streikenden Gewerkschafter in Polen und der Verhängung des Kriegsrechts durch General Jaruzelski am 13. Dezember 1981. Diese Maßnahme Jaruzelskis erschütterte die Verhandlungen. Die westlichen Teilnehmer standen vor der Frage, wie sie auf diesen erneuten Verstoß gegen die Bestimmungen von Helsinki reagieren sollten, und dies umso mehr, als der Leiter der polnischen Delegation sie am 14. Dezember davon in Kenntnis setzte, dass jede Erwähnung der „internen Probleme" seines Landes als „unannehmbare Einmischung" angesehen werde[33]. Die französische Regierung war über die Vorfälle schockiert und wollte noch vor der Weihnachtsunterbrechung den zuvor von den Neutralen und Blockfreien (N+N) entworfenen Kompromiss nutzen, um den Osten in die Defensive zu drängen[34]. Denn nach Ansicht der französischen Regierung gaben die Ereignisse in Polen der Schlussakte von Helsinki eine neue Dimension. Da die Schlussakte nie zuvor derart tief greifend in Frage gestellt worden war, sahen die Pariser Diplomaten nun die Notwendigkeit die Einhaltung ihrer Bestimmungen besonders nachdrücklich einzufordern. Dabei legten sie mehr Wert auf den ersten Korb mit den Verpflichtungen zur sicherheitspolitischen Zusammenarbeit als auf die Bestimmungen des Dritten, da vor allem die Prinzipien des ersten Korbes durch die Polen-

---

die KVAE auf der Konferenz von Madrid, 24. 5. 1982.
[32] MAE Direction d'Europe 1976–1980, 4156, Europaabteilung, KSZE, zusammenfassende Notiz/Treffens des politischen Komitees vom 22. Januar 1980, 17. 1. 1980.
[33] AN 5AG4/PM36, MRE, Unterabteilung für strategische Angelegenheiten und Abrüstung, Unterabteilung Abrüstung, Chronologische Tabelle des Verlaufes der Verhandlungen über die die Konferenz über vertrauensbildende Maßnahmen und Abrüstung in Europa (KVAE) auf der Konferenz von Madrid, 24. 5. 1982.
[34] AN 5AG4/PM36, MRE, Politische Abteilung Unterabteilung für strategische Angelegenheiten und Abrüstung, Unterabteilung Abrüstung, Notiz (Benoît d'Aboville)/Von Madrid nach Madrid: Der KSZE-Prozess und die Ereignisse in Polen (Dezember 1981–Januar 1982), 29. 1. 1982; AN 5AG4/PM36, MRE, Politische Abteilung, Unterabteilung für strategische Angelegenheiten und Abrüstung, Unterabteilung Abrüstung, Chronologie (Desazar de Montgailhard), 29. 1. 1982.

krise in Frage gestellt worden waren[35]. Mit dieser Einstellung trug die französische Regierung auch den Strömungen innerhalb Frankreichs Rechnung, denn die Öffentlichkeit in Frankreich war nach der Verhängung des Kriegsrechts aufgebracht und erwartete von ihrer Regierung eine Reaktion. Besonders die kontinuierliche Betonung der Nichteinmischung in innere Angelegenheiten durch die Staaten des Warschauer Paktes war Ziel ihrer Kritik[36]. Um also die Aufrechterhaltung des KSZE-Prozesses zu gewährleisten, galt es von dem Thema Polen und Menschenrechte abzulenken und auf einem Terrain Ergebnisse zu erzielen, an dem sowohl Ost wie West Interesse hatten. Die Ausarbeitung des Mandats für die Einberufung einer europäischen Abrüstungskonferenz lieferte in dieser Situation einen Lösungsansatz, denn sie erlaubte trotz der Krise in Polen mit dem Osten konstruktiv zu planen. Ein Großteil der Madrider Verhandlungen drehte sich fortan um den französischen Abrüstungsvorschlag, so dass Frankreich nicht nur ins Zentrum der Aufmerksamkeit rückte, sondern auch einen Teil der Verhandlungen federführend bestritt. Zwar erreichte die französische Delegation in der Frage, auf welche Rüstungsbereiche und welches Gebiet sich die Abrüstungskonferenz konkret erstrecken sollte, keine abschließende Lösung mit den Ostblockstaaten, doch sie war mit dem Ergebnis von Madrid zufrieden. Tatsächlich entsprach es einem zentralen Grundsatz französischer Sicherheitspolitik, dass Verhandlungen über die Reduzierung von Streitkräften erst dann einen Zuwachs von Sicherheit ermöglichen, wenn zuvor politische Schritte stattgefunden hatten, die gegenseitiges Vertrauen schufen. Die Konferenz von Madrid fügte sich in diese Doktrin ein, weil sie das Prinzip festschrieb, fortan in zwei Stufen vorzugehen, um regionale Abrüstungs- und Rüstungskontrollmaßnahmen zu erreichen, also vertrauensbildende Maßnahmen zur Voraussetzung für konkrete Abrüstungsvereinbarungen machte. Allerdings war damit noch immer nicht klar, wo genau diese vertrauensbildenden Maßnahmen gelten und worüber die Delegierten der Konferenz verhandeln sollten, deren Eröffnung für den 17. Januar 1984 in Stockholm geplant war. Eine Vorbereitungskonferenz sollte ab dem 25. Oktober 1983 in Helsinki die Regularien klären. Auch die Natur der vertrauensbildenden Maßnahmen hatte das verabschiedete Mandat nicht eindeutig geklärt, so dass Paris sich vornahm, seine Vorstellungen in Stockholm nachdrücklich zu vertreten[37].

Zusammenfassung

Frankreich verfolgte mit der KSZE idealistische Ziele wie die Aushöhlung des Kommunismus durch die Verbreitung westlicher bzw. französischer Kultur im Osten und die Steigerung der Autonomie der Staaten des Warschauer Paktes. Durch deren gleichberechtigte Teilnahme an der Konferenz sollte der Sowjetunion die bis dahin de facto

---

[35] AN 5AG4/RD 48, Notiz von Pierre Morel/Militärischer Staatsstreich in Polen. Erste Bilanz, 24.12.1981.
[36] AN 5AG4/RD 48, Notiz des technischen Beraters im Elysée, Hubert Védrine, für den Präsidenten/Französische Haltung am 9. Tag nach der Verhängung des Kriegsrechts in Polen, 22.12.1981.
[37] AN 5AG4/PM36, Premierminister, Generalsekretariat der nationalen Verteidigung, Informationsbroschüre/Die internationalen Abrüstungsverhandlungen, 3.11.1983.

vollkommene Kontrolle über den Ostblock erschwert und die Kommunikation zwischen Ost und West erleichtert werden. Gleichzeitig war Frankreich bestrebt, als unabhängige Großmacht anerkannt zu werden, die eigene Impulse in der Weltpolitik setzte. Die Blocküberwindung sollte auch dazu dienen, die Führungsrolle Frankreichs innerhalb eines neuen Staatengefüges zu festigen. Deshalb sollten die Vertiefung der Entspannung und die Überwindung der Systemgegensätze nie soweit gehen, dass Frankreichs Bedeutung in Europa geschmälert würde – auch durch eine Wiedervereinigung Deutschlands nicht.

Insgesamt hatte Frankreich mit der KSZE wenig konkrete Ziele zu verteidigen und maß auch den Prinzipien des Dekalogs einen weniger hohen Stellenwert bei, als es beispielsweise die Bundesrepublik tat. Zwar kämpfte die französische Delegation in der dritten Kommission darum, die Notwendigkeit des Kulturaustausches festzuschreiben, und setzte sich nachdrücklich für die Eröffnung von Lesesälen mit westlichen, besonders aber französischen Büchern und Zeitschriften in den Staaten des Ostblocks ein, doch handelte sie größtenteils pragmatisch, um in Einklang mit ihren westlichen Partnern multilaterale Diplomatie zu betreiben und gleichzeitig die eigenen Interessen zu fördern.

Angesichts dieser Kombination von multilateraler Zusammenarbeit und nationaler Eigenständigkeit überrascht Giscard d'Estaings Initiative während des Belgrader Folgetreffens wenig. Sie steht vielmehr im Einklang mit der französischen europapolitischen Grundkonzeption. Seit den Fouchetplänen von 1961/1962, die eine „unauflösliche Union der europäischen Staaten" vorsahen und ganz auf eine intergouvernementale Zusammenarbeit angelegt waren, hatte sich die Prioritätensetzung nicht geändert: Es ging der französischen Diplomatie immer darum, über mehr Einfluss und mehr Vetomöglichkeiten als ihre europäischen Partner zu verfügen. Unverändert galt für Paris der Primat der bilateralen Politik im Ost-West Dialog[38]. Der fundamentale Widerspruch, den de Gaulle mit den Fouchetplänen in der Europapolitik begründet hatte, wirkte weiter fort: Einerseits propagierte Paris das ehrgeizige und sogar visionäre Konzept eines starken, selbstbewussten und autonomen Europa, andererseits zögerte es, wenn es um die Ausstattung Europas mit den erforderlichen Machtbefugnissen und Zuständigkeiten ging. Wenngleich Frankreich sich in den multilateralen Dialog der EPZ einfügte, bevorzugte es den intergouvernementalen Ansatz einer engen außenpolitischen Kooperation. Das Ziel europäischer Außenpolitik bestand für Paris darin, die Konvergenz der staatlichen Politiken zu organisieren, indem die Außenminister die nationalen Interessen ihres Landes mit dem wachsenden ‚europäischen Interesse' verbanden. Dahinter stand nie der Wille zur Ablösung nationaler Außenpolitik durch die Vertiefung der europäischen Politik, sondern die französische Regierung blieb von der Notwendigkeit der Fortsetzung eigenständiger nationaler Außenpolitik überzeugt . Im Fall der KSZE war die EPZ eine Möglichkeit, das Projekt der Sicherheitskonferenz aus der NATO herauszulösen und es auf westlicher Seite durch eine Zusammenarbeit im Kreis der Mitgliedstaaten der EG in nicht-militärischer und westeuropäischer Weise zu entwickeln. Daher nahm Frankreich die solida-

---

[38] Vgl. dazu auch Georges-Henri Soutou, Les présidents Charles de Gaulle et Georges Pompidou et les débuts de la coopération politique européenne: du plan Fouchet au plan Fouchet light, in: Relations Internationales, Nr. 140, 2009, S. 3–19.

rische Zusammenarbeit mit seinen europäischen Partnern ernst und stimmte sich regelmäßig mit ihnen ab, um gemeinsame Positionen auszuarbeiten. Wenn es aber befürchtete, dass, wie in Belgrad, nationale Interessen beeinträchtigt werden könnten, zögerte Frankreich nicht, auch ohne vorherige Abstimmung mit den EPZ-Staaten zu agieren.

Der Vorschlag einer europäischen Abrüstungskonferenz entsprach ebenfalls dieser Logik, denn er war zunächst für nationale Ziele entworfen worden. Im Unterschied zu dem Alleingang Giscards in Belgrads, der zu einer ernsthaften Solidaritätskrise innerhalb der EPZ führte, sollte er jedoch in der Folge wiederholt dazu genutzt werden, um Krisen im multilateralen Entspannungs- und KSZE-Prozess zu überwinden. Es war für Frankreich somit beides möglich und im KSZE-Prozess war beides nur parallel ausführbar: multilaterale Diplomatie und gleichzeitige Stärkung der nationalen Eigenständigkeit.

Verena Sattler
Frankreichs Nahostpolitik während der Präsidentschaft von Georges Pompidou (1969-1974)

Kaum ein außenpolitisches Erbe Charles de Gaulles ist so umstritten wie seine Nahostpolitik. Die Israelpolitik des ersten französischen Staatspräsidenten der Fünften Französischen Republik vom Sechs-Tage-Krieg im Juni 1967 bis zum Ende seiner Präsidentschaft im April 1969 steht dabei im Zentrum der Diskussionen. Hatte Frankreich insbesondere in der zweiten Hälfte der 1950er Jahre noch sehr enge Beziehungen zu Israel, so lockerten sich diese Beziehungen schrittweise seit der Unabhängigkeit Algeriens 1962 und schienen sich mit dem israelischen Präventivschlag im Juni 1967 in ihr Gegenteil zu verkehren. Nicht wenige französische Historiker sprechen in der Folge gar von einem Bruch in den französisch-israelischen Beziehungen. Vor dem Hintergrund dieses seit dem Sechs-Tage-Krieg problematischen Verhältnisses ließen der Rücktritt de Gaulles im April 1969 und der Amtsantritt Georges Pompidous im Juni in Israel Hoffnungen auf eine Rückkehr zu den einst so privilegierten Beziehungen zu Frankreich aufkeimen. Aus welchen Gründen diese Hoffnungen alsbald zerstört wurden, möchte die nachstehende Untersuchung ebenso klären wie die damit einhergehende Frage nach etwaigen Kontinuitäten in Frankreichs Nahostpolitik während der Präsidentschaft von Georges Pompidou angesichts des vieldeutigen, nahostpolitischen Erbes seines Vorgängers. Der Schwerpunkt liegt dabei auf den bilateralen, französisch-israelischen Beziehungen sowie einer kontrastiven Darstellung französischer und israelischer Konzeptionen für eine Friedensregelung im Nahen Osten als deren Bestimmungsfaktor.

Das Erbe des Generals: der Sechs-Tage-Krieg 1967 und die israelpolitische Wende de Gaulles

Der dritte israelisch-arabische Krieg war eine Folge von Eskalationen und begann am 5. Juni 1967 als israelischer Präventivschlag. Der Kriegsverlauf sollte die Überlegenheit der israelischen Armee eindrucksvoll demonstrieren, währte die militärische Entscheidungsphase dieses Kriegs doch nur wenige Stunden. Bereits am Mittag des 5. Juni waren die ägyptische, die syrische und die jordanische Luftwaffe infolge der zielgenauen Angriffe durch die israelische Luftwaffe außer Gefecht gesetzt[1]. Die israelische Armee drang in den folgenden Tagen tief in die Gebiete seiner Nachbarn vor und eroberte schließlich den Gazastreifen, die Sinaihalbinsel, das Westjordanland, Ost-Jerusalem sowie die Golan-Höhen. Der Sechs-Tage-Krieg endete mit einem Waffenstillstand am 10. Juni. Israel hatte bis zu diesem Zeitpunkt sein Territorium um ein Vielfaches vergrößert.

---

[1] Vgl. Vincent Cloarec/Henry Laurens, Le Moyen-Orient au 20ᵉ siècle, Paris 2010, S. 139f.

Die beiden wesentlichen Punkte, an denen der französische Staatspräsident Charles de Gaulle Anstoß nahm, sind damit bereits angesprochen, nämlich die Eröffnung kriegerischer Handlungen sowie die Vergrößerung des israelischen Staatsgebiets durch Gewalt. Der im Zuge dieses Kriegs von de Gaulle vollzogene Bruch mit Israel vollzog sich diesen beiden Punkten entsprechend in zwei Etappen. Die erste Etappe war dem Kriegsausbruch vorgelagert und hatte eine Verhinderung militärischer Eskalation zum selbsterklärten Ziel. Paris setzte dabei zunächst auf diplomatische, später auf rüstungspolitische Schritte. So äußerte der französische Ministerrat in einer offiziellen Erklärung vom 24. Mai 1967 nicht nur die Sorge um die gegenwärtige Zuspitzung der Lage– Gamal Abdel Nasser hatte am Tag zuvor die Straße von Tiran für die israelische Schifffahrt gesperrt –, sondern schlug gleichfalls eine Verständigung der vier Großmächte (USA, Sowjetunion, Frankreich und Großbritannien) über die Lage im Nahen Osten vor[2]. Diese Verständigung sei nötig, um die Handlungsfähigkeit des Sicherheitsrats im Falle eines bewaffneten Konflikts zu garantieren. Dass ein solcher in greifbare Nähe gerückt war, war aus der wenige Tage zuvor gegenüber dem französischen Außenminister gemachten Äußerung von Yohanan Meroz, eines Mitarbeiters der israelischen Botschaft in Paris, abzuleiten, in der er deutlich gemacht hatte, dass ein Angriff auf die freie Schifffahrt in der Straße von Tiran von Israel als Akt der Aggression verstanden würde[3]. Als ob er die Frage, wie Israel einen solchen Akt beantworten würde, vorwegnehmen wollte, machte der französische Präsident in einer Unterredung mit dem israelischen Außenminister Abba Eban und dem israelischen Botschafter in Paris Walter Eytan am 24. Mai unmissverständlich klar, Israel solle – zu seinem eigenen Besten – auf keinen Fall die Rolle des Aggressors einnehmen[4]. Dem israelischen Premierminister Levi Eschkol gegenüber räumte de Gaulle in einem Brief Ende Mai zwar ein, dass auch er die Lage als gespannt und beunruhigend bewertete, machte ihm allerdings deutlich, dass ihm seiner Einschätzung nach ein bewaffneter Konflikt weder im Interesse Syriens noch Ägyptens scheine[5]. Die Beurteilung dieser Frage hätte von israelischer Seite kaum unterschiedlicher ausfallen können. Eine Antwort auf die Bitte Levi Eschkols, de Gaulle möge eine feierliche Erklärung abgeben, die Frankreichs Unterstützung hinsichtlich der Sicherheit und der territorialen Unversehrtheit Israels sowie des Friedens im Nahen Osten zum Ausdruck bringe, blieb der französische Staatspräsident schuldig[6]. Stattdessen sollte eine weitere offizielle Erklärung des Ministerrats vom 2. Juni die Vorbehalte des Präsidenten hinsichtlich der Eröffnung von Kampfhandlungen unterstreichen. Frankreich sei auf keiner der beiden Konfliktseiten engagiert und gewähre demjenigen, der zuerst – unab-

---

[2] Déclaration officielle du Conseil des ministres sur le Moyen-Orient (24 mai 1967), in: La politique étrangère de la France. Textes et documents (fortan: PEF), 1er semestre 1967, S. 101.
[3] Vgl. M. Couve de Murville, Ministre des Affaires étrangères, à M. Roux, Ambassadeur de France au Caire, 22 mai 1967, in: Documents Diplomatiques Français (fortan: DDF), 1967-I, n° 195, S. 527.
[4] Vgl. Miriam Rosman, La France et Israël 1947–1970. De la création de l'État d'Israël au départ des vedettes de Cherbourg, Paris 2009, S. 202.
[5] Vgl. M. le Général de Gaulle, Président de la République Française, à M. Eschkol, Premier Ministre d'Israël, 27 mai 1967, in: DDF, 1967-I, n° 220, S. 570.
[6] Levi Eschkol ließ diese Bitte über den israelischen Botschafter in Paris, Walter Eytan, am 9. Mai 1967 vorbringen; vgl. ebd.

hängig vom Ort – zu den Waffen greife, weder seine Billigung noch gar seine Zustimmung[7]. Höhe- und Schlusspunkt dieser ersten, dem Kriegsausbruch vorgelagerten Etappe der Abkehr de Gaulles vom einstigen Verbündeten Israel war allerdings zweifelsohne sein Entschluss vom 3. Juni 1967, ein Waffenembargo über den Nahen Osten zu verhängen. Obgleich dieser Entschluss bereits einige Wochen zuvor ins israelische Verteidigungsministerium durchgesickert war, traf er die israelische Öffentlichkeit „wie eine Bombe"[8]. Nachdem Israel bzw. insbesondere die israelische Luftwaffe bis zum Vorabend des Sechs-Tage-Kriegs der bei weitem größte Abnehmer französischer Waffentechnologie im Nahen Osten war, gab es aus israelischer Sicht wenig Zweifel daran, wen dieses Embargo treffen sollte. Die Empörung über diesen brüsken Schritt war enorm[9]. Von französischer Seite hingegen wurde der Standpunkt vertreten, Frankreich würde Waffen nur zum Zwecke der Verteidigung, bestenfalls noch zum Zwecke der Abschreckung verkaufen, nicht aber zum Zwecke von Angriffshandlungen. Ferner wolle Frankreich eine Haltung der Neutralität in diesem Konflikt bewahren[10].

Die zweite, dem Sechs-Tage-Krieg folgende Etappe der Abkehr de Gaulles vom einstigen, israelischen Partner war gekennzeichnet durch die französische Interpretation der Sicherheitsratsresolution 242 vom 22. November 1967 und der berühmt gewordenen Pressekonferenz des französischen Staatspräsidenten vom 27. November 1967. Während de Gaulle in der ersten Phase vor allen Dingen um eine Distanzierung von Israel bemüht war und damit nur indirekt um eine Annäherung an arabische Positionen, verschoben sich die Gewichte in der zweiten Phase, ging es hier de Gaulle doch verstärkt um die Festigung der französisch-arabischen Beziehungen. Die Sicherheitsratsresolution 242 bot dazu insofern Gelegenheit, als unterschiedliche Fassungen des englischen und des französischen Textes Spielraum für Interpretationen gaben. Während der englische Text in Artikel 1 einen „Withdrawal of Israeli forces from territories occupied in the recent conflict"[11] als Prinzip für die Herstellung eines gerechten und dauerhaften Friedens im Nahen Osten nennt, spricht die französische Version von einem „Retrait des forces armées israéliennes *des* territoires occupés pendant le récent conflit" [Hervorhebung durch den Verf.][12]. Indem die französische Fassung einen Rückzug aus *den* besetzten Gebieten forderte und damit – im Unterschied zur

---

[7] Vgl. Déclaration officielle du Conseil des ministres sur le Moyen-Orient, 2 juin 1967, in: PEF, 1er semestre 1967, S. 108.
[8] Vgl. Rosman, La France et Israël 1947–1970, S. 204.
[9] Den Schock und die Verärgerung über diesen französischen Schritt brachte der israelische Botschafter bei den Vereinten Nationen Gideon Rafael auf den Punkt, als er seinen französischen Amtskollegen Roger Seydoux die Frage stellte: „Did it benefit the honour and ,la gloire de la France' […] to abandon a faithful friend in the hour of his mortal danger?"; Gideon Rafael, Destination Peace. Three Decades of Israeli Foreign Policy. A Personal Memoir, London 1981, S. 149.
[10] Vgl. Discours prononcé par M. Couve de Murville, ministre des Affaires étrangères devant l'Assemblée nationale sur la crise au Moyen-Orient, 7 juin 1967, in: PEF, 1er semestre 1967, S. 112.
[11] United Nations Security Council Official Resolutions, S.C. Res. 242, November 22, 1967, zitiert nach: The Encyclopedia of the Arab-Israeli Conflict. A Political, Social, and Military History, Bd. 4: Documents, Santa Barbara 2008, S. 1288.
[12] Vgl. Résolution adoptée par le Conseil de sécurité relative au Moyen-Orient (22 novembre 1967), in: PEF, 2e semestre 1967, S. 172.

englischen Fassung – aus *allen* besetzten Gebieten, schien sich Frankreich zum Fürsprecher arabischer Forderungen zu machen. Die Pressekonferenz de Gaulles wenige Tage später, in der er nach einigen blumigen Äußerungen zur Geschichte Israels die Juden als ein „peuple d'élite, sûr de lui-même et dominateur" bezeichnete, sollte Frankreich – insbesondere nach israelischer Lesart – vollends in das arabische Lager wechseln lassen. Wenngleich de Gaulle und David Ben Gurion in der Folge um eine gewisse Schadensbegrenzung bemüht waren[13], war die Verärgerung französischer und israelischer Juden über diese Äußerung unsagbar groß, was sich insbesondere in den Printmedien beider Länder deutlich widerspiegelte[14]. Die israelische Regierung äußerte „ihr tiefes Bedauern über die Erklärungen Präsident de Gaulles, die eine Verzerrung der Geschichte darstell[t]en sowie eine schwerwiegende Beleidigung des jüdischen Volkes und der Regierung Israels"[15]. Die französisch-israelischen Beziehungen befanden sich auf einem bis dato unbekannten Tiefpunkt und sollten sich bis zum Ende der Präsidentschaft de Gaulles kaum erholen.

Eigentümlicherweise wurde vor allem in der französischsprachigen Literatur weniger den Ursachen dieser Wende in de Gaulles Israelpolitik nachgegangen als vielmehr der Frage, ob der von ihm vollzogene Bruch als situativ oder grundsätzlich zu betrachten sei. Wollte de Gaulle endgültig mit Israel brechen oder handelte es sich lediglich um eine Reaktion auf den Sechs-Tage-Krieg, den er unter allen Umständen hatte vermeiden wollen? Die diesbezüglichen Einschätzungen gehen bisweilen weit auseinander: Insbesondere Anhänger des de Gauleschen Strebens nach Unabhängigkeit im internationalen System stellen die israelpolitische Wende de Gaulles als endgültigen Bruch dar; dieser sei notwendig und vorhersehbar gewesen, da Frankreich zu seiner „politique arabe" habe zurückkehren wollen[16]. Die enge Kooperation mit Israel der 1950er Jahre sei lediglich ein Einschub gewesen, den de Gaulle von Beginn seiner

---

[13] De Gaulle soll in einem Brief an Ben Gurion erläutert haben, dass sich hinter seinen Äußerungen nicht die Absicht einer Beleidigung befunden habe. Vgl. Rosman, La France et Israël 1947–1970, S. 219. David Ben Gurion bekleidete zu diesem Zeitpunkt zwar kein politisches Amt mehr, seine Stimme hatte vor dem Hintergrund seiner Verdienste um den israelischen Staat dennoch für gewöhnlich großes Gewicht in der israelischen Bevölkerung. In einem offenen Brief, den er am 20. Dezember 1967 in der israelischen Tageszeitung Haaretz veröffentlichen ließ und der französischen Israelpolitik widmete, versuchte er die erhitzten Gemüter zu besänftigen, indem er unter anderem an die enge militärische Kooperation zwischen Frankreich und Israel seit 1956 erinnerte. Die Repliken der Zeitungen Yediot Aharanot und Maariv auf diesen Brief fielen allerdings äußerst kritisch aus. Vgl. M. Rocherau de la Sablière, Ambassadeur de France à Tel Aviv, à M. Couve de Murville, Ministre des Affaires étrangères, 22 décembre 1967, in: DDF, 1967-II, n° 330, S. 844.

[14] Vgl. Rosman, La France et Israël 1947–1970, S. 219f.

[15] Vgl. M. Rocherau de la Sablière, Ambassadeur de France à Tel Aviv, à M. Couve de Murville, Ministre des Affaires étrangères (29 novembre 1967), in: DDF, 1967-II, n° 260, S. 682.

[16] Dass dieser Wunsch vor allem im französischen Außenministerium in der Tat eine gewisse Verbreitung gefunden hatte, beschreibt für die Periode von 1963–1966 der damalige Vorsitzende der Abteilung Afrique-Levant im Quai d'Orsay Jean-Marie Soutou. Über die realen Möglichkeiten dieses Ansinnens angesichts der bescheidenen, dafür zur Verfügung stehenden, finanziellen Ressourcen machte sich Soutou allerdings keine Illusionen und kritisiert daher die diesbezüglichen Aussagen einiger seiner damaligen Kollegen in seinen Mémoiren in ironischer Weise. Vgl. Jean-Marie Soutou, Un diplomate engagé. Mémoires 1939–1979, Paris 2011, S. 348f.

Amtszeit an habe beenden wollen[17]. Das Gros der Einschätzungen zu dieser Frage fällt allerdings differenzierter aus: Zu einer gemäßigteren Bewertung des französisch-israelischen Verhältnisses gelangt die israelische Historikerin Miriam Rosman und beruft sich dabei vor allem auf die Tatsache, dass die rüstungspolitische Kooperation zwischen Frankreich und Israel trotz des französischen Embargos nie vollends zum Erliegen kam[18]. Samy Cohen spricht seinerseits nicht von einem Bruch in den französisch-israelischen Beziehungen, sondern von einer Normalisierung angesichts der zuvor herausragenden Stellung Israels in der französischen Nahostpolitik[19]. Samir Kassir und Farouk Mardam-Bey betonen, die israelpolitische Wende de Gaulles sei aus arabischer Perspektive zum damaligen Zeitpunkt mitnichten als unumkehrbar eingestuft worden[20] und Maurice Vaïsse beschreibt die Nahostpolitik de Gaulles schlichtweg als doppeldeutig[21]. Die Wende in de Gaulles Haltung gegenüber Israel 1967 erwies sich in den Jahren zwischen dem dritten und vierten israelisch-arabischem Krieg jedenfalls als richtungweisend für die französische Nahostpolitik. In den teilweise unvereinbaren Positionen Frankreichs und Israels hinsichtlich einer Friedensregelung im Nahen Osten sowie den anhaltenden Spannungen im bilateralen Verhältnis sollte sich dies deutlich zeigen.

Die Vereinten Nationen als Mittler versus direkte, bilaterale Verhandlungen: französische und israelische Konzeptionen für eine Friedensregelung im Nahen Osten im Vergleich (1967-1973)

Seine Konzeption für eine Friedensregelung im Nahen Osten erläuterte de Gaulle in der bereits erwähnten Pressekonferenz vom 27. November 1967. Wie im Text der Sicherheitsratsresolution 242 gefordert, müsse eine etwaige Friedensregelung auf einem israelischen Rückzug aus den durch Gewalt eingenommenen Gebiete basieren – worunter de Gaulle einen vollständigen Rückzug verstand – sowie auf einem Ende der Kampfhandlungen und der gegenseitigen Anerkennung aller beteiligten Staaten[22]. Im Anschluss sollte eine Klärung bezüglich der Grenzen, des Schicksals der Flüchtlinge und der Minderheiten sowie der freien Schifffahrt, vor allem im Golf von Akaba und im Suez-Kanal, möglich sein. Ferner – und ab diesem Punkt ging de Gaulle über den Resolutionstext hinaus – sollte Jerusalem einen internationalen Status erhalten. Zur Umsetzung dieser Punkte sei eine Einigung der vier Großmächte, die als Einigung der Vereinten Nationen zu verstehen sei, notwendig. Sobald eine solche Einigung erzielt

---

[17] Vgl. Paul-Marie de La Gorce, La politique arabe du Général de Gaulle, in: Élie Barnavi/Saul Friedländer, La politique étrangère du Général de Gaulle, Paris 1985, S. 179-191, hier S. 183.
[18] Vgl. Miriam Rosman, La France et Israël 1947-1970, S. 182-184, 199-208 sowie 215-235.
[19] Vgl. Samy Cohen, De Gaulle et Israël. Le sens d'une rupture, in: Élie Barnavi/Saul Friedländer (Hrsg.), La politique étrangère du Général de Gaulle, Paris 1985, S. 192-202, hier S. 194.
[20] Vgl. Samir Kassir/Farouk Mardam-Bey, Itinéraires de Paris à Jérusalem. La France et le conflit israélo-arabe, Bd. 2: 1958-1991, Paris 1993, S. 70-90, hier S. 90.
[21] Vgl. Maurice Vaïsse, La grandeur. Politique étrangère du général de Gaulle 1958-1969, Paris 1998, S. 615-647, hier S. 617.
[22] Bis zu diesem Zeitpunkt hatte kein arabischer Staat Israel offiziell anerkannt.

worden sei, wäre Frankreich bereit, politische, ökonomische und militärische Unterstützung zu leisten, damit diese effektiv umgesetzt werden könne[23]. Bis zum Ende seiner Amtszeit konnte allerdings zu keinem der von ihm angesprochenen Punkte eine solche Einigung erzielt werden[24].

Der Beginn der Amtszeit von Georges Pompidou 1969 stand hinsichtlich einer Friedensregelung für den Nahen Osten unter keinem besseren Stern. Die Situation war erneut eskaliert, standen sich doch vom März 1969 bis zum August 1970 Israel und Ägypten im sogenannten Abnutzungskrieg gegenüber, den Nasser zur Rückeroberung des Sinai begonnen hatte. Beendet wurde dieser Krieg durch einen Waffenstillstand am 8. August 1970; die Annahme des zweiten Rogers-Plans durch die seit März 1969 amtierende israelische Ministerpräsidentin Golda Meir am 31. Juli 1970 hatte dies möglich gemacht[25]. Dieser vom damaligen US-Außenminister William Pierce Rogers vorgelegte Plan sah einen 90-tägigen Waffenstillstand vor, während dessen Israel und Ägypten durch Vermittlung des UN-Sondergesandten für den Nahen Osten Gunnar Jarring über einen Vertragsschluss auf der Grundlage der Resolution 242 diskutieren sollten[26]. Die französische Regierung interpretierte die Annahme dieses Plans durch Golda Meir als offizielle israelische Annahme der Resolution 242[27], was Georges Pompidou ein enges Festhalten an der de Gaulleschen Konzeption für einen Frieden im Nahen Osten erlaubte. In Berufung auf den nahostpolitischen Kurs seines Vorgängers erklärte Pompidou in einer Pressekonferenz am 21. Januar 1971, Frankreich habe eine Position eingenommen, die es niemals verändert habe – gemeint waren hier die Schritte und Äußerungen de Gaulles 1967 – und die gleichermaßen das Recht Israels anerkenne, in sicheren und anerkannten Grenzen zu existieren sowie die Verpflichtung Israels, sich aus allen seit dem Sechs-Tage-Krieg 1967 besetzten Gebieten zurückzuziehen[28]. Durch die unablässige Wiederholung dieser französischen Position, die mit der Anerkennung Israels und seinem Recht, in sicheren und anerkannten Grenzen zu leben, eine israelische Kernforderung aufgriff und gleichzeitig mit der Notwendigkeit eines israelischen Rückzugs aus den besetzten Gebieten auf eine arabische Kernforderung einging, unterstrich Pompidou sein Festhalten an Frankreichs Neutralität in diesem Konflikt, wie sie von de Gaulle 1967 definiert worden war. Die israelische Politik in den besetzten Gebieten, die nicht auf einen Rückzug, sondern auf die Umsetzung eines 1968 von der Knesset gebilligten

---

[23] Vgl. Soutou, Un diplomate engagé, S. 359f.
[24] General de Gaulle bekräftigte diese Punkte im Übrigen im Januar 1969 in Form einer Regierungserklärung nochmals und warnte dabei zudem vor den etwaigen Folgen, die ein weiteres Ausbleiben eines konkreten Planes zur Umsetzung der Resolution 242 haben könnte. Vgl. Henry Laurens, La question de Palestine, Bd. 4: 1967–1982. Le rameau d'olivier et le fusil du combattant, Paris 2011, S. 167.
[25] Der erste Rogers-Plan vom Dezember 1969 war von Israel rundheraus abgelehnt worden. Vgl. hierzu die israelische Regierungserklärung vom 11. Dezember 1969, in: The Encyclopedia of the Arab-Israeli Conflict, Bd. 4, S. 1299f.
[26] Vgl. Laurens, La question de Palestine, S. 260.
[27] Vgl. Interview de M. Schumann, ministre des Affaires étrangères à la révue ‚Jeune Afrique', 26 janvier 1971, in: PEF, 1er semestre 1971, S. 71.
[28] Vgl. Conférence de presse du Président Pompidou, 21 janvier 1971, in: PEF, 1er semestre 1971, S. 57.

Siedlungskonzepts zielte[29], wurde von Frankreich daher scharf verurteilt. Es handele sich dabei um eine annexionistische Politik, die im Widerspruch zu den UN-Resolutionen stünde und gegen internationales Recht und die UN-Charta verstoße[30]. Angesichts des Stillstands in den Bemühungen um eine Friedensregelung im Nahen Osten, der insbesondere die Jahre 1971 und 1972 kennzeichnete, wurde der Ton Frankreichs allerdings immer resignierter. So erklärte der Staatssekretär im französischen Außenministerium Jean de Lipkowsi im September 1971 dem türkischen Außenminister Olcay, dass die Verständigung der vier Großmächte bisweilen ergebnislos verlaufen sei, Frankreich aber an ihr festhalte, weil sie ein „arabisches Yalta" verhindern helfe[31]. Nachdem die Bemühungen des UN-Sondergesandten Gunnar Jarring, eine Friedensregelung zwischen den Konfliktparteien zu erzielen, ebenso ergebnislos verlaufen waren, schlug der französische Außenminister Maurice Schumann in einem Gespräch mit dem UN-Generalsekretär Kurt Waldheim am 7. April 1972 schließlich die Erstellung eines Berichts vor, der die Verantwortlichkeiten hinsichtlich dieses offensichtlichen Scheiterns der Jarring-Mission klarstellen sollte[32]. Die Zeit bis zum Ausbruch des vierten israelisch-arabischen Kriegs im Oktober des darauf folgenden Jahres sollte allerdings ungenutzt verstreichen.

Abgesehen von der Anerkennung des Existenzrechts Israels und seinem Recht, in sicheren und anerkannten Grenzen zu leben, waren die israelischen Konzeptionen bezüglich einer Friedensregelung mit den französischen Vorstellungen weitgehend inkompatibel. Einen grundsätzlichen Unterschied stellte Israels Haltung zur Sicherheitsratsresolution 242 dar, welche Israel weder unter Levi Eschkol noch unter Golda Meir je klar offiziell anerkannte oder verwarf. Nicht zuletzt die ablehnende Haltung der Regierungsmitglieder aus dem rechtsgerichteten Gachal-Bündnis zur Frage eines israelischen Rückzugs aus den besetzten Gebieten hatte eine Annahme der Resolution unmöglich gemacht. Vielmehr erklärte der israelische Außenminister Abba Eban in einem Gespräch mit Gunnar Jarring am 1. Februar 1968, Israel sei zu einer Friedensregelung bereit, welche auf einer Verhandlung basiere, die alle in der Resolution 242 aufgeführten Fragen enthalte[33]. Aus dieser Aussage entwickelte sich die offizielle israelische Position, der zufolge Israel bereit sei, eine Einigung mit jedem arabischen Staat einzugehen; diese Abkommen müssten jedoch einem etwaigen Rückzug aus besetzten Gebieten vorangehen[34].

Eine weitere Differenz zur französischen Konzeption für eine Friedensregelung stellte die Frage nach der Form dar. Während Frankreich für eine umfassende Regelung mit internationalen Garantien eintrat, machte Levi Eschkol in einer Rede vor

---

[29] Vgl. zur Politik Israels in den besetzten Gebieten zwischen 1967 und 1973: Angelika Timm, Israel. Geschichte eines Staates seit seiner Gründung, 3., durchges. und erw. Aufl., Bonn 1998, S. 155–161.
[30] Vgl. PEF, 2ᵉ semestre 1971, S. 130.
[31] Centre d'accueil et de recherche des Archives nationales (fortan: CARAN), 5 AG 2-111, Compte-rendu de l'entretien de M. de Lipkowski avec M. Olcay, Ministre des Affaires Etrangères de Turquie, à Ankara le 16 septembre 1971 en séance restreinte.
[32] CARAN 5 AG 2-257, Compte-rendu de l'entretien de M. Schumann avec Kurt Waldheim, Secrétaire général de l'ONU, à Paris le 7 avril 1971.
[33] Vgl. Laurens, La question de Palestine, S. 107.
[34] Vgl. ebd., S. 125.

der Knesset am 27. Mai 1968 deutlich, Israel wolle insbesondere die Frage territorialer Forderungen ausschließlich in bilateralen Verhandlungen klären. Dem israelischen Premier folgend legte Abba Eban zwei Tage später einen Vierstufenplan vor, der an erster Stelle direkte bilaterale Verhandlungen zwischen jedem einzelnen arabischen Staat und Israel vorsah, an zweiter Stelle eine Einigung hinsichtlich sicherer und anerkannter Grenzen, des Endes der Kampfhandlungen sowie aller in der Resolution 242 enthaltenen Punkte, an dritter Stelle den Abschluss eines Friedensvertrags und an letzter Stelle schließlich dessen Umsetzung[35]. Insbesondere der wiederholt formulierte Wunsch nach direkten Gesprächen zwischen den Konfliktparteien sollte allerdings unerfüllt bleiben. Dass für die arabische Seite ein solches Vorgehen nicht in Frage kam, war nach dem Gipfel von Khartum im September 1967 deutlich geworden, hatten doch acht arabische Staaten anlässlich dieses Gipfels die berühmten „drei Neins" beschlossen: kein Friedensvertrag mit Israel, keine Anerkennung Israels und keine Verhandlungen mit Israel[36]. Die Lage war vor dem Hintergrund dieser inkompatiblen israelischen und arabischen Konzeptionen bis zum Ende des Abnutzungskriegs im Sommer 1970 völlig festgefahren.

Während dieses Kriegs hielt Golda Meir zunächst an der Sprachregelung Abba Ebans fest, der zufolge die Resolution 242 lediglich eine Aufzählung von Punkten sei, die in direkten bilateralen Gesprächen zu erörtern seien. Ein diesen Verhandlungen vorgelagerter Rückzug aus besetzten Gebieten kam nicht in Frage. Meirs Ziel war ein umfassender Friede, welcher vor allem eine gegenseitige Anerkennung sowie die Aufnahme von diplomatischen Beziehungen einschließen sollte[37]. Vor diesem Hintergrund stieß der im Juni 1970 den Konfliktparteien zugeleitete zweite Rogers-Plans in Israel zunächst auf wenig Gegenliebe. Anstelle der von Israel favorisierten direkten bilateralen Verhandlungen sprach er von einer Vermittlung durch Gunnar Jarring und der klare Verweis auf die Resolution 242 – und damit auf einen Rückzug Israels aus besetzten Gebieten als Grundlage für die Herstellung eines gerechten und dauerhaften Friedens im Nahen Osten – machte ihn heikel. Die offizielle Annahme dieses Plans durch die ägyptische Regierung am 22. Juli setzte Israel jedoch unter Druck. Der Umstand, dass Israel im Sommer 1970 mehrere Kampfflugzeuge vom Typ Phantom verloren hatte, heizte die Situation weiter an, da amerikanische Waffenlieferungen nun dringend nötig waren. Am 31. Juli antwortete Golda Meir schließlich positiv auf den Vorschlag des US-Außenministers und gab am 3. August eine offizielle Erklärung ab, in der sie einen Waffenstillstand für mindestens drei Monate und Verhandlungen unter der Vermittlung von Gunnar Jarring akzeptierte, die zu einem Ende der Kampfhandlungen und zu einem Rückzug der israelischen Streitkräfte auf sichere und anerkannte Grenzen, welche in einem Friedensvertrag zu bestimmen seien, führen sollten[38]. Wenngleich diese Erklärung die Frage, ob ein solcher Friedensvertrag einem israelischen Rückzug vorausgehen oder nachfolgen sollte, offen ließ, hatte sie den Austritt des Gachal-Bündnisses aus der israelischen Regierung zur Folge. Es hatte den Schritt der Ministerpräsidentin als Annahme der Resolution 242 und damit als

---

[35] Vgl. ebd.
[36] Vgl. The Encyclopedia of the Arab-Israeli Conflict, Bd. 4, S. 1287f.
[37] Vgl. Laurens, La question de Palestine, S. 251.
[38] Vgl. ebd. S. 260–267.

„Anfang eines bedingungslosen Rückzugs von den Waffenstillstandslinien" gedeutet[39]. In der Folge ging die offizielle israelische Konzeption für eine Friedensregelung im Nahen Osten bis zum Ausbruch des Oktoberkriegs 1973 nie über die Erklärung Golda Meirs vom 3. August 1970 hinaus. Dass die bis 1971 von Israel (und Ägypten) unterbreiteten Vorschläge zur Umsetzung des Rogers-Plans bis zu diesem neuerlichen Waffengang nicht weiter verfolgt worden waren, lastet Abba Eban in seinen Memoiren sowohl Gunnar Jarring als auch dem US-Außenministerium an. Fehlinterpretationen der Vorschläge sowie mangelnde Beharrlichkeit seien hierfür ursächlich[40].

Wachsende Irritationen: die französisch-israelischen Beziehungen am Vorabend des Oktoberkriegs 1973

Nach der israelpolitischen Wende de Gaulles 1967 belastete eine Reihe von Ereignissen und Maßnahmen die bilateralen Beziehungen zwischen beiden Staaten bis zum Ausbruch des Oktoberkriegs 1973 schwer. So wurde der Angriff israelischer Streitkräfte auf den internationalen Zivilflughafen von Beirut vom 28. Dezember 1968, bei dem 13 Flugzeuge zerstört wurden, von französischer Seite scharf verurteilt. Diese israelische Antwort auf einen zwei Tage zuvor verübten Anschlag auf ein El-Al-Flugzeug in Athen durch die Volksfront zur Befreiung Palästinas wurde zwar auch durch den UN-Sicherheitsrat in seiner Resolution 262 gerügt; de Gaulle ging allerdings soweit, von einem übertriebenen Gewaltakt der israelischen Armee auf den Flughafen eines friedlichen und mit Frankreich traditionell freundschaftlich verbundenen Landes zu sprechen[41]. Als Reaktion beschloss der französische Staatspräsident am 6. Januar 1969 ein zweites Waffenembargo, das diesmal auch die von Israel dringend benötigten Ersatzteile für Flugzeuge einschloss. Der Umstand, dass der israelische Luftangriff auf den Beiruter Flughafen mit Flugzeugen aus französischer Produktion durchgeführt worden war[42] und dass die durch die israelischen Luftschläge zerstörten 13 Flugzeuge den Middle East Airlines gehörten, an denen Air France einen umfangreichen Aktienanteil hielt[43], mag zu de Gaulles Beschluss nicht unerheblich beigetragen haben.

Als Provokation noch größeren Ausmaßes stufte de Gaulles Nachfolger die Affäre um die Entführung der Schnellboote von Cherbourg im Dezember 1969 ein. 1965 hatte Frankreich zugestimmt, für die israelische Flotte zwölf Schnellboote im Hafen von Cherbourg zu bauen. Bis das erste Waffenembargo im Juni 1967 in Kraft getreten war, hatte Frankreich fünf davon regulär ausgeliefert, zwei weitere konnten in letzter Minute den Hafen von Cherbourg verlassen. Israel, das alle zwölf Schnellboote legal gekauft und bezahlt hatte, wollte jedoch auf die Auslieferung der noch ausstehenden fünf Schnellboote nicht verzichten. Das israelische Verteidigungsministerium griff daher zu einer List und kontaktierte im November 1969 eine norwegische Firma, die auf

---

[39] Vgl. Golda Meir, Mein Leben, Hamburg 1975, S. 405.
[40] Vgl. Abba Eban, Personal Witness. Israel Through My Eyes, New York 1992, S. 502.
[41] Vgl. Kassir/Mardam-Bey, Itinéraires de Paris à Jérusalem, S. 68.
[42] Vgl. Rosman, La France et Israël 1947–1970, S. 236.
[43] Vgl. Kassir/Mardam-Bey, Itinéraires de Paris à Jérusalem, S. 68.

Offshore-Ölbohrungen spezialisiert war, mit der Bitte, sie möge bei der Werft von Cherbourg den Bau von fünf, den von Israel bestellten Schnellbooten ähnliche Schiffe (allerdings zivilen Typs) in Auftrag geben. Ganz wie von den Israelis intendiert, wandte sich die Werft von Cherbourg nach Eingang der norwegischen Bestellung an die israelischen Behörden mit der Frage, ob sie einverstanden seien, ihre fünf unter Embargo stehenden Schnellboote den Norwegern zu überlassen[44]. Die israelischen Behörden gingen auf dieses Angebot gerne ein, wurde doch vertraglich vereinbart, dass israelische Seeleute, die von den Norwegern wegen ihrer größeren Expertise angeheuert werden sollten, die fünf Schiffe nach Norwegen steuern durften[45]. Die geringere Aufmerksamkeit der französischen Behörden um die Festtage ausnutzend steuerte die israelische Besatzung die fünf Schiffe in der Nacht vom 24. auf den 25. Dezember 1969 allerdings nicht nach Norwegen, sondern nach Haifa. Der Affront war perfekt[46].

Nur wenige Tage nach diesem Vorkommnis kündigte der französische Staatspräsident eine umfangreiche Lieferung von Kampfflugzeugen des Typs Mirage an Libyen an. Wohl als Reaktion auf dieses Geschäft empfing Georges Pompidou bei einem offiziellen Besuch in Chicago im Februar 1970 eine wütende Menge von Mitgliedern einer jüdischen Siedlung. Sie beleidigten, bedrohten und bespuckten Georges Pompidou vor einem Hoteleingang, als dieser gerade aus einem Wagen stieg, um an einem offiziellen Abendessen teilzunehmen[47]. Für die Nachlässigkeit der amerikanischen Sicherheitskräfte an jenem Abend entschuldigte sich Präsident Nixon wenig später. Dass dieser Zwischenfall allerdings durchaus geneigt war, auch die französisch-israelischen Beziehungen zu belasten, war offenkundig[48].

Aus israelischer Perspektive fehlte es ebenso wenig an französischen Provokationen. Der bereits angesprochene Verkauf von Mirage-Jägern an Libyen im Januar 1970 wurde von Israel als Aufrüstung eines mit dem Kriegsgegner Ägypten befreundeten Staates betrachtet. Das von Frankreich verhängte Embargo habe folglich insofern „unilateralen Charakter", als es nur Israel treffe[49]. Die Erklärung des französischen Außenministers am 24. April vor der Nationalversammlung, dass der mit Libyen geschlossene Kaufvertrag Klauseln enthalte, die einen Weiterverkauf der Flugzeuge an Dritte oder ihre Verwendung auf ausländischen Flughäfen untersagten, vermochte es nicht, die israelische Kritik verstummen zu lassen[50].

Ein weiterer Streitpunkt war das Verhalten Frankreichs in den Vereinten Nationen. Der von israelischer Seite immer wieder vorgebrachte Vorwurf lautete, Frankreich er-

---

[44] Vgl. Rosman, La France et Israël 1947–1970, S. 248.
[45] Vgl. Pierre Razoux, L'affaire des vedettes de Cherbourg. Pourquoi Paris a laissé faire, in: Historia, novembre 2000, S. 36–40, hier S. 39.
[46] Pierre Razoux kommt angesichts einiger offener Fragen zu dieser Affäre zu dem Schluss, es müsse sich hierbei um ein stilles Einvernehmen zwischen Mitarbeitern französischer und israelischer Behörden gehandelt haben. Vgl. ebd., S. 40.
[47] Vgl. Michel Jobert, Mémoires d'avenir, Paris 1974, S. 169f.
[48] In einem internen Papier des französischen Außenministeriums wird der Zwischenfall in eine Reihe mit der Affäre um die Schnellboote von Cherbourg gestellt. Vgl. Ministère des Affaires Étrangères (fortan: MAE), Afrique du Nord-Moyen-Orient (fortan ANMO), Israël, carton 290, Note sur Israël et la politique proche-orientale de la France, 22 mai 1974.
[49] Vgl. ebd.
[50] Vgl. Discours prononcé par M. Schumann, ministre des Affaires étrangères à l'Assemblée nationale, 28 avril 1970, in: PEF, 1er semestre 1970, S. 145.

greife systematisch für die arabische Seite Partei. Besonders deutlich sei dies im März 1972 geworden, als sich Frankreich in der Menschenrechtskommission der Vereinten Nationen als einziges westliches Land den arabischen Staaten anschloss, um durch Israel verübte Kriegsverbrechen in den besetzten Gebieten zu verurteilen. Im Vergleich zu den arabischen Delegationen werde die israelische zudem nicht ausreichend von der französischen konsultiert[51].

Ein besonderes Medienecho erhielten die französisch-israelischen Verstimmungen schließlich im Januar 1973. Anlass war die Teilnahme der israelischen Premierministerin am Treffen der Sozialistischen Internationale, das nur anderthalb Monate vor den Wahlen zur französischen Nationalversammlung stattfand. Die auf Einladung François Mitterrands erfolgte Teilnahme Golda Meirs wurde von gaullistischer Seite als Versuch, das Wahlverhalten der jüdischen Einwohner Frankreichs zu manipulieren, gewertet. Georges Pompidou verurteilte den Termin des Kongresses in einer Pressekonferenz am 10. Januar scharf[52]. Golda Meir war von der Anschuldigung, zugunsten der französischen Sozialisten zu agieren, tief gekränkt und wertete diese als Ausdruck einer „anscheinend unkontrollierbare[n]" Feindseligkeit der französischen Regierung gegenüber Israel"[53].

Es soll an dieser Stelle nicht verschwiegen werden, dass es parallel zu diesen Verstimmungen durchaus auch eine gewisse, wenngleich beschränkte Kooperation zwischen Frankreich und Israel in den Jahren zwischen drittem und viertem israelisch-arabischen Krieg gab. So war man in israelischen Regierungskreisen dankbar, dass sich Frankreich auf seinen expliziten Wunsch hin für Ausreisemöglichkeiten von Juden aus Ägypten, Syrien und Irak einsetzte[54]. Auch die Lieferung von Ersatzteilen an die israelische Armee trotz des Embargos riss nicht ab[55]. Diese Formen der Zusammenarbeit wurden von Frankreich jedoch in äußerster Diskretion abgewickelt, um vor allem der arabischen Staatenwelt gegenüber nicht den Anschein zu erwecken, es sei von seiner grundsätzlichen, nahostpolitischen Haltung der „aktiven Neutralität"[56] abgewichen. Die bilateralen französisch-israelischen Beziehungen wurden durch diese bescheidene Kooperation nicht verbessert.

Das Zerwürfnis: der Oktoberkrieg 1973 und seine Folgen für das französisch-israelische Verhältnis

Der Oktoberkrieg 1973 schließlich sollte die schwer angeschlagenen französisch-israelischen Beziehungen auf eine harte Probe stellen. Am 6. Oktober 1973 eröffneten Ägypten und Syrien an ihren jeweiligen Grenzen die Kampfhandlungen. Ägypten gelang es dabei, den Suezkanal zu überqueren und die vermeintlich unüberwindliche

---

[51] Vgl. MAE, ANMO, Israël, carton 290, Note sur Israël et la politique proche-orientale de la France, 22 mai 1974.
[52] Vgl. „Pompidous Ärger – Sozialisten-Tagung", in: Die Zeit, 19.1.1973, S. 8.
[53] Meir, Mein Leben, S. 429.
[54] Vgl. MAE, ANMO, Israël, carton 290, Note sur les relations politiques franco-israéliennes, 2 septembre 1974.
[55] Vgl. ebd., Note sur Israël et la politique proche-orientale de la France, 22 mai 1974.
[56] Vgl. Thierno Diallo, La politique étrangère de Georges Pompidou, Paris 1992, S. 162.

Bar-Lev-Linie zu durchbrechen, während die syrischen Einheiten auf die Golan-Höhen vordrangen. Eine israelische Gegenoffensive am 8. Oktober scheiterte zwar, wenige Tage später wendete sich das Blatt jedoch. Am 16. Oktober konnten die Israelis ihrerseits den Suezkanal überqueren und errichteten daraufhin am Westufer einen Brückenkopf. Bis zum Inkrafttreten des Waffenstillstands am 24. Oktober hatte Israel alle wichtigen ägyptischen Einheiten eingekreist und von ihrem Nachschub abgeschnitten[57]. Aufgrund ihrer jeweiligen militärischen Erfolge bezeichneten sowohl Israel als auch Ägypten den Ausgang des Kriegs als Sieg.

Zu einem offenen französisch-israelischen Zerwürfnis kam es im Laufe dieses Kriegs ob der Frage der französischen Neutralität. Frankreichs Einschätzung bezüglich der als Angreifer geltenden Seite stand dabei im Zentrum der israelischen Kritik. Einen Tag nach Kriegsbeginn hatte der französische Premierminister Pierre Messmer zunächst verlauten lassen, dass diejenige Armee, die die Kriegshandlungen eröffne, ganz gleich welche es sei, immer gewisse Anfangserfolge verbuche[58]. Nachdem es sich dabei nur um eine Anspielung auf die ägyptischen und syrischen Anfangserfolge handeln konnte, wurde diese Äußerung als eine Parteinahme für Israel interpretiert, bezeichnete der Premierminister doch damit indirekt die arabische Seite als Aggressor. Wohl um diese Aussage auszugleichen, stellte der französische Außenminister Michel Jobert tags darauf die berühmt gewordene Frage: „Est-ce que tenter de rentrer, de remettre les pieds chez soi constitue forcément une aggression imprévue?"[59] Aus israelischer Sicht stellte diese Frage eine große Provokation dar, wurde die Eröffnung der Kriegshandlungen durch Ägypten und Syrien mit dieser Äußerung doch als vorhersehbare Reaktion auf eine unrechte Haltung Israels gedeutet. Am 9. Oktober schließlich bezeichnete Pierre Messmer in einer Rede vor der französischen Nationalversammlung die Besetzung arabischer Gebiete durch Israel offen als Kriegsgrund[60].

Verstärkt wurde das französisch-israelische Zerwürfnis zudem durch die Frage der an Libyen verkauften Kampfflugzeuge vom Typ Mirage. Israel behauptete am 14. Oktober, zwei libysche Mirage-Jäger abgeschossen zu haben, die Gaddafi trotz des vertraglich vereinbarten Verbots angeblich an Ägypten weitergeleitet hatte. Bereits im April hatte Abba Eban den französischen Botschafter in Jerusalem Francis Huré darüber informiert, dass er Beweise für einen Transfer der Maschinen von Libyen nach Ägypten habe. Nachdem Libyen und Ägypten dies Frankreich gegenüber bestritten hatten, erklärte Paris jedoch, es gebe keine ausreichenden Beweise für diese israelische Behauptung[61]. Auch noch nach Ende des Oktoberkriegs behauptete Gaddafi Pompidou gegenüber, die Flugzeuge befänden sich allesamt auf libyschem Gebiet[62].

Den Eindruck der Parteilichkeit verstärkten zudem Erklärungen wie die Michel Joberts zum Konflikt im Nahen Osten am 17. Oktober vor der französischen Natio-

---

[57] Vgl. Ralf Balke, Israel, 3. neu bearb. Aufl., München 2007, S. 75f.
[58] Vgl. Pauline Peretz, La France et la guerre du Kippour, in: Revue d'Histoire diplomatique 120 (2006), Heft 2, S. 143–156, hier S. 145.
[59] Déclaration de M. Jobert, ministres des Affaires étrangères, sur le conflit du Proche-Orient, 8 octobre 1973, in: PEF, 2ᵉ semestre 1973, S. 133.
[60] Vgl. Intervention de M. Messmer, Premier ministre, devant l'Assemblée nationale, sur le conflit au Proche-Orient, 9 octobre 1973, in: PEF, 2ᵉ semestre 1973, S. 133.
[61] Vgl. Peretz, La France et la guerre du Kippour, S. 146.
[62] Vgl. Éric Roussel, Georges Pompidou 1911–1974, Paris 2004, S. 601.

nalversammlung. Obgleich er einleitend betonte, kein Mitglied dieses Hauses könne in gutem Glauben behaupten, die französische Regierung unternehme geheime Schritte gegen die Sicherheit oder die Existenz Israels, zeichnete der französische Außenminister im Anschluss die Geschichte des israelisch-arabischen Konflikts in provokativer Weise nach, indem er hervorhob, Israel habe den Sechs-Tage-Krieg 1967 begonnen, die Sicherheitsratsresolution 242 im Gegensatz zu Ägypten und Jordanien nur unter bestimmten Bedingungen angenommen und die Vermittlungsversuche des UN-Sondergesandten Jarring blockiert. Es habe damit eine große Chance ungenutzt verstreichen lassen. Ferner habe sich Israel insbesondere in den Jahren 1971 bis 1973 zusehends isoliert in der Generalversammlung der Vereinten Nationen befunden. Jobert führte dies auf Israels Politik in den besetzten Gebieten zurück, die sein Ansehen bedauerlicherweise beschädige. Für den erneuten Waffengang Anfang des Monats machte er – wie vor ihm bereits Messmer – die israelische Besetzung der 1967 eroberten Gebiete verantwortlich. Eine besondere Spitze erlaubte er sich schließlich, als er gegen Ende seiner Rede den israelischen Finanzminister Pinchas Sapir, einen internen Kritiker der israelischen Politik in den besetzten Gebieten, ausführlich zitierte. Dieser hatte gefordert, Israel dürfe sich in den besetzten Gebieten nicht wie eine dauerhafte Regierung verhalten, die ökonomische Integration dieser Gebiete vorantreiben oder die Weltgemeinschaft hinsichtlich seiner annexionistischen Bestrebungen täuschen wollen[63]. Die Rede Joberts machte überdeutlich, wie weit sich Frankreich und Israel in den zurückliegenden Jahren von einander entfernt hatten. Das französisch-israelische Zerwürfnis rückte in Frankreichs Nahostpolitik in der Phase nach Beendigung des Oktoberkriegs allerdings allmählich in den Hintergrund. Im Vordergrund standen die zunehmenden französisch-amerikanischen Verstimmungen, die u. a. aus ihren unterschiedlichen Konzeptionen für eine Friedensregelung im Nahen Osten resultierten. Die USA waren nicht bereit, Frankreich und Großbritannien in eine solche miteinzubeziehen. Als Vertreter Israels und Ägyptens am 11. November am Kilometerstein 101 der Straße Kairo-Suez ein Sechs-Punkte-Programm zur Truppenentflechtung unterzeichneten, war dies fast ausschließlich amerikanischen diplomatischen Bemühungen zuzuschreiben[64]. Auch der mit den Entscheidungen der OAPEC vom 16. Oktober einsetzende Ölpreisschock ließ das französisch-israelische Verhältnis an Bedeutung verlieren. Frankreichs Nahostpolitik trug von diesem Zeitpunkt an außenwirtschaftlichen Aspekten stärker Rechnung. Die bereits vor dem Oktoberkrieg begonnene Annäherung Frankreichs an die Staaten des Persischen Golfs wurde in der Folge intensiviert.

Fazit: Festhalten am Gaullismus? Frankreichs Nahostpolitik unter Georges Pompidou

Angesichts des einleitend ausgeführten, vieldeutigen nahostpolitischen Erbes de Gaulles muss eine Bewertung der Politik seines Nachfolgers differenziert ausfallen,

---

[63] Vgl. Déclaration de M. Jobert, ministre des Affaires étrangères, devant l'Assemblée nationale, sur le conflit du Proche-Orient, 17 octobre 1973, in: PEF, 2ᵉ semestre 1973, S. 141 ff.
[64] Vgl. Timm, Israel, S. 167.

wobei es zwischen offiziellem und inoffiziellem Diskurs zu unterscheiden gilt. Offiziell handelte es sich bei der Nahostpolitik Pompidous um ein willentliches Festhalten an den Entscheidungen General de Gaulles zugunsten eines Kurses der Neutralität. Frankreich sei einzig um die Herstellung von Frieden im Nahen Osten bemüht. Nachdem sich de Gaulle vor allem gegen Ende seiner Amtszeit allerdings deutlich um eine Distanzierung zu Israel und eine Annäherung an die arabische Staatenwelt bemüht hatte, wurde diese zuletzt eingenommene Haltung als Kernelement gaullistischer Außenpolitik interpretiert und daher vom Gaullisten Pompidou beibehalten[65]. Inoffiziell bedeutete nahostpolitische Kontinuität daher fortan die Verfolgung eines proarabischen Kurses, welcher – nicht zuletzt infolge ökonomischer Notwendigkeiten – zudem zu einem parteiübergreifenden Konsens geworden war. Die Tatsache, dass es während der Präsidentschaft Pompidous zu keiner Rückkehr zu den einst so privilegierten französisch-israelischen Beziehungen kam, ja dass aus israelischer Sicht sogar das Gegenteil der Fall war, kann hierfür ebenso als Beleg gelten wie die Nahostpolitik von Pompidous Nachfolger im Amt des Staatspräsidenten, Valéry Giscard d'Estaing. Während seines Septennats sollten sich die französisch-israelischen Beziehungen weiter verschlechtern, wie unter anderem Frankreichs Haltung zum Abkommen von Camp David 1978 sowie zum ägyptisch-israelischen Friedensvertrag 1979 deutlich gezeigt hat.

---

[65] Vgl. Samy Cohen, De Gaulle et Israël. Le sens d'une rupture, in: Élie Barnavi/Saul Friedländer, La politique étrangère du Général de Gaulle, Paris 1985, S. 202.

Markus Lammert
Die Unruhen vom Mai 1968 und die Politik der inneren Sicherheit in Frankreich

Die auf den Mai 1968 folgenden Jahre wurden in Teilen der französischen Öffentlichkeit als Zeitraum einer exzessiven Ordnungs- und Sicherheitspolitik wahrgenommen. So schrieb die linke Wochenzeitschrift *Le Nouvel Observateur* im Oktober 1970: „Ausweiskontrollen, Polizeigewahrsam, Prügel, Staatssicherheitshof, Urteile, deren Härte selbst die Anhänger einer Politik von ‚Recht und Ordnung' empören: Frankreich wacht angesichts der Eskalation der Polizeigewalt endlich auf"[1]. Das Wochenmagazin Der Spiegel kommentierte im Juli 1971 unter der Überschrift „Rache für den Mai": „Frankreichs Polizisten prügeln und foltern. In ihren Haftzellen mehren sich mysteriöse Todesfälle"[2]. Jean-Paul Sartre erklärte: „Der Staat ist noch nicht faschistisch, aber die Polizei ist es bereits"[3].

In der Rückschau überraschen diese Einschätzungen, gilt Frankreich doch im Vergleich zu seinen europäischen Nachbarn als Ausnahme: Während sich insbesondere die Bundesrepublik Deutschland im Kampf gegen den Terrorismus den Ruf eines repressiven Staates erwarb, blieb Frankreich in den 1970er Jahren von terroristischen Anschlägen weitgehend verschont[4]. Die harsche zeitgenössische Kritik zeigt aber, dass sich der französische Staat ganz ähnlichen Problemen zu stellen hatte wie seine europäischen Nachbarn.

Im Zentrum der folgenden Überlegungen steht das staatliche Vorgehen gegen politische Gewalt in Frankreich vom Mai 1968 bis zum Ende der Amtszeiten von Präsident Georges Pompidou und Innenminister Raymond Marcellin im Jahr 1974 – ein Zeitraum der in der französischen Historiographie als *l'après-mai* (‚Nach-Mai') bezeichnet wird[5]. Ein erster Teil des Beitrages geht auf die Herausforderung des staatlichen Gewaltmonopols während und nach den Mai-Unruhen ein. Danach folgt eine Analyse verschiedener Aspekte der staatlichen Politik der inneren Sicherheit. Schließlich werden die längerfristigen Auswirkungen der Auseinandersetzung zwischen Staat und linksrevolutionären Gruppierungen beleuchtet.

Mai 68 und politische Gewalt im Nach-Mai

Die Unruhen in Paris begannen Anfang des Jahres 1968 mit Studentenprotesten an der Pariser Vorstadt-Universität von Nanterre. Die Reaktion der Behörden, die die

---

[1] Le Nouvel Observateur, 19.10.1970, S. 58.
[2] Der Spiegel, Nr. 29/71, 12.7.1971, S. 80.
[3] Ebd.
[4] Zur französischen Kritik am Umgang der Bundesrepublik mit dem linksrevolutionären Terrorismus vgl. u.a. Markus Lammert, Die französische Linke, der Terrorismus und der „repressive Staat" in der Bundesrepublik in den 1970er Jahren, in: Vierteljahrshefte für Zeitgeschichte 59 (2011), S. 533–560.
[5] Vgl. etwa François Hourmant, Le désenchantement des clercs. Figures de l'intellectuel dans l'après-mai 1968, Paris 1998.

Universität schließen ließen und einige Studenten verhafteten, führte zu einer Solidaritätsbewegung, die sich auf die gesamte Stadt ausweitete. Anfang Mai besetzten Studenten die Sorbonne. Als die Polizei die Universitätsgebäude räumte und 200 Protestierende festnahm, brachen Unruhen aus[6].

In den folgenden Tagen lieferten sich tausende Studenten Straßenschlachten mit den Sicherheitskräften. Sie forderten die Freilassung der verhafteten Demonstranten und den Abzug der Polizei aus der Sorbonne. Im *Quartier Latin* wurden Barrikaden errichtet. Als in der Nacht vom 10. auf den 11. Mai Einheiten der Bereitschaftspolizei das Viertel räumten, wurden hunderte Demonstranten und Polizisten verletzt. Die Polizei nahm über 500 Menschen fest. Die Reaktion der Sicherheitskräfte wurde von weiten Teilen der Bevölkerung als übertrieben und brutal wahrgenommen. Es kam zu einem landesweiten Generalstreik. Insgesamt streikten im Mai 1968 über zwei Drittel der französischen Arbeiter. Am 13. Mai demonstrierten eine Million Arbeiter und Studenten in den Straßen von Paris. Frankreich erlebte die größten sozialen Proteste seit der Pariser Kommune 1871[7].

Regierung und Präsident waren vom Ausmaß der Unruhen zunächst überrascht worden und wirkten überfordert. Erst Ende Mai gelang es Präsident de Gaulle und vor allem dem klug taktierenden Premier Georges Pompidou wieder, Herren der Situation zu werden. Nach seiner Rückkehr von einem geheimen Besuch beim Kommandeur der französischen Truppen in der Bundesrepublik Deutschland, General Jacques Massu in Baden-Baden, wandte sich de Gaulle am 30. Mai mit einer Ansprache an das französische Volk. Sie bildete den Auftakt der *reprise en main* durch den Staatschef. De Gaulle kündigte Neuwahlen für die Nationalversammlung und eine Kabinettsumbildung an[8].

Neuer Innenminister wurde Raymond Marcellin. Der in der Öffentlichkeit weitgehend unbekannte Konservative hatte in Insiderkreisen den Ruf eines energischen ‚law and order' Politikers und sollte in den folgenden Jahren zur Schlüsselfigur der Politik der inneren Sicherheit werden[9]. Während die Anhänger des Präsidenten das Schreckgespenst weiterer Unruhen und eines ‚totalitären Kommunismus' als Wahlkampfthema nutzten, griff der neue Innenminister hart durch. In einem am 12. Juni verkündeten Maßnahmenpaket beschloss der Ministerrat ein Demonstrationsverbot, die Ausweisung von Ausländern, die an den Mai-Unruhen beteiligt gewesen waren sowie die Räumung aller noch besetzten öffentlichen Gebäude[10]. Wichtigste Maßnahme war das Verbot der sogenannten revolutionären Gruppen: Betroffen waren u.a. die trotzkistische *Jeunesse Communiste Révolutionnaire* (JCR), die maoistische *Union des*

---

[6] Zu den Hintergründen und zum Ablauf der Mai-Unruhen vgl. u. a. Ingrid Gilcher-Holtey, „Die Phantasie an die Macht". Mai 68 in Frankreich, Frankfurt am Main 1995; Boris Gobille, Mai 68, Paris 2008.

[7] Vgl. Gilcher-Holtey, Mai 68 in Frankreich, S. 270–338.

[8] Vgl. Gobille, Mai 68, S. 97.

[9] Zu Marcellin vgl. u. a. Francis Zamponi, Raymond Marcellin, le Fouché breton, in: Robert Faligot/Jean Guisnel (Hrsg.), Histoire secrète de la Ve République, Paris 2006, S. 405–407; Sylvain Dépit, Raymond Marcellin et le spectre de la répression policière dans la France de l'après-mai 1968 (1968–1974), unveröffentlichte Magisterarbeit, Institut d'Études Politiques (IEP) Paris, 2007.

[10] Vgl. Dépit, Raymond Marcellin et le spectre de la répression policière, S. 44.

jeunesses communistes marxistes-léninistes sowie das *Mouvement du 22 mars*[11]. Der überragende Wahlsieg der konservativen Parteien am 30. Juni bestätigte indirekt die Legitimität dieser Maßnahmen und beendete die erste Phase der Krisenbewältigung im Jahr 1968[12].

Trotz des Verbots blieben die revolutionären Gruppen weiterhin aktiv. Zwar wurde das im Juni 1968 ergangene Demonstrationsverbot bis zum Frühjahr 1969 zunächst eingehalten. In der Zwischenzeit formierte sich aber ein Teil der linksradikalen Bewegung neu. Im französischen Maoismus entwickelte sich eine Strömung, die das Land mittels spektakulärer illegaler Aktionen zu einem Bürgerkrieg und damit zur Revolution führen wollte[13]. Das u.a. von Alain Geismar und Serge July verfasste Buch „Vers la guerre civile" – „Auf dem Weg in den Bürgerkrieg" – lieferte das Programm für die größte und bekannteste dieser Gruppen: die im Herbst 1968 gegründete *Gauche Prolétarienne* (GP)[14]. Sie verfolgte die Strategie, spontane gesellschaftliche Konflikte bis zum bewaffneten Kampf weiterzutreiben. Besondere Aufmerksamkeit wurde ihr durch die Nähe zu bedeutenden Intellektuellen wie Jean-Paul Sartre zuteil[15]. Die Führer der *Gauche Prolétarienne* waren überzeugt, dass sich Frankreich auf dem Weg zu einem „neuen Faschismus" befand[16]. Ihre Mitglieder schleusten sich als Arbeiter in Fabriken ein, organisierten wilde Streiks und versuchten die Belegschaften zu Aktionen gegen ihre Manager und Vorarbeiter zu bringen[17]. Außerdem organisierten sie illegale symbolische Angriffe auf den ‚Kapitalismus' und für die ‚Arbeiterklasse': Im Februar 1970 stahlen Mitglieder der *Gauche Prolétarienne* tausende Metro-Tickets und verteilten sie an Passagiere. Drei Monate später brachen sie in ein Luxuswarengeschäft ein und verteilten die geraubten Wertsachen an die arme Migrantenbevölkerung in den Pariser Vorstädten[18].

In einigen Fällen kam die *Gauche Prolétarienne* dem sozialrevolutionären Terrorismus, der sich später in Deutschland und Italien entwickeln sollte, gefährlich nahe. Nach dem Verbot der Gruppierung im Mai 1970 wurde mit der *Nouvelle résistance populaire* eine neue Organisation gebildet, die sich als militärischer Arm der *Gauche Prolétarienne* verstand und deren Mitglieder in den Untergrund abtauchten[19]. Im Herbst 1970 entführten Aktivisten einen Abgeordneten der Nationalversammlung, ließen ihn nach wenigen Stunden aber wieder frei. Im Mai 1971 verübten sie einen

---

[11] Vgl. ebd.
[12] Vgl. Gobille, Mai 68, S. 86–100.
[13] Zum Maoismus in Frankreich vgl. Christophe Bourseiller, Les maoïstes. La folle histoire des gardes rouges français, Paris 2008.
[14] Alain Geismar/Serge July/Erlyne Morane, Vers la guerre civile, Paris 1969.
[15] Zum Verhältnis zwischen Sartre und dem französischen Maoismus vgl. Richard Wolin, The Wind from the East. French Intellectuals, the Cultural Revolution and the Legacy of the 1960s, Princeton/Oxford 2010, S. 179–232.
[16] Vgl. u.a. Alain Glucksmann, Fascismes: l'ancien et le nouveau, in: Les Temps Modernes, Nr. 310 bis, 1972, S. 266–334. Vgl. auch Jean-Pierre Le Goff, Mai 68. L'héritage impossible, Paris 1998, S. 189–203.
[17] Vgl. u.a. Marnix Dressen, Les établis, la chaîne et le syndicat. Évolution des pratiques, mythes et croyances d'une population d'établis maoïstes, 1968–1982. Monographie d'une usine lyonnaise, Paris 2000.
[18] Vgl. Isabelle Sommier, La violence politique et son deuil. L'après 68 en France et en Italie, Rennes 2008, S. 94.
[19] Vgl. ebd.

Bombenanschlag auf die Redaktionsräume der rechtsextremen Zeitschrift *Minute* und im März 1972 entführten sie einen Manager der Pariser Renault-Werke. Auch diese Aktion endete nach einigen Tagen mit der Freilassung des Opfers[20]. Aus Angst vor einem endgültigen Abgleiten in den Terrorismus löste die Führung der *Gauche Prolétarienne* 1973 ihre Gruppe schließlich selbst auf[21]. Zwar bewegte sich die radikale französische Linke in den Jahren nach 1968 am Rande des Terrorismus – Isabelle Sommier hat von 1968 bis 1973 insgesamt 280 Anschläge gezählt[22]. Doch der entscheidende Schritt zum systematischen Kampf im Untergrund und zum politischen Mord blieb aus.

Die Priorität der öffentlichen Sicherheit

Die Angst vor einem neuen Mai 68 und die Bekämpfung der linksradikalen Gruppen, von denen man eine solche Gefahr am ehesten erwartete, bildeten die beiden Grundkonstanten der Politik der inneren Sicherheit in den Jahren nach 1968. Innenminister Marcellin sprach anlässlich der Haushaltsverhandlungen vor der Nationalversammlung im November 1968 ausschließlich über das Problem der öffentlichen Sicherheit[23]. Als erste strukturelle Maßnahme kündigte er eine Erhöhung des Budgets der Polizei um 15% an, die fast vollständig in den Ausbau von Einheiten der Bereitschaftspolizei – den *Compagnies Républicaines de Sécurité* (CRS) – fließen sollte[24].

Die Verteilung der Haushaltsposten des Innenministeriums spiegeln die Priorität der Bekämpfung politischer Gewalt wider: Während von 1961 bis 1968 in Frankreich lediglich ca. 1000 Polizisten neu eingestellt wurden, erhöhte sich ihre Zahl in der Amtszeit Raymond Marcellins um etwa 18 000 auf über 100 000 Beamte[25]. Die Privilegierung von Bereitschaftspolizei und Pariser Polizeipräfektur wurde in den Haushaltsverhandlungen der Nationalversammlung immer wieder kritisiert. Die Abgeordneten beanstandeten, dass die französischen Großstädte der Provinz und die Pariser *Banlieue* mit unterbesetzten Polizeiwachen und einer rapide wachsenden Kleinkriminalität zu kämpfen hätten. Durchsetzen konnten sich diese Kritiker bis zur Ablösung Raymond Marcellins aber nicht. Einen Richtungswechsel leitete im Jahr 1975 erst der neue Innenminister Michel Poniatowski ein[26].

---

[20] Zu den ‚militärischen' Aktionen der *Nouvelle Résistance Populaire* vgl. Hervé Hamon/Patrick Rotman, Génération, Bd. II: Les années de poudre, Paris 1988, S. 274–278; 393–422.
[21] Vgl. Bourseiller, Les maoïstes, S. 330–334.
[22] Vgl. Sommier, Violence politique, S. 96.
[23] Vgl. Journal Officiel de la République Française (JORF)/Assemblée Nationale, Débats parlementaires, 2ᵉ séance du 14 novembre 1968, S. 4004–4009.
[24] Vgl. ebd.
[25] Vgl. JORF/Assemblée Nationale, Avis présenté au nom de la commission des lois constitutionnelles, de la législation et de l'administration générale de la République sur le projet de loi de finances pour 1969, annexe 394 à la 1ᵉ session ordinaire de 1968–1969, S. 773; Michel Aubouin/Arnaud Teyssier/Jean Tulard (Hrsg.), Histoire et dictionnaire de la police du Moyen-Âge à nos jours, Paris 2005, S. 492f.
[26] Vgl. u. a. JORF/Assemblée Nationale, Avis présenté au nom de la commission des lois constitutionnelles, de la législation et de l'administration générale de la République sur le projet de loi de finances pour 1970, annexe n° 840 à la 1ᵉ session ordinaire de 1969–1970, S. 836.

Bereits im Sommer 1968 ließ Marcellin interne Arbeitsgruppen einrichten, welche die Modernisierung der Demonstrationskontrolle vorantreiben sollten[27]. In der Folge wurde eine Reihe neuer Taktiken für die friedliche Auflösung von Demonstrationen eingeführt. Fahrzeuge zur Räumung von Barrikaden verstärkten den Fuhrpark. Die Polizisten wurden mit Schutzanzügen und Helmen mit Visier ausgestattet. Außerdem wurden nunmehr Beamte in Zivil eingesetzt, die Verdächtige aus der Menge heraus schnell festnehmen konnten. Die massive Aufrüstung der Bereitschaftspolizei sowie die Einführung neuer Polizeitechniken zielten auf eine bessere Kontrolle von potenziell gewaltsamen Versammlungen und rührten damit direkt aus den Erfahrungen vom Mai 68. Der verbesserte Schutz der Polizisten ermöglichte eine defensivere Demonstrationskontrolle und wirkte sich langfristig positiv auf die Demonstrationskultur in Frankreich aus: Nach dem Mai 1968 verringerten sich gewaltsame Zusammenstöße zwischen Polizisten und Demonstranten erheblich[28].

Für die Überwachung und Strafverfolgung der linksradikalen Aktivisten wurden ebenfalls neue Strukturen eingeführt. Im April 1970 richtete die Kriminalpolizei ein Sonderbüro ein, in dem sämtliche Ermittlungen gegen die revolutionären Gruppen zentralisiert wurden[29]. Geheimdienste und Pariser Polizei verfügten über mehrere Zehntausend Datensätze von überwachten Personen[30]. Kurz nach dem Verbot der *Gauche Prolétarienne* im Mai 1970 wurde mit Alain Geismar einer der Anführer der Gruppe verhaftet[31]. In den folgenden Monaten nahm die Polizei über hundert Aktivisten fest[32].

Die symbolische Dimension der politischen Gewalt

Der weitgehend symbolische oder gar ‚spielerische' und ‚theatralische' Charakter des Pariser Mai ist bereits während der Ereignisse selbst hervorgehoben worden[33]. Das hervorstechendste Beispiel dafür sind die im *Quartier Latin* errichteten Barrikaden: Ohne effektiven militärischen Nutzen waren sie zuvorderst eine historische Referenz an die zahlreichen Erhebungen der Pariser Bevölkerung im 18. und 19. Jahrhundert[34]. Ein solcher symbolischer Charakter lässt sich auch für die Auseinandersetzungen zwischen linksradikalen Gruppen und dem Staat in den folgenden Jahren feststellen. Hauptmerkmal ist eine eklatante Diskrepanz zwischen den Gewaltdiskursen und dem weitgehend gewaltlosen Verlauf der Auseinandersetzungen. Die im Mai 68 erprobten Strategien, sowohl der symbolischen Revolution als auch ihrer symbolischen Nieder-

---

[27] Vgl. Fabien Jobard, Ce que Mai fit à la police, in: Philippe Artières/Michelle Zancarini-Fournel (Hrsg.), Les années 68. Une histoire collective (1962–1981), Paris 2008, S. 577–582.
[28] Vgl. Patrick Bruneteaux, Maintenir l'ordre, Paris 1996.
[29] Vgl. Dépit, Raymond Marcellin et le spectre de la répression policière, S. 81.
[30] Vgl. Bruneteaux, Maintenir l'ordre, S. 229.
[31] Vgl. den Bericht des Leiters der Sonderkommission Jacques Harstrich, 20 ans de police politique, Paris 1991, S. 172–181.
[32] Vgl. Julian Bourg, From Revolution to Ethics. May 1968 and Contemporary French Thought, Montreal 2007 S. 68.
[33] Vgl. u. a. Raymond Aron, La Révolution introuvable. Réflexions sur les événements de mai, Paris 1968.
[34] Vgl. Gilcher-Holtey, Die Phantasie an die Macht, S. 232–258.

schlagung, bildeten den Handlungsrahmen für die Konfrontationen der folgenden Jahre[35].

In der Programmschrift „Auf dem Weg zum Bürgerkrieg" und in ihrer Zeitschrift *La cause du peuple* rief die *Gauche Prolétarienne* zum bewaffneten Aufstand gegen den „Klassenfeind" auf. Die selbsternannten ‚neuen Partisanenkämpfer' setzten in ihrer Terminologie den französischen Staat mit dem nationalsozialistischen Besatzungsregime gleich[36]. Der bewaffnete Arm der GP nannte sich *Nouvelle résistance populaire* – nach dem Vorbild der *Résistance*, der Widerstandsbewegung gegen die nationalsozialistische Besatzung. *La Cause du Peuple* forderte, die „Abteilungsleiter der Betriebe aufzuhängen" und kündigte an, dass „faschistische Polizisten" hingerichtet würden[37]. Tatsächlich folgten solchen Aufrufen allerdings in den wenigsten Fällen Taten, und selbst bei den spektakulärsten Aktionen der *Gauche Prolétarienne* wurde tödliche Gewalt vermieden.

Diese Diskrepanz zwischen öffentlicher Rede und Praxis galt auch für die Reaktion des französischen Staates. Einerseits dramatisierten Innenminister Marcellin und seine Behörde die Aktionen der Gauchisten, andererseits übten auch die staatlichen Autoritäten eine relative Zurückhaltung. Im Innenministerium fanden die ritualisierten Aufrufe zum gewaltsamen Sturz der Regierung ihr Spiegelbild in der Aufmerksamkeit, die den Gauchisten als „Feinde[n] der Demokratie" entgegengebracht wurde[38].

Marcellin ließ bereits 1968 einen Bericht über „Die Ziele und Methoden der revolutionären Bewegungen anhand ihrer Flugschriften und Zeitschriften" anfertigen[39]. 1969 folgte eine zweite, noch umfangreichere Publikation. Auch diese Analyse stützte sich fast ausschließlich auf die Auswertung von Selbstdarstellungen der linksradikalen Gruppierungen in Zeitschriften, Flugblättern und Pamphleten. Diese, so die Broschüre, zeigten, dass „das wahre Ziel der revolutionären Gruppen […] der Sturz der Regierung durch Gewalt und die Zerstörung der Institutionen der Republik und der Demokratie" sei[40]. Der Innenminister sprach vom „subversiven" Charakter und einer „psychologischen Kriegsführung" der Linksextremisten[41]. Außerdem behauptete er, die französischen Gruppierungen seien Teil einer „internationalen Verschwörung", die sich gegen alle westlichen Demokratien richte, und deren Zentrum im revolutionären Kuba läge[42].

---

[35] Für die revolutionären Gruppen ist diese Diskrepanz unter anderem von Isabelle Sommier herausgearbeitet worden; vgl. Sommier, Violence politique. Vgl. ferner Dieter Paas, Frankreich: Der integrierte Linksradikalismus, in: Henner Hess/Martin Moerings/Dieter Paas/Sebastian Scheerer/Heinz Steinert, Angriff auf das Herz des Staates. Soziale Entwicklung und Terrorismus, Frankfurt am Main 1988, S. 169–278.
[36] Vgl. Le Goff, Mai 68, S. 186–188.
[37] Zitiert nach Dépit, Raymond Marcellin et le spectre de la répression policière, S. 190.
[38] JORF/Assemblée Nationale, Débats parlementaires, 2ᵉ séance du 14 novembre 1968, S. 4404 u. 4409.
[39] Ministère de l'intérieur, Objectifs et méthodes des mouvements révolutionnaires d'après leurs tracts et journaux, Paris 1968.
[40] Raymond Marcellin, L'ordre public et les groupes révolutionnaires, Paris 1969, S. 14.
[41] Ebd, S. 33.
[42] JORF/Assemblée Nationale, Débats parlementaires, 2ᵉ séance du 14 novembre 1968, S. 4007f.

In der Überzeichnung der linksradikalen Gefahr folgte das Innenministerium dem Verhaltensmuster der Gauchisten. Auf deren verbale Radikalisierung antwortete die Regierung mit einer Dämonisierung der revolutionären Gruppen[43]. Im Zusammenspiel vermittelten beide Seiten damit den Eindruck, das Land befinde sich im Bürgerkrieg[44].

Ausbau des Rechtsstaats in der Krise

Doch anders als es die dramatisierende Sprache Marcellins suggerierte, und anders als von der extremen Linken propagiert, blieb die polizeiliche, juristische und institutionelle Reaktion des französischen Staates moderat. Statt von einer schleichenden ‚Faschisierung' zeugte der Umgang mit den Protesten des Jahres 1968 und der politischen Gewalt linksradikaler Gruppen in den folgenden Jahren vielmehr von einer Konsolidierung des französischen Rechtsstaates in der Krise und der Abkehr von einer Logik des Krieges.

Dies wird insbesondere vor dem Hintergrund der exzessiven Maßnahmen deutlich, die noch zu Beginn der 1960er Jahre das politische Klima in Frankreich bestimmt hatten[45]. Zwar wurde mit Marcellins Kampagne zur Wiederherstellung der öffentlichen Ordnung die Polizeipräsenz in Paris massiv erhöht und die Verfolgung der revolutionären Gruppen brachte eine Reihe von Gauchisten in Haft, aber die polizeilichen Maßnahmen blieben weitgehend im Rahmen der gesetzlichen Vorgaben[46]. Die Sicherheits- und Geheimdienste verfolgten eine Strategie der punktuellen Überwachung potenziell gewalttätiger Gruppen und vermieden damit großflächige Massenverhaftungen[47]. Die mit neuen Techniken und Schutzanzügen ausgestatteten Bereitschaftspolizisten der CRS verfolgten ebenfalls eine eher defensive Form der Demonstrationskontrolle[48].

Kernstück der juristischen Verfolgung von politischen Verbrechen war der Staatssicherheitshof. Er war im Jahr 1963 auf Anweisung de Gaulles zur Aburteilung der Akteure des gescheiterten Militärputsches von 1961 sowie der Terroristen der *Organi-*

---

[43] Eine erste Auswertung von nunmehr zugänglichem Archivmaterial zeigt, dass dieser Diskurs von Teilen des Staatsapparats übernommen wurde. In ministeriellen Rundschreiben und in Situationsberichten der Präfekten findet sich der von Raymond Marcellin vorgegebene Duktus wieder. Auch in den Berichten des Inlandgeheimdienstes werden die Aktionen der Gauchisten als „terroristisch" beschrieben und die bereits 1968 immer unglaubwürdiger werdende These einer „internationalen Verschwörung" weiter verfolgt. Vgl. Michelle Zancarini-Fournel, Changer le monde et changer sa vie, in: dies./Philippe Artières (Hrsg.), Les années 68. Une histoire collective (1962–1981), Paris 2008, S. 403–443, hier S. 107.
[44] Zancarini-Fournel spricht vom „image – excessive – d'un pays mis à feu et à sang"; ebd.
[45] Für eine Analyse der systematischen Polizeigewalt während des Algerienkrieges vgl. Jim House/Neil Macmaster, Paris 1961: Algerians, State Terror, and Memory, Oxford 2006.
[46] Für eine detaillierte Aufstellung von Fällen von Polizeigewalt vgl. Maurice Rajsfus, Mai 68. Sous les pavés, la répression (mai 1968–mars 1974), Paris 1998.
[47] Einen Einblick in die Arbeit der Sicherheitsbehörden geben die Memoiren des Geheimdienstagenten Serge Savoie, RG. La traque d'Action Directe, Paris 2011, S. 35–40.
[48] Vgl. Bruneteaux, Maintenir l'ordre, S. 198–227.

sation de l'Armée Secrète (OAS) gegründet worden[49]. Seine Anwendung fiel nun aber weitaus moderater aus als noch in den 1960er Jahren: Während in der Nachfolge des Algerienkrieges bis 1968 über 2600 Personen zu oftmals langjährigen Haftstrafen verurteilt wurden, sprachen die Richter von 1969 bis 1975 lediglich 85 Urteile aus, die in der Regel eine fünfjährige Haftstrafe nicht überschritten[50]. Der großen Mehrzahl der insgesamt 1035 verurteilten Linksextremisten wurde vor ordentlichen Gerichten der Prozess gemacht[51].

Die staatlichen Dispositive des Ausnahmezustandes kamen – anders als noch im Algerienkrieg – zudem gar nicht erst zur Anwendung. Weder machte der Präsident von seinem Recht gebrauch, den Ausnahmezustand auszurufen, noch verhängte die Regierung den Notstand. Der französische Staat verfügte im Kampf gegen die revolutionären Gruppen über weitreichende Repressionsinstrumente. Angesichts des niedrigen Gewaltniveaus wurden diese aber nicht oder nur sehr vorsichtig eingesetzt.

Auch bei neuen Gesetzesinitiativen der Regierung zeigte sich, dass die Garantien der bürgerlichen Freiheiten in der Krise eher ausgebaut wurden. Eine der umstrittensten Initiativen von Innenminister Marcellin war ein im Juni 1970 eingebrachter Gesetzentwurf „zur Bekämpfung bestimmter neuer Formen der Strafbarkeit", der als *loi anticasseur* – als ‚Anti-Randalierer-Gesetz' – bekannt wurde[52]. Der Entwurf richtete sich gegen die revolutionären Gruppen und ihre Gewalt auf öffentlichen Demonstrationen[53]. Von nun an sollten alle Teilnehmer einer Demonstration, in deren Verlauf es zu Ausschreitungen gekommen war, strafrechtlich verfolgt werden können[54]. Die Regierung setzte sich damit dem Vorwurf aus, eine Kollektivschuld einzuführen. Nicht nur die Oppositionsparteien machten Front gegen den Entwurf, auch viele Abgeordnete der Regierungsmehrheit standen ihm äußerst kritisch gegenüber[55].

Nationalversammlung und Senat verabschiedeten das ‚Anti-Randalierer-Gesetz' zwar schließlich, doch die Ausschüsse der beiden Kammern änderten den Gesetzesvorschlag in seiner Substanz: Nicht mehr alle Demonstrationsteilnehmer, sondern nur solche, die noch nach dem Ausbruch von Ausschreitungen weiter aktiv an der Kundgebung beteiligt blieben, sollten juristisch belangt werden können[56]. Außerdem

---

[49] Zu den innerfranzösischen Verwerfungen infolge des Algerienkrieges vgl. detailliert Jean Monneret, La phase finale de la guerre d'Algérie, Paris u. a. 2010.
[50] Vgl. Joël Ficet, Indépendance et dépendances de la justice. Le concept d'indépendance de la justice comme enjeu de luttes politiques en France, 1954–1986, unveröffentlichte Dissertationsschrift IEP Paris 2005, S. 202f.
[51] Vgl. Jean-François Sirinelli (Hrsg.), Dictionnaire historique de la vie politique française au XX siècle, Paris 2003, S. 744. Dazu gehört auch der am stärksten mediatisierte Prozess gegen einen Führer der linksradikalen Bewegung: Alain Geismar wurde im Oktober 1970 von einem ordentlichen Strafgericht wegen öffentlicher Anstiftung zu Gewalttaten zu 18 Monaten Gefängnisstrafe verurteilt.
[52] JORF, Loi n° 70–480 du 8 juin 1970, tendant à réprimer certaines formes nouvelles de délinquance, 9.7.1970, S. 5324.
[53] Vgl. Assemblée Nationale, Projet de loi tendant à réprimer certaines formes nouvelles de délinquance, n° 1072, 14.4.1970, p. 5.
[54] JORF, Loi n° 70–480 du 8 juin 1970, tendant à réprimer certaines formes nouvelles de délinquance, 9.7.1970, S. 5324.
[55] Vgl. u. a. Robert Badinter/Denis Bredin, L'escalade, in: Le Monde, 29.4.1970.
[56] Vgl. JORF, Loi n° 70–480 du 8 juin 1970, tendant à réprimer certaines formes nouvelles de délinquance, 9.7.1970, S. 5324.

bestanden die Parlamentarier auf einer zurückhaltenden Anwendung des Gesetzes[57]. Trotz dieser Korrekturen blieb das ‚Anti-Randalierer-Gesetz' während der gesamten 1970er Jahre ein Symbol für staatliche Repression[58]. Festzuhalten bleibt dennoch, dass die verfassungsrechtliche Trennung von Exekutive und Legislative gerade bei der Verfolgung linksradikaler Gewalttäter funktionierte. Die Parlamentarier schliffen nicht nur die schärfsten Vorgaben des Regierungsvorschlags ab, sie wirkten auch als Katalysator für eine Debatte, die sich in den folgenden Jahren noch verstärken sollte.

Bereits ein Jahr später scheiterte der Innenminister mit einem neuen Gesetzesprojekt. Eine Änderung des Vereinsrechts sollte verhindern, dass sich verbotene Organisationen unter einem anderen Namen neu konstituierten[59]. Wie das Anti-Randalierer-Gesetz richtete sich das neue Gesetz gegen die revolutionären Gruppen. Nach dem Verbot der *Gauche Prolétarienne* im Mai 1970 hatte eine Reihe Intellektueller einen Freundeskreis der Zeitschrift *La cause du peuple* gebildet, die als Nachfolgeorganisation der *Gauche Prolétarienne* fungierte[60]. Der Entwurf sah vor, dass ein Präfekt eine Vereinsgründung verbieten könne, falls er die Ziele dieser Organisation als „illegal" oder „unmoralisch" einschätzte[61]. Die linken Oppositionsparteien und weite Teile der medialen Öffentlichkeit warfen dem Innenministerium vor, mit dem Gesetz die bürgerlichen Freiheitsrechte zu verletzen, denn es erlaubte den Präfekten, ohne Einbeziehung der Judikative und nur aufgrund von Vermutungen ein Verbot auszusprechen. Der Senat stimmte wie ein Jahr zuvor gegen das Gesetz. Die Nationalversammlung verabschiedete den Entwurf schließlich in einer Nachtsitzung[62].

Daraufhin rief Senatspräsident Alain Poher den Verfassungsrat an, welcher das Gesetz in der ihm vorgelegten Form für verfassungswidrig erklärte[63]. Erstmals bezogen die Ratsmitglieder die Menschenrechtserklärung von 1789 und die sogenannten „grundlegenden Prinzipien der Republik" in ihre Entscheidung mit ein und verwarfen den entscheidenden Artikel des Gesetzes[64]. Die Entscheidung des Verfassungsrats stellte eine wichtige Neuerung dar und gilt als Wendepunkt in der französischen Verfassungsgeschichte. Zum ersten Mal seit seiner Gründung im Jahr 1958 stellte sich der Verfassungsrat gegen ein Gesetzesprojekt der bis dahin übermächtigen Exekutive[65]. Die eigenmächtige Kompetenzerweiterung des Verfassungsrats schuf ein neues Gleichgewicht in der Gewaltenteilung und komplettierte den französischen Rechts-

---

57 Tatsächlich lässt sich ein relativer *usage discret* des Gesetzes feststellen: 1970: 18 Verurteilungen; 1971: 56 Verurteilungen, vor allem gegen GP-Mitglieder. Vgl. Dépit, Raymond Marcellin et le spectre de la répression policière, S. 115.
58 Vgl. Eric Agrikoliansky, La gauche, le libéralisme politique et les droits de l'homme, in: Jean-Jacques Becker/Gilles Candar (Hrsg.), Histoire des gauches en France, Bd. 2, Paris 2005, S. 524–541, hier S. 537.
59 Loi, délibérée par l'Assemblée nationale et le Sénat et adoptée par l'Assemblée nationale, complétant les dispositions des articles 5 et 7 de la loi du 1ᵉ juillet 1901 relative au contrat d'association; http://www.ladocumentationfrancaise.fr/dossiers/centenaire-loi-associations/documents.shtml [zuletzt abgerufen am 7.12.2011].
60 Vgl. Rajsfus, Mai 68, S. 205.
61 Vgl. ebd.
62 Vgl. ebd.
63 Vgl. JORF, Conseil Constitutionnel, Décision n° 71-44 DC du 16 juillet 1971, 18.7.1971, S. 7114.
64 Vgl. Gilles Breton, Libertés publiques et droits de l'homme, Paris 2009, S. 100.
65 Vgl. u.a. Jacques Chevallier, L'État de droit, Paris 1994, S. 91–96.

staat. Das Urteil markierte auch eine Wende in der Politik der inneren Sicherheit. Indem der Verfassungsrat den Bestrebungen des Innenministeriums Grenzen setzte, reagierte er auch auf eine Veränderung der öffentlichen Meinung. Seit 1970 ging die Angst der Bevölkerung vor einer Wiederholung der Mai-Unruhen spürbar zurück. Damit sank zugleich die Akzeptanz von als repressiv empfundenen Maßnahmen der Regierung.

Die gesellschaftliche Gegenbewegung für Freiheiten und Bürgerrechte

Das staatliche Vorgehen gegen linksradikale Gruppen führte zu einer dauerhaften Wiederbelebung der Freiheits- und Bürgerrechte als Themen auf der politischen Agenda. Sie prägten das politische Klima in Frankreich während der gesamten 1970er Jahre. Ausgangspunkt und zentrales Thema war das als brutal wahrgenommene Vorgehen der Polizei gegen Demonstranten und Linksradikale. Bereits während der Mai-Unruhen hatte es sich als effektives Mobilisierungsmittel erwiesen: Die weitgehend isolierten linksradikalen Gruppen provozierten mit ihren Aktionen eine als übertrieben empfundene Antwort der Sicherheitskräfte und sicherten sich so die Solidarität neuer Sympathisanten. Wenn sich auch die Mehrzahl der Franzosen letztlich gegen allzu große Veränderungen aussprach, so blieb die staatliche ‚Repression' weiter ein bestimmendes Thema insbesondere der politische Linken. Die bereits im Sommer 1968 einsetzenden Anti-Repressions-Kampagnen können auch als spezifische Form eines ‚Agenda Settings' verstanden werden: Von einem zunächst vor allem in linksradikalen Kreisen verbreiteten Diskurs entwickelte sich die Forderung nach Liberalisierung, größeren individuellen Freiheiten und der Rücknahme von als repressiv empfundenen Regelungen zu einem gesamtgesellschaftlichen Phänomen. Dabei kann – stark schematisiert – von einem dreistufigen Transmissionsprozess ausgegangen werden.

Auf einer ersten Stufe suchten die linksradikalen Gruppierungen den Protest gegen die ‚Repression' zu bündeln. So initiierte die *Gauche Prolétarienne* im Frühjahr 1971 eine Kampagne anlässlich eines Hungerstreiks von inhaftierten Mitgliedern. Als Plattform diente die ein Jahr zuvor gegründete „Rote Hilfe", in der auch viele prominente Intellektuelle vertreten waren. Eine direkte Folge des Hungerstreiks war die Gründung des von Michel Foucault geleiteten *Groupe d'information sur les prisons* (GIP)[66]. Ziel des GIP war die Verbesserung der Haftbedingungen in den französischen Gefängnissen. Die Mehrzahl der aktiven GIP-Mitglieder stammte aus dem Kreis der französischen Maoisten. Michel Foucault, aber auch Sartre unterstützten die Anti-Gefängnis-Bewegung mit spektakulären Aktionen wie der versuchten Besetzung des französischen Justizministeriums im Januar 1972[67].

Sartre und Foucault standen an der Spitze der Pariser Intellektuellen, die auf einer zweiten Ebene eine wichtige Rolle als Verstärker der Proteste spielten. Ähnlich wie

---

[66] Zur Geschichte des GIP vgl. Philippe Artières/Laurent Quéro/Michelle Zancarini-Fournel (Hrsg.), Le groupe d'information sur les prisons. Archives d'une lutte, Paris 2003.
[67] Vgl. Bourseiller, Les maoïstes, S. 236.

während des Algerienkrieges entwickelte sich ein Netzwerk von unabhängigen linken und linksliberalen Stimmen, die die Reaktion des Staates auf die Herausforderung radikaler Gruppen verurteilten. Eine Gruppe um Laurent Schwartz, Jean-Paul Sartre und Pierre Vidal-Naquet hatte bereits im Sommer 1968 ein „Komitee für die Freiheit und gegen die Repression" gegründet. An der Seite von Sartre verkauften viele Intellektuelle die kurz zuvor verbotene GP-Zeitschrift *La cause du peuple* in den Straßen von Paris, um für die Pressefreiheit zu demonstrieren[68]. Zudem führten Übergriffe von Polizisten auf kritische Journalisten zur Solidarisierung eines Teiles der etablierten Pariser Tageszeitungen mit den Anti-Repressions-Kampagnen[69].

Für eine Verstetigung der Forderungen nach einer Rücknahme der „freiheitstötenden" Gesetze und einer allgemeinen Liberalisierung sorgten in einem dritten Schritt die traditionellen Linksparteien. Für die kommunistische Partei (PCF) und vor allem die neu gegründeten Sozialisten (PS) um François Mitterrand barg das Versprechen einer freieren Gesellschaft ein großes Wählerpotential. Die individuellen und öffentlichen Freiheiten wurden zu einem zentralen Thema des gemeinsamen Wahlprogrammes von PCF und PS aus dem Jahr 1972. So hieß es in der Einleitung des Programmes unter dem Titel „Den Staat demokratisieren, die Freiheiten bewahren und ausbauen": „Seit 1958 hat das derzeitige Regime Jahr für Jahr ein Arsenal repressiver und polizeilicher Gesetze installiert, die die Demokratie und die Freiheit des Einzelnen gefährden. Frankreich muss die demokratischen Traditionen seines Volkes erhalten und entwickeln. Alle Gesetze, die die Bürgerrechte angreifen, müssen abgeschafft werden, Gesetze, die die Rechte schützen, müssen verabschiedet werden"[70].

In ihren Eigendarstellungen als ‚Verteidiger der Freiheit' überboten sich PS und PCF gegenseitig. Im Jahr 1975 veröffentlichten die Kommunisten eine „Erklärung der Freiheiten"[71]. Die Sozialisten folgten 1976 mit einer „Charta der Freiheiten"[72]. Die *libertés publiques* blieben bis zum Wahlsieg Mitterrands im Mai 1981 eines der wichtigsten Wahlkampfthemen der Linken. Dies hatte auch Auswirkungen auf den Kurs der konservativen Regierungen. Präsidentschaftskandidat Valéry Giscard d'Estaing nahm 1974 eine Reihe von Forderungen der Linksparteien in sein Wahlprogramm des „fortgeschrittenen Liberalismus" auf[73]. Bis zum Ende der 1970er Jahre lag der Schwerpunkt der Debatten um Sicherheit und Freiheit in Frankreich auf der Freiheit und den Bürgerrechten.

Dem neuen Freiheits-Diskurs konnten sich letztlich auch die Gauchisten selbst nicht entziehen. Der Erfolg der Anti-Repressions-Kampagnen und die dadurch aufrecht erhaltene Verbindung mit weniger radikalen Teilen der Linken erhöhte die Attraktivität von gewaltlosen, eher reformorientierten Projekten. Stationen auf dem Weg zur demokratischen (Re-)Integration waren der erwähnte GIP, Ideen der

---

[68] Vgl. Bernard Brillant, Les clercs de 68, Paris 2003.
[69] Vgl. Hamon/Rotman, Génération II, S. 341–361.
[70] Bulletin Socialiste. Organe d'information du Parti Socialiste, Supplément, juin 1972, S. 11.
[71] Parti Communiste Français, Vivre libre. Projet de déclaration des libertés soumis à la discussion des Français, Paris 1975.
[72] Robert Badinter (Hrsg.), Liberté, libertés. Réflexions du comité pour une charte des libertés, Paris 1976.
[73] Zum Programm Valéry Giscard d'Estaings vgl. Serge Berstein/Jean-François Sirinelli (Hrsg.), Les années Giscard. Les réformes de société 1974–1981, Paris 2007.

betrieblichen Selbstverwaltung (*autogestion*) und die maoistische Zeitungsgründung *Libération*[74]. Spätestens seit der Selbstauflösung der GP geriet die extreme französische Linke in einer Phase der Neuorientierung, die die Wortmächtigsten ihrer Protagonisten „from Revolution to Ethics"[75]– weg von der Revolution, hin zu einer Philosophie der Freiheiten – führen sollte. Unter den ab 1976 hervortretenden ‚Neuen Philosophen', die jeglichen Totalitarismus ablehnten und einen humanistischen Freiheitsbegriff vertraten, dominierten mit André Glucksmann und Bernard Henri Lévy Autoren, die noch zu Anfang des Jahrzehnts zum Umfeld der *Gauche Prolétarienne* gehört hatten[76].

Zusammenfassung

Im französischen Umgang mit politischer Gewalt in den späten 1960er und frühen 1970er Jahren wird zunächst die prägende Bedeutung der Mai-Ereignisse des Jahres 1968 deutlich. Der neu eingesetzte Innenminister konzentrierte sich fast ausschließlich auf die Aufrechterhaltung der öffentlichen Ordnung: Budget und Personal der Sicherheitskräfte wurden massiv erhöht, außerdem neues Material und moderne Polizeitechniken eingeführt. Erst die Absetzung von Raymond Marcellin markierte im Jahr 1974 eine Neuorientierung der Politik der inneren Sicherheit.

Der französische Staat reagierte früh auf die Anfechtung seines Gewaltmonopols. Bereits im Sommer 1968 wurden die wichtigsten linksradikalen Gruppierungen verboten. Das Innenministerium ließ sich auf die Rhetorik seiner Herausforderer ein und zeichnete so das Bild eines Staates im Bürgerkriegszustand. Deutlich wird aber auch, dass sich in Frankreich keineswegs ein monolithischer Polizeistaat, sondern ein Rechtsstaat verteidigte, der die Garantien der individuellen Freiheitsrechte letztlich sogar ausbaute.

Auch die gesellschaftliche Gegenbewegung, die sich für größere individuelle Freiheitsrechte einsetzte, zeigte in Frankreich besonders früh und besonders nachhaltig Wirkung. Während in der Bundesrepublik die konservativen Oppositionsparteien eher auf eine Verschärfung der staatlichen Anti-Terrorismus-Politik hin wirkten, verlieh in Frankreich das Vorhandensein einer stärker werdenden linken Opposition dem Thema der ‚Freiheiten' schon früh eine starke Präsenz in den öffentlichen Debatten.

---

[74] Vgl. Paas, Der integrierte Linksradikalismus, S. 169–278.
[75] So der Titel der Studie von Bourg. Vgl. Bourg, From Revolution to Ethics. Vgl. auch Robert Horvath, „The Solzhenitsyn Effect". East European Dissidents and the Demise of the Revolutionary Privilege, in: Human Rights Quarterly 29 (2007), S. 879–907.
[76] Zur Bewegung der *nouveaux philosophes* vgl. Michael Scott Christofferson, French Intellectuals Against The Left. The Antitotalitarian Moment of the 1970s, New York/Oxford 2004.

Jean Mondot

Le terrorisme des années 70 en RFA vu de France et de gauche

Quelques moments forts

Faute de pouvoir suivre de manière exhaustive l'écho des événements qui vont de la constitution de la *Fraction Armée Rouge/Rote Armee Fraktion*(RAF) au suicide de ses propres dirigeants à l'automne 1977, nous retiendrons deux moments significatifs de cette histoire qui correspondent à une focalisation de la presse française de gauche sur ces événements et à une implication de certaines personnalités politiques dans le débat.

On notera que la France n'a pas connu tout d'abord de partisans résolus de la violence armée. Soit que des organisations politiques tel le PSU, qui avait été le fer de lance du mouvement politique en mai 68, ait dissuadé les principaux acteurs de passer à l'étape violente comme Michel Rocard l'a prétendu[1]. Soit que le contexte politique français, constitué autrement, ait rendu à ses débuts le gauchisme imperméable à la violence individuelle et minoritaire. Les attentats d'Action directe ne commenceront en France qu'à la fin des années 70 et au début des années 80.

Baader et Meinhof à Stammheim: prisonniers ou martyrs?

Le premier moment de réception intense correspond à la visite de Jean-Paul Sartre à Andreas Baader pendant son emprisonnement à Stammheim. Rappelons que les détenus de Stammheim s'étaient lancés dans une grève de la faim pour attirer l'attention sur leurs conditions de détention. Or l'un des leurs, Holger Meins, venait de mourir (le 9 novembre 1974) des suites de cette longue grève qui avait duré deux mois. Ce qui avait déclenché une nouvelle vague de manifestations dans quelques grandes villes, notamment à Berlin et Francfort. Comme l'écrivait le correspondant du Monde Daniel Vernet, on redoutait une nouvelle vague de terreur comparable à celle des années 71-72. On avait raison. Le juge Von Drenkmann fut assassiné en ‚représailles' de la mort de Holger Meins, le 10 novembre 1974.

Mais qu'en était-il de ces conditions[2]? Il semble que ce soit pendant la période d'avant Stammheim que Ulrike Meinhof, ait eu, en particulier lors de son internement à Cologne (16 juin 72 au 6/02/73) à souffrir de l'isolement (*Isolationshaft*). Elle

---

[1] Michel Rocard, Si la Gauche savait. Entretiens avec Georges-Marc Benamou, Paris 2005, pp. 146–147.
[2] Sur le sujet, voir l'article de Martin Jander, Isolation. Zu den Haftbedingungen der RAF-Gefangenen, in: Wolfgang Kraushaar (éd.), Die RAF und der linke Terrorismus, Bd. 2, Hamburg 2006, pp. 973–983.

en rendit compte dans *Brief aus dem toten Trakt*[3]. A Stammheim, les conditions étaient tout à fait différentes et, si l'on en croit les témoignages, en particulier celui du journaliste Kurt Oesterle[4], supportables.

Jean-Paul Sartre a été convaincu par un des avocats du groupe Baader-Meinhof, Klaus Croissant (1931–2002), de se rendre à la prison de Stuttgart pour témoigner de l'inhumanité des conditions de vie dans cette prison. Le procureur fédéral Siegfried Buback lui refusa d'abord le droit de rendre visite à Andreas Baader, puis le tribunal régional de Stuttgart, contre son avis, autorisa cette visite. Sartre accompagné de Klaus Croissant et de Daniel Cohn-Bendit se rendit alors le 4 décembre 1974 à Stammheim où il eut un entretien avec Andreas Baader. Celui-ci fut-il satisfait des déclarations de Sartre? Ce n'est pas certain. Car Sartre se défendit d'être venu apporter son soutien aux thèses de la RAF. „Le terrorisme", déclarait-il, „qui peut se justifier en Amérique latine par exemple n'est pas valable politiquement dans les pays d'Europe occidentale". Le meurtre du juge von Drenkmann, si tant est qu'il ait été commis par un membre de la *Fraction Armée Rouge (FAR)*, est pour le philosophe „un acte explicable mais politiquement pas juste"[5]. Comme il l'avait annoncé dans sa lettre officielle de demande d'entrevue, il interrogea ensuite Andreas Baader sur ses conceptions politiques. Ce qu'il obtint ou retint, reste d'une grande banalité voire bizarrerie: pour Baader, il fallait attendre un changement de société „d'une longue éducation des enfants d'ouvriers. Mais les actions spectaculaires et violentes étaient nécessaires pour réveiller „un prolétariat allemand en retard d'une dizaine d'années sur le prolétariat étranger à cause du nazisme"[6]. On comprend que cela ait pu décevoir le philosophe qui porta ensuite un jugement peu amène sur Baader[7]. Sartre dans son compte rendu de l'entrevue nota d'ailleurs que Baader avait été mécontent de ses déclarations précédant l'entrevue. Il lui aurait dit: „J'attendais un ami pas un juge". Sartre donna une interprétation plutôt modeste de son geste. Il se présenta comme un homme de gauche voulant aider la gauche allemande.

En revanche, malgré la mauvaise humeur de Baader, il rendit les services attendus. Il le décrivit ainsi: „J'ai trouvé Baader, le visage amaigri et vidé, comme torturé par plus de deux mois et demi de grève de la faim. Dans la prison, les conditions sont intolérables". On note l'habileté de la formulation „comme torturé"[8]. C'était ce qu'il fallait laisser entendre. L'isolement expliquait-on était une véritable torture. Ce qui n'est sans doute pas faux, mais n'était pas ou plus le cas à Stammheim. Mais le mot „torture" devait être lâché. Ainsi l'on discréditait le système pénitentiaire de la RFA qu'on rapprochait des systèmes véritablement tortionnaires d'Amérique latine et l'on solidarisait les prisonniers de Stammheim avec les révolutionnaires persécutés dans le

---

[3] Cité dans Ulf G. Sternberger (éd.), „In der Strafsache gegen Andreas Baader, Ulrike Meinhof, Jan-Carl Raspe, Gudrun Ensslin wegen Mordes u. a." Dokumente aus dem Prozeß, Frankfurt am Main 1977, pp. 90–91.
[4] Kurt Oesterle, Stammheim. Die Geschichte des Vollzugsbeamten Horst Bubeck, Tübingen 2003.
[5] Le Monde du 6 décembre 1974.
[6] Ibid.
[7] „Ce qu'il est c... ce Baader!", aurait-il dit à Cohn-Bendit après l'entrevue; Libération du 11 mars 2005.
[8] Le Monde du 6 décembre 1974.

monde entier. D'ailleurs, un Comité contre la torture des prisonniers politiques fut créé en France. Il fut domicilié dans la revue de Sartre *Les temps modernes*. Sartre en appela à Heinrich Böll pour la création d'un comité allemand. Günter Grass se désolidarisa de Sartre, affirmant que sa prise de position ne ferait que renforcer la droite en Allemagne[9].

Cette visite déclencha, on s'en doute de vives réactions en Allemagne. Si le ministre libéral (FDP) de la justice, Werner Maihofer (1918–2009) déclara sobrement: „L'absence totale de discernement du philosophe Sartre en ce qui concerne la situation réelle en RFA est absolument effrayante"[10]. D'autres s'en prirent avec plus de virulence à l'auteur de *L'Être et le néant*, et pas toujours avec habileté. Dans Die Welt, l'éditorialiste crut bon de rappeler que „dès 1943, sous l'occupation allemande dans son ouvrage *L'Être et le néant*, Sartre avait magnifié la terreur comme une force positive"[11]. Le journaliste voulait ainsi démontrer la continuité de la pensée sartrienne. Mais cette référence à 1943 n'était pas pour un lecteur français du meilleur effet. Elle fut d'ailleurs relevée par des lecteurs demandant où était ce journaliste allemand en 1943. Du côté français, avec plus ou moins de tact et de sincérité, on laissa remonter les vieux souvenirs. Exemple: le Comité contre la torture dans le monde fit parler lors d'une réunion le professeur Halbwachs, ancien résistant et déporté, qui déclara que „malgré les différences de temps et de situation avec la période préfasciste, il ne fallait pas attendre pour réagir"[12]. On fit aussi intervenir Maurice Clavel dont on n'oublia pas de préciser que c'étai un ancien résistant.

La Ligue internationale des droits de l'homme remit, pour sa part, à Böll la médaille Carl von Ossietzky, médaille qui distinguait les défenseurs des droits de l'homme à l'Est comme à l'Ouest[13]. Carl von Ossietzky (1889–1938) était mort des suites d'une tuberculose contractée en camp de concentration. Rapprocher par la remise du prix à Heinrich Böll l'Allemagne de Brandt de celle de Hitler et Goebbels trahissait pour le moins un certain manque de discernement.

Dans un numéro précédent, Libération avait d'ailleurs titré: „l'Allemagne et ses vieux démons"[14]. Le 10 décembre, le *Goethe Institut* de Paris est occupé toute la journée par des membres du groupe „marge" pour protester contre les conditions de détention des prisonniers politiques en RFA.

Mais même Le Monde, dans un article du 14 décembre intitulé „La polémique sur le sort du groupe Baader Meinhof" (on notera que le terme de bande est évité) concluait par cette position étonnamment balancée: „Si le pouvoir politique et le pouvoir judiciaire de la RFA reconnaissaient les motivations politiques des membres du groupe Baader-Meinhof, ils seraient sans doute contraints à une réflexion sur la société ouest-allemande qu'ils préfèrent éviter". Qu'est-ce à dire? serait-on tenté de demander. Les attentats contre les personnes, contre les institutions pouvaient-ils qualifier leurs auteurs pour une reconnaissance politique distincte. Un pouvoir poli-

---

[9] Quotidien de Paris du 17 décembre 1974.
[10] Cité dans Le Monde du 7 décembre 1974.
[11] Cité ibid.
[12] Libération du 11 décembre 1974.
[13] Le Monde du 10 décembre 1974.
[14] Libération du 6 décembre 1974.

tique démocratique avait-il même le droit de réserver une place particulière à ceux qui usaient de la violence au motif qu'ils prétendaient poursuivre des fins politiques? On est étonné de cette indulgence à l'égard de groupes violents qui étaient de plus ultra-minoritaires.

Dans un article intitulé significativement „L'incompréhension franco-allemande", Alfred Grosser s'inquiéta de cette situation: „En ce moment, la dérive est telle qu'un véritable mur d'incompréhension risque de s'élever entre les deux pays"[15]. Il diagnostiquait un glissement à droite de l'électorat allemand et un glissement à gauche de l'électorat français. Le mécontentement des deux électorats devant la situation économique pouvait en être la cause. Il conduisait à ce que, de chaque côté, on négligeait de plus en plus ce qui paraissait essentiel à l'autre.

Comme exemple de ces dérives divergentes, Grosser commença par comparer la déclaration des évêques bavarois avant les élections, invitant à ne voter ni FDP ni SPD et dénonçant à la fois le droit à l'avortement et le vocabulaire de la lutte des classes, alors que les évêques français réunis à Lourdes avaient rédigé une déclaration qui avait toute chance d'être dénoncée par leurs homologues bavarois. Après cet exemple, il en venait à l'affaire des prisonniers de Stammheim expliquant: „Quand Jean-Paul Sartre va témoigner sa solidarité à Andreas Baader, tout de même accusé d'un nombre impressionnant d'attentats et de hold-up, il choque profondément non seulement les Allemands qui veulent uniquement protéger un certain ordre social mais aussi ceux qui ayant lutté contre l'oppression pensent à juste titre avoir une démocratie à conserver, une démocratie qui impose le respect d'un certain nombre de règles élémentaires et une sanction pour les transgresseurs". Il poursuivait son essai d'explication: „En France, pour tout un ensemble de raisons anciennes et récentes, l'indulgence pour la violence est plus grande. La légalité passe aisément pour formalisme en partie parce que la loi est de plus en plus dénoncée comme le simple résultat d'un rapport de forces, alors que dans la perspective du passé hitlérien, les Allemands la considèrent encore comme la protection du faible contre le fort, du petit nombre contre le grand nombre, du pacifique contre le violent".

Sans doute, ces explications du différend ou du malentendu franco-allemands étaient dans l'ensemble convaincantes et historiquement fondées. Il semble toutefois que la composition même du ‚spectre' politique français fournissait aussi une clé d'explication. La RFA n'était pas encore bien ‚installée' dans le paysage politique français ou, plutôt, elle était aussi un enjeu politique. Aux yeux de certains, elle avait encore un déficit de légitimité. Si la droite en général avait, avec De Gaulle et des forces politiques comme le MRP (de Robert Schumann) augmenté de voix centristes et la gauche, avec une grande partie de la SFIO, joué sincèrement la carte de la réconciliation et de l'Europe, le Parti communiste – qui avait de toute façon ‚son' Allemagne – et le nouveau Parti socialiste n'étaient pas encore sur la même ligne et, dans la presse, une certaine gauche neutraliste, dont Le Monde, continuait à ne considérer la RFA que comme une entité à beaucoup d'égards encore suspecte politiquement. A toute cette partie de l'échiquier politique, les ennuis que la RFA (trop) solide et (trop) pros-

---

[15] Le Monde du 11 décembre 1974.

père traversait ne causaient pas véritablement de peine[16]. Cette même coalition ambiguë de sentiments et de partis pris, va se retrouver lors de la deuxième crise encore plus grave qui ébranlera les relations franco-allemandes, au moins dans les médias.

Le *deutscher Herbst* vu de France

Ce qu'on a appelé l'‚automne allemand' (*german autumn/deutscher Herbst*) commence à Cologne le 5 septembre 1977 avec l'enlèvement sanglant de Hanns Martin Schleyer (1915–1977), le patron des patrons allemands. Enlèvement sanglant puisque les quatre personnes de son escorte sont assassinées. Le commando – qui se fait appeler *Kommando Siegfried Hausner* – exige la libération de 12 membres de la RAF en échange du prisonnier. Cet enlèvement marque une étape importante dans l'escalade de la violence. Il ouvre la période probablement la plus dramatique de l'histoire récente de la RFA. Cette période a cependant été précédée d'autres actes de violence. En février 1975, Peter Lorenz (1922–1987) candidat chrétien-démocrate à la mairie de Berlin a été enlevé et relâché contre la libération de cinq prisonniers de la RAF. En avril de la même année, il y a eu la prise d'otage de l'ambassade d'Allemagne à Stockholm qui s'est terminée par la mort de deux fonctionnaires de l'ambassade et de deux membres du commando. En 1976, un policier a été assassiné par un membre de la RAF. Ulrike Meinhof a été retrouvée pendue dans sa cellule le 9 mai 76. Quoique son suicide ne fasse pas de doute, les ‚sympathisants' de sa cause n'ont pas manqué d'en contester la version ‚officielle'.

Le 6 avril 1977, le procureur général Siegfried Buback est assassiné dans sa voiture ainsi que deux membres de son escorte. Assassinat revendiqué par un groupe armé qui se fait appeler *Kommando Ulrike Meinhof*. Cet assassinat est commenté dans un journal étudiant de Göttingen par un auteur anonyme (*Buback – ein Nachruf vom Göttinger Mescarolo*) qui, certes se désolidarise de cette violence, mais ne peut s'empêcher de noter en introduction qu'il n'a pu se dissimuler sa joie „maligne" (*klammheimlich*) à la nouvelle de cet assassinat. On prend conscience, aujourd'hui, rétrospectivement de la „brutalisation" / ensauvagement du climat politique[17]. Mais cette année 1977 connaît un *crescendo* de la violence. Le 30 juillet, un dirigeant de la *Dresdner Bank* Jürgen Ponto (1923–1977) est assassiné chez lui. Le 25 août, un attentat au lance-rocket contre le bâtiment de la justice fédérale échoue parce qu'un des détonateurs n'a pas fonctionné. L'enlèvement de Hanns Martin Schleyer s'inscrit donc dans une période de montée de la violence mais, par son excès même, il fait entrer dans une autre ère.

À partir de là, les médias français vont de nouveau tourner leurs regards et leurs commentaires vers l'Allemagne. Pour mieux percevoir l'atmosphère de cet automne-

---

[16] Nous avons dans le précédent volume, évoqué l'attitude de François Mauriac qui malgré son gaullisme fervent eut quelques difficultés à accepter l'amitié franco-allemande; Jean Mondot, Mauriac, séismographe des relations franco-allemandes des années 1960?, in: Bernhard Gotto/Horst Möller/Jean Mondot (éds.), Krisen und Krisenbewusstsein in Deutschland und Frankreich in den 1960er Jahren, München 2012, pp. 205–213.

[17] L'auteur de l'article, Klaus Hülbrock, s'est excusé en 1999 auprès du fils de la victime et a levé son anonymat en 2001.

là en France, on peut citer deux articles du journal Le Monde. Le 1er septembre, avant l'attentat, il a publié le témoignage d'une prisonnière allemande se plaignant de la dureté de sa détention et, dans un commentaire introductif, le journal a rappelé ses propres articles consacrés aux violations des droits de la défense et aux conditions de la détention pendant les deux années précédentes en RFA. Le lendemain, est publié en *libres opinions,* mais en première page, un long article de Jean Genet intitulé „À propos de la RAF" et sous-titré „Violence et brutalité"[18]. Or cet article fondé sur un sophisme fallacieux et scandaleux, croit pouvoir distinguer entre brutalité et violence et prétend démontrer que c'est la brutalité ordinaire de la société allemande qui est à l'origine de la violence de la RAF. „Toute la ‚déclaration d'Ulrike pour la libération d'Andreas au procès de Berlin-Moabit' dit très bien, d'une façon explicite, que c'est la brutalité même de la société allemande qui a rendu nécessaire la violence de la RAF". L'Allemagne d'autre part n'est que l'instrument des États-Unis. L'URSS, pour sa part, ne s'est jamais trompée dans sons soutien indéfectible au Tiers monde. D'un côté, on a la brutalité de la société technico-capitaliste et de l'autre la violence réparatrice de la RAF. En page 2, après la suite du long article de Jean Genet, on trouve sur la même page, un autre article intitulé: „La polémique se développe sur le bilan et les séquelles du nazisme", qui faisait état de la discussion autour du film de Joachim Fest, *Hitler, une carrière.* L'article n'a rien à voir avec la *libre opinion* de l'auteur des *Bonnes,* mais optiquement il y a comme une convergence des signes. La brutalité de la société allemande diagnostiquée par Genet aurait des racines historiques. Bien sûr, Le Monde se défendra par la suite d'avoir de quelque manière que ce soit soutenu les thèses de Genet. Il n'empêche que présenter en première page et à ce moment-là des thèses aussi indéfendables était pour le moins léger pour ne pas dire irresponsable. Offrir la première page, la une, d'un grand quotidien à des propos aussi scandaleusement schématiques et pousse-au-crime comme s'ils pouvaient susciter une réflexion positive ou être pris en considération, c'était rompre le pacte de lecture passé entre les lecteurs habituels du journal et leur journal. Juste après l'attentat de Cologne, un éditorial intitulé „la stratégie de l'apocalypse"[19] dénoncera bien entendu la violence de la RAF. Dans le même numéro, un des correspondants du Monde en RFA, Manuel Lucbert, donne deux articles de fond intitulés: „La RFA malade de ses extrémistes. I Des brèches dans la citadelle et II Fils de Wotan et guerilleros urbains", L'article se conclut ainsi: „Devant les provocations montées essentiellement jusqu'à maintenant par des éléments anarchisants, l'Etat Ouest-allemand n'a cessé ces dernières années de renforcer son potentiel répressif. N'est-ce pas en fin de compte un grand signe de fragilité?" Sans doute, mais „l'État ouest allemand" – on notera le choix de la désignation – devait-il, nouveau Saint Sébastien s'exposer aux flèches de ses ennemis sans se défendre? Au risque de voir se développer dans la population des actes incontrôlés d'auto-défense comme c'est parfois le cas dans ce genre de situation.

Alfred Grosser dans le numéro du 9 septembre prend position à son tour dans un article intitulé „les phantasmes français" et dénonce un antigermanisme croissant.

Le débat va s'établir désormais entre les deux côtés du Rhin. Le Monde lui consacre une double page intitulée: „L'Allemagne fédérale, les souvenirs, la violence et la bruta-

---

[18] Le Monde du 2 septembre 1977.
[19] Le Monde du 7 septembre 1974.

lité". Les prises de position vont se succéder. Le 12 septembre, le grand juriste Maurice Duverger, collaborateur régulier du Monde, prend à son tour position dans un article sans ambiguïté intitulé: „Le fascisme rouge". Le 13 septembre, un directeur de la rédaction Jacques Décornoy, défend la publication dans Le Monde de l'article de Genet et répond aux attaques de la Süddeutsche Zeitung et de la Frankfurter Allgemeine Zeitung. Le 14 septembre, la presse allemande accuse plusieurs journaux français, dont Le Monde, d'antigermanisme. Le 17 septembre en dernière page, le journal publie une déclaration de Günter Grass, Heinrich Böll et Herbert Marcuse dénonçant les terroristes. Le 21 septembre, la Frankfurter Allgemeine Zeitung se plaint encore de l'antigermanisme, à quoi Grosser répond en se plaignant des réactions allemandes aux réactions françaises.

Mitterrand lors d'une visite à Bonn, le 1er octobre, évite toute déclaration partisane et au contraire décerne un brevet de bonne conduite démocratique à la RFA: „Il ne serait pas raisonnable de dire que l'Allemagne évolue vers l'autoritarisme"[20]. Cela lui vaut néanmoins un commentaire acide de la Frankfurter Allgemeine Zeitung. Selon elle, on doit prendre Mitterrand au sérieux mais ne pas lui faire confiance. Le 2-3 octobre, Le Monde publie encore une double page sur les „relations franco-allemandes".

L'affaire Schleyer débouche sur une véritable crise de ces relations, pas au niveau gouvernemental ni même au niveau des opinions publiques, mais au niveau de ce que le leader bavarois Franz Josef Strauß appelait ironiquement „l'opinion médiatique" (die veröffentlichte Meinung) et qui peut différer assez sensiblement des mouvements profonds de l'opinion publique. Les sondages conduits à l'époque montraient que l'opinion française était restée très stable et soutenait dans son ensemble le gouvernement allemand. On retrouvait le même *scenario* mais amplifié qu'en 1974.

Un débat entre Günter Grass et Alfred Grosser est organisé par Die Zeit et repris dans sa traduction par Le Monde. Ils notent les divergences sur la notion de gauche en France et en Allemagne, sur l'économie, sur la différence dans les sensibilités Est/Ouest et Nord/Sud. Mais les critiques d'une certaine presse française remontent jusque dans les cercles gouvernementaux. Helmut Schmidt s'en prend aux critiques étrangers. La Frankfurter Allgemeine Zeitung indique qu'on est à l'Est plus favorable à la RFA. Le 18 octobre, Alfred Grosser publie un article intitulé clairement: „Contre le terrorisme". Il s'en prend à un journal se réclamant du socialisme qui écrit: „Las des tergiversations des autorités allemandes, les amis d'Andreas Baader ont repris l'offensive plaçant le gouvernement de Bonn au pied du mur". „À qui va la réprobation dans une formulation de ce genre?", demande Grosser. „Il faut", dit-il, „soutenir l'Allemagne au lieu de froncer un sourcil soupçonneux sur la nature des Allemands quand la tentation se présente"[21].

La libération dans des conditions dramatiques par une unité spéciale de la police allemande des otages du *Landshut*, l'avion détourné par les terroristes, suscite une multiplication des prises de position. Dans L'Humanité, on a recours à des interprétations historico-sociologiques: „Crise de civilisation, dit Willy Brandt. Crise particulièrement profonde outre-Rhin, faut-il hélas ajouter. Les racines historiques en remon-

---

[20] Le Monde du 1 décembre 1977.
[21] Frankfurter Allgemeine Zeitung du 18 octobre 1977.

tent loin sans doute dans ce pays où tant de révolutions manquées ont favorisé la tentation de recourir aux fausses solutions du désespoir"[22] (Yves Moreau). Serge July pour sa part condamne dans Libération les terroristes allemands ainsi que le Quotidien du peuple marxiste léniniste. On cite Habermas: „Si la provocation vise à susciter la violence cachée dans les institutions pour en faire une violence manifeste, dans ce cas c'est un jeu avec la terreur aux implications fascistes"[23].

Le soutien du gouvernement français ne fléchit pas: „Ce que décidera le gouvernement allemand sera compris"[24], proclame Raymond Barre. Après l'assassinat de Schleyer, il félicite le chancelier pour sa fermeté. François Mitterrand dans la ligne des déclarations précédentes estime: „Le terrorisme n'est pas une affaire allemande"[25]. La journaliste Michèle Cotta dans Secrets d'Etat confirmera cette réflexion: „Il (François Mitterrand) me dit sa conviction que le terrorisme s'abattra un jour ou l'autre sur la France, comme il sévit déjà en Allemagne. Dans ce cas évidemment les problèmes qui se poseraient seront celui d'une police antiterroriste. ‚Hésiteriez-vous, vous par exemple me demande-t-il (en réalité, il se le demande à lui-même), à envisager la mise en place d'une police politique dont la tâche soit d'abattre les terroristes?' Je comprends ce qu'il veut dire: le terrorisme repousse ou risque de repousser les frontières du droit, les frontières de nos convictions – y compris sur la peine de mort à laquelle il est hostile. Les grands principes judiciaires républicains résisteraient-ils à une montée incontrôlable des terrorismes? Il n'a pas de réponse mais se pose la question"[26].

Après le suicide collectif du 18 octobre à Stammheim, voici la teneur de l'éditorial du Monde: „L'antigermanisme le plus passionnel ne peut faire méconnaître que le chancelier Schmidt a en fin de compte défendu les valeurs de liberté de la démocratie libérale"[27]. On notera la difficulté à reconnaître les mérites du chancelier. Pour finir, l'éditorialiste ne peut cependant retenir un couplet sur les *Berufsverbote*: „Traquer les intellectuels parce qu'ils remplissent leur vocation de Cassandre, c'est étouffer les libertés à leur racine même". Belle phrase de belle âme, mais qui n'a qu'un rapport lointain avec la réalité de la démocratie ouest-allemande et qui oublie complètement la situation spécifique de la RFA face à la RDA dont curieusement on ne mentionne pas la véritable ‚traque' des intellectuels opérée notamment lors de l'expulsion de Biermann une année plus tôt.

Mais les ‚événements' continuent de susciter des réactions. Le 25 octobre, des lecteurs de Libération, mécontents de l'attitude du journal pendant les événements envahissent le journal qui ne paraît pas. Dans ce même numéro Claude Bourdet, dans une longue *tribune libre*, appelle, affaire dans l'affaire, le gouvernement français à ne pas extrader Klaus Croissant, avocat des membres de la RAF dont il a déjà été question, qui s'était enfui d'Allemagne et avait été arrêté par la police française le 30 septembre.

---

[22] L'Humanité, citée dans Le Monde du 18 octobre 1977.
[23] Article non signé intitulé „La ‚Bande à Baader"", dans Le Monde du 18 octobre 1977, p. 4.
[24] Ibid.
[25] Le Monde du 22 octobre 1977.
[26] Michèle Cotta, Secrets d'État, t. 2: 1977–1988, 15 octobre 1977, Paris 2008, p. 39.
[27] Le Monde du 18 octobre 1977.

Dans Le Monde du 25 octobre, l'éditorial de Jean Planchais est intitulé: „Les boucs émissaires". Il développe sa propre version du passage au terrorisme: „Les délires de la bande à Baader et de ses amis prenaient appui sur le blocage d'une société trop bien structurée sans exutoire pour quelques contestations extra-constitutionnelles que ce soit. Une honnête marmite au couvercle bien vissé. Ce qui ne les justifie nullement mais les explique un peu". Il émet ensuite une longue protestation contre les réactions de la presse allemande: „Cela risque de rappeler sans profit pour personne les fantômes qu'elle s'est donné tant de peine à exorciser". Sans doute, mais il aurait aussi fallu du côté d'une certaine gauche française faire preuve d'un peu plus de solidarité démocratique et éviter des jugements faussement objectifs sur la ‚bande à Baader', comme elle est appelée cette fois dans l' article, au terme de cet octobre sanglant.

Après tant de motions et d'émotions, Le Monde éprouve le besoin d'un bilan et dans son numéro du 26 octobre passe en revue les positions de la presse française sur les événements des derniers jours. Nous redonnons succinctement cette revue de presse:

- Paris-Match: „Schmidt a joué et gagné. Et nous ne lui serons jamais assez grand gré d'avoir gagné cette bataille: s'il l'a jouée seul il l'a gagnée pour tout le monde".
- L'Unité (socialiste): „250 000 jeunes chômeurs sont le meilleur aliment du terrorisme".
- L'Etincelle communiste révolutionnaire: „Et ce danger (la liberté est en danger de mort), il ne vient pas des actions de la FAR qui s'enfonce toujours davantage dans son impasse, il vient du terrorisme et de la barbarie d'Etat: de cette terrible machine à embrigader les masses, à broyer les consciences, à briser les énergies et les révoltes que l'impérialisme a mis au monde".
- France nouvelle (parti communiste): Il oppose le renforcement d'un appareil policier que les agissements des terroristes viennent trop opportunément justifier „alors qu'une mansuétude coupable s'empare du gouvernement de M. Schmidt lorsqu'il s'agit de la recrudescence du nazisme".
- Charlie Hebdo (Cavanna): „L'Allemagne n'est pas en train de glisser vers le fascisme pas du tout. [...] L'Allemagne évolue rapidement vers ce que les États-Unis veulent qu'elle soit, c'est à dire encore une fois pas un nazisme mais une démocratie musclée [...] par le consentement massif de toute la nation".
- Lutte Ouvrière (Arlette Larguiller): „La violence est d'abord le fait des exploiteurs, mais seule la force collective des opprimés pourra changer la société".
- Réforme: „Contre les lois d'exception : le terrorisme ne concerne qu'une infime partie de la population allemande"
- Tribune socialiste (PSU): „Dans les deux cas, aucune issue n'était laissée aux contestataires entre conformisme et nihilisme. Se demander s'il n'y a pas quelque chose de pourri au royaume des démocraties rescapées du fascisme n'est pas faire de l'antigermanisme ou de l'antinipponisme primaire. C'est tenter de susciter le débat sur les sources profondes des comportements sociaux et politiques dont il faut bien reconnaître qu'ils n'ont jamais pris racine dans les démocraties libérales, bourgeoises de France ou d'Angleterre par exemple".
- L'Huma-dimanche: „Si c'est un hasard que les premiers pays générateurs de ces jusqu'au boutistes de l'anarchie destructrice, l'Allemagne et le Japon, sont précisé-

ment ceux où l'idéologie fasciste a été la plus virulente et la plus meurtrière. Pourquoi cette persistance des séquelles hitlériennes en RFA? réponse: Absence d'espoir révolutionnaire. Faiblesse numérique du parti communiste qui n'équilibre pas le poids dominant d'un parti socialiste réformiste et embourgeoisé".
- Politique hebdo: „L'Allemagne nous inquiète. Ce ne sont pas les ombres des nostalgiques de la croix gammée qui nous préoccupent, c'est l'Allemagne normale – normalisée".
- Démocratie moderne: „Les exigences des criminels se heurteront désormais à une fin de non-recevoir systématique et à l'exécution des terroristes emprisonnés".
- La Vie (Jacques Duquesne): „Même à la guerre on n'a pas le droit de tout faire".
- Témoignage chrétien: „Ces terroristes sont en réalité ou des bandits qui se camouflent derrière un langage politique ou des émules du nazisme. Ces terroristes sont dangereux car se battre avec les armes des terroristes en abandonnant toutes ces règles qui font notre société n'est-ce pas entraîner le monde au chaos?"
- L'Express (Raymond Aron): Il n'approuve pas globalement la politique du régime de Bonn face à la subversion et il souhaite qu'elle maintienne la distinction entre ceux qui flirtent avec le gauchisme et ceux qui coopèrent avec les terroristes. Il conteste que la démocratie de Bonn soit sur la voie du totalitarisme coupable de violer les libertés fondamentales. „Les démocraties comme tous les régimes sont un pouvoir: pourquoi leur refuser le droit de se défendre? Ce qui est vrai, c'est que le plus souvent elles se défendent d'autant mieux qu'elles respectent leurs propres principes".
- L'éditorial de Jean Daniel dans le Nouvel Observateur en vient aux mêmes conclusions après une analyse plus ambitieuse que nous présentons un peu plus loin.
- Valeurs actuelles: „Une des idées maîtresses de la stratégie antiterroriste de Schmidt, la solidarité internationale. La plus difficile à obtenir à laquelle le gouvernement fédéral n'est parvenu qu'imparfaitement".
- Le Point: Olivier Chevrillon pose des questions fondamentales: „Est-ce que l'Europe de l'Ouest est prête à payer le prix de ses libertés? En apparence, c'est non. Pourtant il semble que les pays d'Europe maintenant soient prêts à sacrifier des vies pour réussir. Si cette détermination persiste et s'organise, le test sera concluant. Car seules les fois vivantes acceptent le martyr".
- Dans Politique hebdo, Cohn-Bendit invite à „repousser la tentation de la lutte armée".

Le commentaire final du Monde s'énonçait ainsi: „Les risques, M. Schmidt les a pris en faisant montre de fermeté. Il a gagné. Aurait-il perdu que ces „martyrs" lui auraient été sans doute fatals"[28]. On peut s'étonner de cette conclusion. Y-avait-il une autre politique possible face à la violence de ces groupes?

Dans le Nouvel Observateur du 24 octobre, Jean Daniel dont Le Monde citait la conclusion dans sa revue de presse avait signé un article substantiel au titre durassien: „Détruire, disent-ils". Il commençait par s'interroger sur l'identité de ces terroristes qui pendant quelques jours ont plongé le monde „dans la stupeur et l'insécurité"."Au départ de simples gauchistes. L'un d'eux, en Allemagne, est victime d'un attentat en avril 1968". Et Jean Daniel cite alors Ulrike Meinhof disant „Les balles tirées sur Rudi

---

[28] Le Monde du 25 octobre 1977.

(Dutschke) ont mis fin au rêve de la non-violence"". Et il continue „ces jeunes bourgeois allemands qui associaient le confort à l'enfer et la consommation à la concentration se sont reconnus dans le mai 68 français". „Ils vivaient dans une société repue et bloquée, comblée et enchaînée. Commentaire de l'un d'entre eux: C'est précisément par ce que tout allait bien que la seule revendication possible portait sur le tout". Jean Daniel rappelle ensuite les actions du groupe et leur référence Vietnam, Palestine ainsi que leur justification idéologique empruntées à Marx, Lénine, Mao ou aux Tupamaros d'Uruguay. La lutte armée étant la forme la plus élevée de la lutte des classes et le terrorisme son point de départ. Andreas Baader voulait réintégrer dans le patrimoine idéologique révolutionnaire Blanqui, Korsch, Rosa Luxemburg et Pannekoek[29]. Mais affirme Jean Daniel, en fait il voulait renouer avec une tradition bien allemande, celle des Brigands de Schiller et celle de Michael Kohlhaas de Kleist. Jean Daniel sans doute meilleur connaisseur de Camus que de Schiller et Kleist renvoie avec plus de justesse à l'Homme révolté où il est dit: „Tout idéalisme est creux s'il ne se paie par le risque de la vie". Après cette analyse (rapide) des origines intellectuelles de la RAF[30], il pose la question: „que faire contre ces ennemis de la démocratie qui ne songent qu'à détruire? Peut-on se défendre contre ses ennemis sans finir par leur ressembler? En proclamant pas de liberté pour les ennemis de la liberté Saint Just ne se doutait pas qu'il répondait non à cette question. Alors la RFA a-t-elle adopté les méthodes de ses adversaires?" Jean Daniel répond: „maccarthysme envers les fonctionnaires, chasse aux sorcières chez les intellectuels, conformisme délateur dans la presse écrite et parlée, ce sont les dangereuses réponses de l'État allemand aux agressions individuelles qui se sont transformées en prise d'otage et en interceptions d'avion. […] En défendant l'Ordre et l'État, comme n'importe quel conservateur, Schmidt a empêché pour un temps au moins le retour des chrétiens démocrates au pouvoir. Ce retour aurait prouvé qu'entre le capitalisme et le communisme il n'y avait pas de transition. Conclusion: Politiquement sinon moralement Schmidt s'en est tiré".

Ce pourrait être, pense Jean Daniel, l'occasion „d'une salutaire autocritique […] Mais il n' a pas encore annoncé qu'un coup d'arrêt serait donné au maccarthysme et la répression, il est devant un choix décisif". Coup de trompette final: „Que doit faire une démocratie quand ses ennemis veulent la détruire pour prouver qu'elle n'est pas viable? Devenir de plus en plus démocrate, bien sûr. Et non pas ressembler à ses ennemis. Ne pas devenir fasciste pour lutter contre le fascisme. Ne jamais devenir stalinienne pour lutter contre le stalinisme".

La conclusion est probablement meilleure que l'analyse politique qui la précède. La référence allemande de la RAF n'est sûrement pas à rechercher du côté de Kleist et de Schiller. Parler aussi facilement et légèrement de maccarthysme et de chasse aux sorcières à propos de la RFA, de Schmidt et de Brandt trahit une méconnaissance surprenante des réalités politiques d'outre-Rhin. Dire que Schmidt s'en est tiré politi-

---

[29] Auguste Blanqui (1805–1881), Karl Korsch (1886–1961), Rosa Luxemburg (1871–1919), Anton Pannekoek (1873–1960). Jean Daniel cite ses sources. Il s'agir de l'ouvrage traduit de l'allemand paru aux éditions du Champ libre (1072): La bande à Baader ou la volonté révolutionnaire. Avec une préface d'Emile Maressin.

[30] Sur le sujet, voir, entre autres, Wolfgang Kraushaar, Achtundsechzig. Eine Bilanz, Berlin 2006; et W.Kraushaar comme note 2.

quement sinon moralement ne prend en compte ni l'effort reconnu par tous pour répondre à cet affrontement violent et non souhaité avec les terroristes dans le cadre des lois existantes ni le souci permanent de conserver à l'action politique une dimension éthique. Luttant contre une forme pernicieuse de provocation cherchant la riposte violente et désordonnée des autorités, la démocratie allemande a tenu bon: elle n'est devenue ni fasciste ni stalinienne. Elle est restée fidèle à ses principes.

Il fallait un vrai connaisseur des réalités allemandes pour apporter au débat français les lumières qui lui faisaient singulièrement défaut. C'est à Alfred Grosser qu'on le doit. Dans une longue interview au Nouvel Observateur du 31 octobre, il donne les meilleures réponses aux questions que posaient cette crise franco-allemande, ses origines et ses malentendus. Il réfute tout d'abord les schématismes de préjugés courants dans une certaine opinion de gauche: „L'Allemagne n'est pas composée que d'anciens nazis ou de terroristes. L'Allemagne est un pays démocratique, le plus démocratique qui ait jamais existé sur son sol. Elle l'est au moins autant, sinon plus que la France d'aujourd'hui". „Les Français parlent toujours de l'Allemagne en termes d'inquiétudes: On écrit de longs articles sur une législation d'exception, on parle de chasse aux sorcières mais on oublie le pluralisme de l'information et une liberté d'information plus grande qu'en France, voir la télévision. La presse parle plus longuement des 4,3% d'électeurs qui votent néo-nazi que des 43% qui élisent Brandt, émigré socialiste résistant".

„Avons nous toujours peur de l'Allemagne?" demande la journaliste Josette Alia. Réponse de Grosser: „Invoquer les qualités spécifiques allemandes dispense à droite de poser les bonnes question: un miracle économique acquis grâce à un patronat plus social qu'en France. À gauche, on critique la social-démocratie allemande qui préfère le contrôle des moyens de production à la nationalisation et qui a choisi la cogestion. On évacue le débat de fond sur les mérites respectifs de la cogestion et des nationalisations au bénéfice d'une référence aux vertus spécifiques des ouvriers et des syndicats. Donc recours aux stéréotypes".

Retour à Baader-Meinhofer: „L'information sur les prisons n'a jamais été rigoureuse notamment sur Stammheim. Même chose avec Croissant. Le syndicat de la magistrature, l'opinion de gauche, les intellectuels se mobilisent sans consulter le dossier Croissant". Sur Croissant, Grosser reste prudent. À la question directe: „Il faudrait donc extrader Croissant?". Il répond: „Je ne dis pas qu'il faut l'extrader, je dis qu'il faut au moins connaître le dossier".

Enfin, plaidoyer pour les libertés en Allemagne et rappels historiques: „Pour beaucoup d'Allemands, le langage des terroristes d'aujourd'hui rappelle étrangement le langage de l'extrême droite terroriste des années 20 (quand on abattait ce „porc de Rathenau")". Il cite pour terminer Freimut Duve, qui dégage bien les responsabilités morales et politiques des terroristes: „„Avec chaque citoyen assassiné, policier, homme politique ou patron, la terreur tue un peu de cette démocratie que défendent chez nous des hommes comme Gustav Heinemann et Heinrich Böll mais aussi Willy Brandt et même Helmut Schmidt. [...] Avec chaque meurtre, c'est un peu de notre république qu'on abat""[31].

---

[31] Ces lignes étaient extraites d'une „Lettre ouverte à Régis Debray" dont Freimut Duve était l'auteur et qui avait été publiée dans Le Matin du 21 octobre 1977. Freimut Duve, né en 1936

En conclusion, on peut dire que la crise brève et violente de ‚l'automne allemand' après la polémique sur Stammheim a été révélatrice aussi bien pour la France que pour la RFA. En RFA, elle a connu un dénouement tragique et douloureux mais pour la démocratie allemande, on peut risquer le terme, positif. Car elle a fait la preuve de sa capacité de résistance à la violence hors-la-loi. L'État de droit a triomphé de ses adversaires sans arrogance ni triomphalisme mais sans faiblesse ni renoncement. Il a préservé le plus précieux, le respect de ses propres lois et valeurs. Après la crise du Spiegel d'un tout autre ordre – au début des années 60 – mais où les valeurs démocratiques avaient été un temps menacées par les ambitions et le cynisme d'hommes du sérail, la crise de 1977 faisait la preuve de l'enracinement démocratique de la RFA.

La crise allemande était révélatrice aussi quoiqu'à un moindre degré pour la France et en particulier pour la presse de gauche. Elle n'avait pas su saisir les enjeux de la crise et accommoder sur les réalités politiques allemandes. Ses représentations marquées par le soupçon durable nourri à l'égard de l'Allemagne fédérale avaient conduit à un relatif aveuglement générateur de quelques ‚dérapages' tendancieux. Le contentieux idéologique entre médias français (de gauche) et allemands était lié évidemment à des histoires différentes, à des options politiques distinctes, en particulier au poids du parti communiste en France, au fait aussi que l'image de l'Allemand et de l'Allemagne n'avait pas été encore ‚stabilisée' positivement dans ce secteur de l'opinion. Ensuite, il ne faut pas oublier que l'année 1977 était en France une année préélectorale (précédant les élections législative de 78). C'était une année où les communistes après avoir dénoncé l'union de la gauche critiquaient la social-démocratie (dont le „modèle" était en RFA), accusaient Mitterrand de céder aux injonctions de Schmidt. Donc le jugement des organes de la gauche ou proches d'elle n'était pas ‚libre' et la prise de position vis-à-vis des événements ne pouvait être objective. D'autant plus remarquable fut à cet égard la position de François Mitterrand qui en déclarant en privé et en public, que la France ne serait pas épargnée par le phénomène du terrorisme, – ce en quoi il avait raison comme la suite le montra, – révéla non seulement la clairvoyance de son jugement mais en même temps sa stature d'homme d'Etat.

Intéressant enfin était aussi le constat que le „soupçon" de la presse et d'une certaine opinion de gauche n'était partagé ni par les gouvernants qui firent preuve d'une solidarité sans faille – Klaus Croissant est non seulement arrêté par la police française mais en dépit des cris d'orfraie de Claude Bourdet extradé – ni de l'opinion publique elle-même qui soutint, comme les sondages l'indiquèrent, la politique de fermeté du gouvernement allemand.

à Würzburg, est un écrivain, essayiste et homme politique allemand qui a été député social-démocrate au Bundestag de 1980 à 1998.

Eva Oberloskamp

Terrorismusbekämpfung und Immigrationskontrolle

Zur deutsch-französischen Zusammenarbeit der Innenministerien in den 1970er Jahren

Die rasante Beschleunigung des Wandels, die seit den 1970er Jahren die westlichen Gesellschaften erfasst hat[1], machte auch vor der Kriminalität nicht halt. Gerade auf diesem Gebiet waren die Entwicklungen freilich geeignet, von Staat und Gesellschaft als krisenhaft und gefährlich perzipiert zu werden. So entwarf etwa die Innenministerkonferenz im Juni 1974 ein überaus bedrohliches Szenario: „Die zunehmende Mobilität der Bevölkerung Europas" habe dazu geführt, „daß auch im Erscheinungsbild der Kriminalität in zahlreichen Deliktsbereichen eine Wandlung eingetreten" sei. Immer mehr „Rechtsbrecher" nutzten den „anschwellenden Reiseverkehr aus, um über die nationalen Grenzen hinweg kriminelle Aktivität zu entwickeln, sich der Strafverfolgung zu entziehen und auch – zum Teil bandenmäßig – international zusammenzuwirken". Es gelte, so die Schlussfolgerung, dem „rechtzeitig und entschlossen entgegenzutreten" und „über die Grenzen hinweg die Verbrechensbekämpfung" zu intensivieren. Die hierfür entwickelten Vorstellungen der Innenministerkonferenz umfassten allerdings nicht nur zahlreiche Maßnahmen zur Kriminalitätsbekämpfung im engeren Sinne: In den Blick genommen wurde auch ein Gebiet, das keinen unmittelbaren Bezug zu Fragen der Inneren Sicherheit aufweist: die „Harmonisierung des Ausländerrechts" im Bereich von Einreise-, Niederlassungs- und arbeitsrechtlichen Bestimmungen[2].

Die Bundesrepublik Deutschland gehörte in Europa zu den ersten und energischsten Befürwortern einer internationalen Zusammenarbeit im Bereich der Inneren Sicherheit. Von Anfang an wurden dabei die Staaten der Europäischen Gemeinschaften (EG) als bevorzugte Partner betrachtet. Heute ist die europäische Justiz- und Innenpolitik zu einem der am stärksten expandierenden Politikbereiche der Europäischen Union (EU) geworden[3]. Um die Genese dieses Politikfeldes in den Blick zu bekommen, ist es erforderlich, bis in die 1970er Jahre zurückzugehen. Zu Beginn dieses Jahrzehnts erfolgten die frühesten Initiativen zur Etablierung dauerhafter Kooperationsmechanismen. Dies geschah jedoch zunächst nicht auf europäischer, sondern auf deutsch-französischer Ebene. Das Bundesministerium des Innern (BMI) betrachtete

---

[1] Vgl. Thomas Raithel/Andreas Röder/Andreas Wirsching (Hrsg.), Auf dem Weg in eine neue Moderne? Die Bundesrepublik Deutschland in den siebziger und achtziger Jahren, München 2009; sowie Konrad H. Jarausch (Hrsg.), Das Ende der Zuversicht? Die siebziger Jahre als Geschichte, Göttingen 2008.
[2] Alle Zitate in: PA-AA, Zwischenarchiv, Bd. 116.192, [Innenministerkonferenz (IMK),] Vorschläge zur Verbesserung der internationalen Zusammenarbeit auf dem Gebiet der Verbrechensbekämpfung, o. D.
[3] Vgl. Jörg Monar, Die Vertragsreformen von Lissabon in den Bereichen Inneres und Justiz: verstärkte Handlungsfähigkeit, Kontrolle und Differenzierung, in: Integration 32 (2009), S. 379–388, hier S. 379.

die bilateralen Kontakte als ersten Schritt auf dem Weg zu einer dauerhaften Zusammenarbeit der EG-Staaten im Bereich der Inneren Sicherheit. Ihre Bedeutung bestand unter anderem darin, dass hier wichtige Weichen für die spätere europäische Kooperation gestellt werden sollten und gestellt wurden.

Der vorliegende Beitrag untersucht die Bemühungen des BMI während der 1970er Jahre um eine deutsch-französische Zusammenarbeit im Bereich der Inneren Sicherheit – und damit einen wesentlichen Aspekt in der Entstehungsgeschichte der europäischen Justiz- und Innenpolitik. Es soll gezeigt werden, dass die Antriebsmomente der Kooperation in dem Zusammentreffen zweier Faktoren bestanden: erstens der Dynamik des europäischen Integrationsprozesses, wobei hier insbesondere die angestrebte Personenfreizügigkeit von Bedeutung war, und zweitens der Zunahme des transnationalen Terrorismus in den 1970er Jahren, der die Globalisierungstendenzen von Kriminalität auf besonders bedrohliche Weise ins Bewusstsein rückte. Dabei soll der Frage nach dem Zusammenhang zweier Themen nachgegangen werden, die bei der Kooperation im Bereich der Inneren Sicherheit von Anfang an im Mittelpunkt standen: die Terrorismusbekämpfung und die Immigrationskontrolle.

Grundlage der nachfolgenden Ausführungen sind Akten des Bundeskanzleramtes, des BMI und des Auswärtigen Amtes (AA). An wissenschaftlicher Literatur liegen zwar zahlreiche vor allem politikwissenschaftliche Arbeiten vor, die sich mit den gegenwärtigen Entwicklungen des hier ins Auge gefassten Themas beschäftigen. Die Genese der aktuellen Politik wird darin jedoch in der Regel allenfalls in Form eines knappen Überblicks und ohne tiefer gehende historische Analyse angerissen[4].

1. Die europäische Integration und das Ziel des freien Personenverkehrs

Ein wesentlicher Faktor, der seit Ende der 1960er Jahre zu einer verstärkten Zusammenarbeit der EG-Staaten im Bereich der Inneren Sicherheit drängte, waren die

---

[4] Die einzige Ausnahme bildet in dieser Hinsicht die politikwissenschaftliche Arbeit von Wilhelm Knelangen, Das Politikfeld innere Sicherheit im Integrationsprozess. Die Entstehung einer europäischen Politik der inneren Sicherheit, Opladen 2001. Allerdings kommt Knelangen – der keine archivalischen Quellen auswertet – gerade hinsichtlich der Frühphase in den 1970er Jahren zu signifikant anderen Ergebnissen: Er argumentiert, die Kooperation der 1970er Jahre habe keinen direkten Bezug zu integrationspolitischen Aspekten gehabt und sei ausschließlich auf praktische Probleme der Terrorismusbekämpfung ausgerichtet gewesen. Vgl. ebd., S. 95–99 u. 337f. Historische Rückblicke sind enthalten in: Albrecht Funk, Das deutsche System der Inneren Sicherheit im Prozeß der Europäisierung, in: Hans-Jürgen Lange (Hrsg.), Staat, Demokratie und Innere Sicherheit in Deutschland, Opladen 2000, S. 291–309; Torsten Stein/Christian Meiser, Die Europäische Union und der Terrorismus, in: Die Friedens-Warte 76 (2001), S. 33–54; Volkmar Theobald (Hrsg.),Von der Europäischen Union zur „Europäischen Sicherheitsunion"? Die Gemeinsame Politik der Inneren Sicherheit in der EU, Berlin 1997; Sandra Lavenex, The Europeanisation of Refugee Policies. Between human rights and internal security, Aldershot 2001; Andrew Geddes, Immigration and European Integration. Beyond fortress Europe?, Manchester/New York ²2008; Oldrich Bures, EU Counterterrorism Policy. A Paper Tiger?, Farnham 2011, S. 59–82; Denis Duez, L'Union européenne et l'immigration clandestine. De la sécurité intérieure à la construction de la communauté politique, Brüssel 2008, S. 75–120.

Bestrebungen zur Schaffung eines europäischen Binnenmarktes. Bereits der Vertrag zur Gründung der Europäischen Wirtschaftsgemeinschaft (EWG-Vertrag) von 1957 hatte die Grundfreiheiten umrissen, die hierfür als erforderlich betrachtet wurden: der freie Verkehr von Waren, Dienstleistungen, Kapital und Personen[5].

1969/70 erfolgten mehrere Impulse, die auf die Verwirklichung des freien Personenverkehrs unter den EG-Staaten zielten: So legten die Beneluxstaaten am 28./29. April 1969 auf einer Konferenz der Regierungschefs in Den Haag fest, die Grenzkontrollen zwischen Belgien, den Niederlanden und Luxemburg zum 1. November 1970 abzuschaffen[6]. Das französische Kabinett fasste im Jahr 1969 den Beschluss, eine Öffnung der Binnengrenzen unter den EG-Staaten anzustreben[7], und die Europäische Kommission drängte in einer Mitteilung an den Rat vom 22. April 1970, die Arbeiten zur „Abschaffung der Personen- und Warenkontrollen im innergemeinschaftlichen Verkehr" zu beschleunigen. Die Bundesregierung äußerte ihre grundsätzliche Zustimmung zu dieser Initiative und begann zu prüfen, „inwieweit bereits kurzfristig Erleichterungen, vor allem im Personenverkehr, zu erreichen sind"[8].

Allerdings befürchteten bundesdeutsche Sicherheitsexperten, dass der Abbau von Grenzkontrollen Risiken berge. Ein gewichtiges Argument in diesem Zusammenhang lautete, dass den „bislang an den Grenzen durchgeführten Kontrollen" für die innere Sicherheit eine „besondere Bedeutung" zukomme: In der Bundesrepublik sei es allein an den Grenzen möglich, ohne besonderen Anlass Personenkontrollen durchzuführen; deshalb erfolge hier ein großer Anteil der Fahndungsaufgriffe. Ein Abbau der Grenzkontrollen könne „daher erst dann in Betracht kommen, wenn gleichzeitig ein Ausgleich für das durch den Wegfall der Kontrollen entstehende Sicherheitsdefizit geschaffen" werde – so die der gängigen Expertenmeinung entsprechende Folgerung der Innenministerkonferenz in dem eingangs bereits zitierten Beschlusspapier vom Juni 1974. Dieser Ausgleich müsse unter anderem in einer Verbesserung der praktischen Zusammenarbeit von europäischen Sicherheitsbehörden und in der Harmonisierung von Regelungen und Verfahrensweisen bestehen[9].

---

[5] Vgl. Artikel 3 des Vertrags zur Gründung der Europäischen Wirtschaftsgemeinschaft (EWG-Vertrag) vom 25. März 1957.
[6] Yorick Blumenfeld, Benelux cooperation, in: Editorial research reports (1969/2), online zugänglich unter: http://library.cqpress.com/cqresearcher/cqresrre1969090300 [2.10.2012].
[7] BA B 106/106879, Ergebnisvermerk des Bundesministeriums des Innern (BMI) über eine Besprechung im französischen Innenministerium am 5. Februar 1974 zur Vorbereitung einer „Europäischen Konferenz über innere Sicherheit", 7.2.1974.
[8] Alle Zitate in: BT-Drs. VI/1268, Bericht der Bundesregierung über die Integration in den Europäischen Gemeinschaften (Berichtszeitraum April bis September 1970), S. 21.
[9] Alle Zitate in: PA-AA, Zwischenarchiv, Bd. 116.192, [IMK,] Vorschläge zur Verbesserung der internationalen Zusammenarbeit auf dem Gebiet der Verbrechensbekämpfung, o. D. Die oben wiedergegebene Argumentation sollte in den 1980er und 90er Jahren den weiteren Verlauf des Schengen-Prozesses dominieren. Allerdings hielten Kritiker dem entgegen, dass die Binnengrenzkontrollen kein wesentliches Hindernis für Straftäter darstellten, da sich die effektiv durchgeführten Überprüfungen auf Stichproben beschränkten. Aufgriffe seien dementsprechend eher Zufallsergebnisse und führten darüber hinaus nur selten zu Verurteilungen. In dieser Perspektive erschienen die Grenzkontrollen primär als Instrument zur Verhinderung der irregulären Einreise von Ausländern aus Nicht-EG-Staaten. Vgl. Knelangen, Das Politikfeld Innere Sicherheit im Integrationsprozess, S. 104.

2. Der transnationale Terrorismus: eine neue Herausforderung

Konkret ausgelöst wurden energische bundesdeutsche Bemühungen um eine europäische Zusammenarbeit im Bereich der Inneren Sicherheit jedoch nicht im Kontext der europäischen Integration, sondern durch ein Ereignis, das die Gefährlichkeit transnational angelegter Kriminalität drastisch ins Bewusstsein brachte: durch das Olympia-Attentat des Jahres 1972.

Bereits seit den späten 1960er Jahren waren palästinensische Fedajin immer mehr dazu übergegangen, ihre gewaltsamen, gegen Israel gerichteten Aktionen teilweise außerhalb des eigenen Landes durchzuführen und dabei immer wieder Bürger anderer Staaten in Mitleidenschaft zu ziehen[10]. Für die Bundesrepublik wurde diese Art des Terrorismus erstmals während der in München stattfindenden Olympischen Sommerspiele zu einem massiven Problem: Am 5. September 1972 überfiel ein Kommando der palästinensischen Terrorgruppe ‚Schwarzer September' die israelische Mannschaft der Herren, um die Freilassung von Gefangenen aus israelischer Haft zu erpressen. Das Scheitern der bundesdeutschen Sicherheitsbehörden bestand nicht nur darin, dass sie offensichtlich nicht in der Lage gewesen waren, die Gefahr eines Terroranschlags vorauszusehen; sie waren auch außerstande, mit der akuten Situation einer terroristischen Geiselnahme umzugehen. Nach einem missglückten Befreiungsversuch durch die bayerische Polizei endete das Attentat in der Nacht vom 5. zum 6. September 1972 im Desaster: Elf Israelis, ein Polizist und fünf Palästinenser waren zu Tode gekommen, die „Heiterkeit" der Spiele, auf die die Organisatoren so viel Wert gelegt hatten, war radikal zerstört und die bundesdeutschen Beziehungen zu den Staaten des Nahen Ostens waren in ernsthafte Turbulenzen geraten[11].

Die Ereignisse des 5. und 6. September lösten in der bundesdeutschen Politik vielfältige Reaktionen auf unterschiedlichen Ebenen aus[12]. Am unmittelbarsten in der Verantwortung standen das BMI, die Innenministerien der Länder und die ihnen unterstellten Sicherheitsbehörden: Hier mussten schnelle, aber auch langfristig wirksame Antworten auf potenzielle weitere Bedrohungen durch transnational agierende Terroristen gefunden werden. Um mögliche Konsequenzen vorzubeugen – man befürchtete einen weiteren Anschlag zur Freipressung der drei Attentäter, die überlebt hatten und verhaftet worden waren – fasste man sofort ausländerrechtliche Schritte ins Auge: eine Verschärfung der Einreisebestimmungen und der Abschiebungspraxis gegenüber Bürgern arabischer Staaten sowie Verbote von ausländischen Organisatio-

---

[10] Vgl. Bruce Hoffman, Terrorismus – der unerklärte Krieg. Neue Gefahren politischer Gewalt, Bonn 2007, S. 110–136.
[11] Vgl. zum Olympia-Attentat Kay Schiller/Christopher Young, The 1972 Munich Olympics and the Making of Modern Germany, Berkeley u. a. 2010, S. 187–220; sowie Matthias Dahlke, Demokratischer Staat und transnationaler Terrorismus. Drei Wege zur Unnachgiebigkeit in Westeuropa 1972–1975, München 2011, S. 57–128.
[12] Vgl. hierzu Eva Oberloskamp, Das Olympia-Attentat 1972. Politische Lernprozesse im Umgang mit dem transnationalen Terrorismus, in: Vierteljahrshefte für Zeitgeschichte 60 (2012), S. 321–352.

nen, die als extremistisch eingeschätzt wurden[13]. Unbedingt erforderlich erschien zudem die Gründung eigens für Terrorismusbekämpfung ausgebildeter polizeilicher Einheiten: Diese wurde ebenfalls direkt nach dem Attentat beschlossen[14]. Darüber hinaus zog das BMI eine weitere Lehre aus den Vorfällen des 5. und 6. September 1972: Der Anschlag hatte deutlich gemacht, dass die Innere Sicherheit der Bundesrepublik nicht mehr allein auf nationaler Ebene gewährleistet werden konnte. Deshalb formulierte das BMI konkrete Pläne für eine intensivierte Zusammenarbeit der EG-Mitgliedsstaaten im Bereich der Inneren Sicherheit und ergriff eine Initiative zu ihrer Realisierung[15].

Diese Pläne sind in einem Papier niedergelegt, das der Leiter der Abteilung Öffentliche Sicherheit, Werner Smoydzin, für Bundesinnenminister Hans-Dietrich Genscher verfasste[16]. Smoydzin begründete die Notwendigkeit einer engen europäischen Zusammenarbeit auf dem Gebiet der Inneren Sicherheit mit der neuen „gemeinsame[n] bedrohung" der EG-Staaten durch den transnationalen Terrorismus, die eine „gemeinsame abwehr" erfordere. Arabische Terroristen hätten erklärt, „ganz west-europa solle kuenftig schwerpunkt ihrer aktivitaet sein". Konkret ins Auge gefasst wurden eine Verbesserung des Nachrichtenaustauschs, der polizeilichen Zusammenarbeit sowie die „koordinierung auslaenderrechtlicher masznahmen zur verhinderung der einreise und des aufenthalts gefaehrlicher auslaender". Vor dem Hintergrund der angestrebten Vertiefung der innereuropäischen Freizügigkeit wurde zudem das „problem einer gemeinsamen grenzkontrolle an den auszengrenzen der gemeinschaft" zu bedenken gegeben[17].

Das Papier Smoydzins bedeutete eine erste wichtige Weichenstellung für die weiteren Bemühungen des BMI um eine verstärkte europäische Kooperation im Bereich der Inneren Sicherheit: Die darin umrissenen Ziele sollten inhaltlich im Wesentlichen unverändert mit großer Hartnäckigkeit weiterverfolgt werden. Von Bedeutung waren hierbei insbesondere zwei Aspekte. Der Erste betrifft den Gegenstand der angestrebten Zusammenarbeit: Obwohl Smoydzin primär mit Erfordernissen der Terrorismusbekämpfung argumentierte, nahm er durchaus ein umfangreicheres Spektrum potenzieller Kooperationsfelder in den Blick. Diese thematische Weitung ist einerseits darauf zurückzuführen, dass er den transnationalen Terrorismus – ähnlich wie bei den innenpolitisch eingeleiteten Maßnahmen – implizit als ein ausländisches Problem auffasste, das mit ausländerpolitischen Maßnahmen unter Kontrolle gebracht werden könne. Andererseits resultiert sie daraus, dass der Entwurf dort, wo es um den Gegenstand der Zusammenarbeit geht, nicht eindeutig festlegte, ober dieser lediglich in der „Terrorismusbekämpfung" im engeren Sinne oder in der „Inneren

---

[13] Vgl. Oberloskamp, Das Olympia-Attentat 1972, S. 330–332; sowie Dahlke, Demokratischer Staat und transnationaler Terrorismus, S. 91–97.
[14] Die prominenteste sollte die auf Geiselbefreiung spezialisierte Grenzschutzgrupppe 9 (GSG 9) werden, deren Aufstellung noch im September 1972 in die Wege geleitet wurde. Auch auf Ebene der Länderpolizeien entstanden wenig später Spezialeinsatzkommandos. Vgl. mit Literaturhinweisen Oberloskamp, Das Olympia-Attentat 1972, S. 336 f.
[15] Vgl. ebd., S. 339 f.
[16] PA-AA, B 21, Bd. 752, Fernschreiben von MD Smoydzin (BMI), 9.9.1972, „vorbereitung der initiative des herrn bundesministers des auswaertigen auf der auszenminister-konferenz am Montag in rom".
[17] Alle Zitate ebd.

Sicherheit" insgesamt bestehen solle[18]. Der zweite Aspekt bezieht sich auf den Rahmen der Kooperation: Smoydzin gab der Gruppe der EG-Staaten deutlich den Vorzug gegenüber anderen potenziellen Foren. Im Hinblick auf das Ziel einer verbesserten Terrorismusbekämpfung wären insbesondere der Europarat, Interpol oder vertiefte Kontakte zu arabischen Staaten in Frage gekommen. Alle drei Optionen wurden jedoch im BMI als weniger erfolgversprechend beurteilt[19].

Den ersten Vorstoß zur Realisierung der geplanten Kooperation unternahm das BMI bereits wenige Tage nach dem Olympia-Attentat: Am 12. September 1972 unterbreitete der bundesdeutsche Außenminister Walter Scheel auf einer Konferenz der Außenminister der EG-Mitglieds- und Beitrittsstaaten in Rom und Frascati seinen Amtskollegen die von Smoydzin formulierten Vorschläge. Diese wurden grundsätzlich positiv aufgenommen. Im Rahmen der Europäischen Politischen Zusammenarbeit der EG-Außenministerien wurden daraufhin drei Arbeitsgruppen aus Ministerialbeamten und Vertretern der Sicherheitsbehörden eingesetzt, um mögliche Formen und Inhalte der Kooperation auszuloten. Allerdings sollten die Expertengruppen bereits 1973 wieder aufgegeben werden – unter anderem, weil die einbezogenen Nachrichtendienste sich gegen das Festschreiben von Regeln für ihre internationale Zusammenarbeit sträubten[20].

3. Das deutsch-französische Paar als Wegbereiter

Dass es dem BMI bereits zu einem sehr frühen Zeitpunkt um mehr als nur um eine Effektivierung der Terrorismusbekämpfung ging, zeigt seine Beurteilung dieser im Herbst 1972 eingesetzten Arbeitsgruppen: Schon vor deren endgültiger Einstellung war man hier zu dem Schluss gekommen, dass die ergriffenen Maßnahmen nicht ausreichend seien. Diese Einschätzung fußte nicht nur auf der Tatsache, dass ein Scheitern der Arbeitsgruppen bereits um die Jahreswende 1972/73 abzusehen war. Im BMI störte man sich insbesondere an der Tatsache, dass die EG-Außenminister den Arbeitsgruppen lediglich den Auftrag erteilt hatten, sich mit Fragen der Terrorismusbekämpfung im engeren Sinne auseinanderzusetzen. Wegen der „unbefriedigenden Ergebnisse" und der „Notwendigkeit einer engen Zusammenarbeit der Mitgliedstaaten der EG auf allen Gebieten der inneren Sicherheit" erteilte Bundesinnenminister Genscher am 3. Januar 1973 seinem Ministerium den Auftrag, eine Europäische Konferenz über Innere Sicherheit vorzubereiten[21].

Diese wurde im BMI unter einigem Aufwand und unter Einbeziehung zahlreicher anderer Akteure – Innenministerien der Länder, Auswärtiges Amt, Bundesjustizmi-

---

[18] Als konkrete Ziele benannt werden Maßnahmen, die der Terrorismusbekämpfung dienen sollen. Insgesamt jedoch wird für die Einberufung einer „konferenz der innenminister der mitgliedstaaten der europäischen gemeinschaften ueber probleme der inneren sicherheit" – und nicht über Probleme der Terrorismusbekämpfung – geworben. Vgl. ebd.
[19] Vgl. Oberloskamp, Das Olympia-Attentat 1972, S. 341–343, auf S. 343, insbes. Anm. 105.
[20] Vgl. ebd., S. 339f.
[21] PA-AA, Zwischenarchiv, Bd. 108.870, Brief des MR Merk (BMI) an Bundesinnenminister Genscher, 10. 8. 1973, „Vorbereitung einer Europäischen Konferenz über innere Sicherheit", Hervorhebung im Original.

nisterium, Bundesamt für Verfassungsschutz und Bundeskriminalamt – in Angriff genommen. Explizit wurde dabei die Innere Sicherheit insgesamt als Gegenstand der angestrebten Kooperation beschrieben und das Fortschreiten der europäischen Integration als wesentlicher Kontext benannt; die Terrorismusbekämpfung stellte lediglich ein wichtiges Thema neben anderen dar[22]. Inhaltlich wurden dabei die im September 1972 von Smoydzin umrissenen Handlungsfelder in nur wenig modifizierter Form weiterverfolgt.

Anfänglich bestand offensichtlich die Hoffnung, dass es möglich sein werde, die Konferenz noch vor der Sommerpause des Jahres 1973 stattfinden zu lassen[23]. Ihre Einberufung musste jedoch zeitlich immer weiter hinausgeschoben werden – insbesondere deshalb, weil die Erfolgsaussichten auf europäischer Ebene zunächst schlecht waren: Das Auswärtige Amt wies gegenüber dem BMI wiederholt darauf hin, dass mit einer französischen Ablehnung, sich an der Konferenz zu beteiligen, gerechnet werden müsse. Anscheinend fürchtete Paris, sein Verhältnis zu arabischen Staaten könne gefährdet sein, sollte seine Mitwirkung an internationalen Maßnahmen gegen Terrorismus und Luftpiraterie an die Öffentlichkeit dringen[24].

Auf Anraten des Auswärtigen Amts suchte das BMI schließlich zunächst den bilateralen Kontakt zu Frankreich[25]. Im Oktober 1973 wandte sich Genscher mit einem persönlichen Schreiben an seinen französischen Amtskollegen Raymond Marcellin, in dem er seinen Plan „die innere Sicherheit zu einem Gegenstand enger, ständiger und koordinierter Zusammenarbeit" unter den EG-Staaten zu machen, erklärte und begründete[26]. Auch dieses Schreiben stellte nicht den Terrorismus in den Mittelpunkt, sondern verwies umfassend auf Probleme wie „organisiertes Verbrechen, insbesondere Rauschgift- und Waffenhandel, Wirtschaftskriminalität, Terrorismus, aber auch extremistische Aktivitäten antidemokratischer Kräfte", die „an Staats- und Landesgrenzen nicht halt" machten, sondern sich vielmehr „systematisch der sich zunehmend liberalisierenden Möglichkeiten des Verkehrs von Menschen, Informationen und Gütern über die Grenzen hinweg" bedienten. Die vorgeschlagene Zusammenarbeit sei nicht nur geeignet, diese Herausforderungen besser in den Griff zubekommen, sie könne auch „dazu dienlich sein", „bestimmte Probleme, die sich aus der fortschreitenden Integration Europas ergeben (z. B. die Frage des Abbaus der Personen-

---

[22] Vgl. BA B 106/106879, Anschreiben des BMI an andere betroffene Stellen, 25. 4. 1973, „Vorbereitung einer Europäischen Konferenz über innere Sicherheit".
[23] Vgl. hierzu ausführlich die Vorgänge in BA B 106/106879.
[24] Vgl. PA-AA, Zwischenarchiv, Bd. 108.870, Schreiben des AA, 10. 5. 1973, „Vorbereitung einer europäischen Konferenz über innere Sicherheit"; sowie PA-AA, Zwischenarchiv, Bd. 116.192, Vermerk des AA, 21. 9. 1973, „Internationaler Terrorismus".
[25] BA B 136/16493, Ergebnisvermerk über eine Besprechung mit Ressorts, Bundesamt für Verfassungsschutz, Bundeskriminalamt und Referaten im BMI am 15. August 1974, 23. 8. 1974, „Vorbereitung der ersten Sitzung der deutsch-französischen Arbeitsgruppe für allgemeine Fragen der inneren Sicherheit".
[26] PA-AA, Zwischenarchiv, Bd. 116.192, Entwurf für ein Schreiben von Bundesinnenminister Genscher an den französischen Innenminister Marcellin, Oktober 1973. Der Brief wurde am 26. 10. 1973 vom BMI an das AA übermittelt, das ihn nach Frankreich weiterleitete. Vgl. PA-AA, Zwischenarchiv, Bd. 116.192, Schreiben des BMI an MDg Simon (AA), 26. 10. 1973, „Vorbereitung einer Europäischen Konferenz über Innere Sicherheit, hier: Kontaktaufnahme mit dem französischen Innenminister".

und Güterverkehrskontrollen an den Binnengrenzen der Gemeinschaft) einer Lösung näher zu bringen"[27].

Von der Sache her reagierte Paris durchaus positiv. Frankreich war an einer solchen Zusammenarbeit freilich nicht so sehr aufgrund des Terrorismusproblems interessiert, war doch das Hexagon in den 1970er Jahren in weitaus geringerem Maße von terroristischen Aktivitäten betroffen. Die französische Bereitschaft zur Kooperation resultierte vielmehr aus drei anderen Faktoren: Erstens hatte sich Paris schon seit einiger Zeit für eine europäische Zusammenarbeit bei der Bekämpfung der ebenfalls grenzüberschreitend auftretenden Rauschgiftkriminalität eingesetzt[28] und war deshalb grundsätzlich für entsprechende Fragen sensibilisiert. Zweitens, dies wurde bereits angesprochen, befürwortete Frankreich grundsätzlich die angestrebte Öffnung der EG-Binnengrenzen. Und drittens war, gerade in diesem Zusammenhang, für den französischen Partner die Harmonisierung des Aufenthalts- und Ausländerrechts sowie von Methoden der Grenzkontrollen besonders dringlich: Um die Immigration aus Nordafrika, die in Frankreich in hohem Maße als Problem perzipiert wurde, kontrollieren zu können, strebte die französische Regierung eine engere Kooperation mit anderen europäischen Staaten an und hielt sie für den Fall einer Grenzöffnung für unabdingbar[29]. Diese Kooperation sollte neben einer Vereinheitlichung des Ausländerrechts und der Kontrollmethoden an den Außengrenzen vor allem einen verbesserten Informationsaustausch umfassen – beispielsweise in Form eines „gemeinsamen Datenzentrums [...], das alle Angaben über ausgewiesene und unerwünschte Ausländer enthalten könne"[30].

Zum Teil deckten sich also die französischen und bundesdeutschen Motive: Es bestand Einigkeit, dass aktiv daran gearbeitet werden sollte, die Voraussetzungen für den Abbau der Binnengrenzen innerhalb der EG zu schaffen. Beide Staaten stimmten zudem darin überein, dass dieses Vorhaben zunächst auf bilateraler Ebene weiterver-

---

[27] Alle Zitate in: PA-AA, Zwischenarchiv, Bd. 116.192, Entwurf für ein Schreiben von Bundesinnenminister Genscher an den französischen Innenminister Raymond Marcellin, Oktober 1973.

[28] Frankreich hatte im August 1971 die Pompidou-Gruppe ins Leben gerufen, in der sich Frankreich, Belgien, Deutschland, Italien, Luxemburg, die Niederlande und Großbritannien um eine enge informelle Zusammenarbeit bei Bekämpfung von Rauschgiftkriminalität bemühten. Zu den sieben Gründungsmitgliedern kamen nach und nach weitere Staaten hinzu. 1980 wurde die Pompidou-Gruppe in den institutionellen Rahmen des Europarats eingegliedert. Vgl. Jörg Friedrichs, Fighting Terrorism and Drugs. Europe and international police cooperation, London/New York 2008, S. 143; sowie die kurze historische Information zur Pompidou-Gruppe auf der Homepage des Europarats: http://www.coe.int/t/dg3/pompidou/aboutus/history/default_EN.asp [2.10.2012].

[29] Vgl. hierzu BA B 106/106879, Schreiben des BMI, 10.7.1974, „Deutsch-französische Konsultationen am 8./9. Juli 1974, Gespräch der Innenminister beider Staaten".

[30] BA B 106/106861, Bericht des BMI „über die Gespräche zwischen Herrn Minister und seinem französischen Kollegen, Staatsminister Poniatowski im Rahmen der deutsch-französischen Konsultationen am 12. und 13. Februar 1976", 16.2.1976. Dieser französische Vorstoß ist umso bemerkenswerter, als in Frankreich Mitte der 1970er Jahre durchaus bereits ein Bewusstsein für grundrechtliche Probleme des Datenschutzes vorhanden war; auf deutsche Vorschläge zum generellen Austausch elektronischer personenbezogener Daten, etwa im Zusammenhang mit Fahndungen, reagierte Paris eher vorsichtig. Vgl. PA-AA, B 82, Bd. 1.196, Ergebnisniederschrift des BMI über die Sitzung der deutsch-französischen Arbeitsgruppe „Innere Sicherheit" am 7./8.10.1976 in Paris, Oktober 1976.

folgt werden könne, wenn es weiterhin nicht möglich sein sollte, auf EG-Ebene Fortschritte zu erzielen. Die Ergebnisse seien dann in einem späteren Schritt für die EG nutzbar zu machen[31]. Teilweise war die Interessenlage der beiden Partner jedoch auch unterschiedlich geartet. Für die bundesdeutsche Seite hatte das Problem der Terrorismusbekämpfung nach wie vor besonderes Gewicht, war doch Westdeutschland die gesamten 1970er Jahre hindurch vom Terrorismus stark betroffen[32]. Dabei sollte sich die während des Olympia-Attentats noch dominierende Wahrnehmung, dass es sich beim grenzüberschreitenden Terrorismus um ein ausländisches Problem handele, im Laufe des Jahrzehnts wandeln: Dies hing unter anderem damit zusammen, dass auch bundesdeutsche Terroristen, insbesondere des linksextremen Spektrums, zunehmend in transnationalen Zusammenhängen agierten[33]. Für Frankreich hingegen stand die Immigrationskontrolle im Vordergrund. Trotz dieser abweichenden Ausgangslagen gab es, was die angestrebten Ziele betrifft, weitgehende Übereinstimmungen, denn auch die Bundesrepublik betrachtete die Themen Ausländerrecht und Einreisekontrollen von Anfang an als wesentlichen Bestandteil der geplanten Kooperation.

Auf dieser Grundlage entstand im Laufe des Jahres 1974 eine feste Struktur für die deutsch-französische Zusammenarbeit der Innenministerien, die dauerhaft und auf eine Ausdehnung auf den Kreis der EG-Staaten hin angelegt war. Diese bestand in regelmäßigen Treffen einer Reihe von Arbeitsgruppen, die sich erstens mit dem Thema Luftsicherheit, zweitens mit allgemeinen Fragen der Inneren Sicherheit[34] und drittens mit Fragen der gegenseitigen Hilfe im Katastrophenfall[35] befassten. Die

---

[31] Vgl. BA B 106/106879, Ergebnisvermerk über eine Besprechung im französischen Innenministerium am 5. Februar 1974 zur Vorbereitung einer „Europäischen Konferenz über innere Sicherheit", 7.2.1974; BA B 136/16493, [IMK,] Vorschläge zur Verbesserung der internationalen Zusammenarbeit auf dem Gebiet der Inneren Sicherheit, o.D.

[32] Legt man die Häufigkeit terroristischer Anschläge zugrunde, so waren in Europa vor allem Italien und Deutschland vom Terrorismus betroffen, gefolgt von Frankreich, Spanien und Großbritannien. Betrachtet man freilich die durch den Terrorismus verursachten Todesopfer, so sind hier die Zahlen für die Bundesrepublik vergleichsweise niedrig und liegen unter denen für Großbritannien, Spanien und Italien. Vgl. Peter Chalk, West European Terrorism and Counter-Terrorism. The Evolving Dynamic, Houndmills/London 1996, S. 176f.

[33] Zu den internationalen Kontakten bundesdeutscher Linksterroristen in den 1970er Jahren vgl. Thomas Skelton Robinson, Im Netz verheddert. Die Beziehungen des bundesdeutschen Linksterrorismus zur Volksfront für die Befreiung Palästinas (1969–1980), in: Wolfgang Kraushaar (Hrsg.), Die RAF und der linke Terrorismus, Bd. 2, Hamburg 2006, S. 828–904; sowie Christopher Daase, Die RAF und der internationale Terrorismus. Zur transnationalen Kooperation klandestiner Organisationen, in: ebd., S. 905–929.

[34] Die Einrichtung dieser beiden ersten Arbeitsgruppen wurde im Februar 1974 von hohen Beamten der beiden Innenressorts beschlossen. Vgl. PA-AA, Zwischenarchiv, Bd. 116.192, Schreiben der bundesdeutschen Botschaft in Paris an das AA, 5.2.1974, „vorbereitung einer europaeischen konferenz ueber innere sicherheit, hier: besprechung von md smoydzin mit dem generaldirektor der franzoesischen polizei jacques lenoir".

[35] Die Einrichtung dieser Arbeitsgruppe ging auf eine Aufforderung der beiden Innenminister während der deutsch-französischen Konsultationen am 8./9. Juli 1974 zurück. Die Behandlung des Themas war bereits 1960 im Rahmen des Deutschland-Frankreich-Vertrags angestoßen worden. Vgl. BA B 106/106879, Vermerk des MD Smoydzin (BMI), 10.7.1974, „Deutsch-französische Konsultationen am 8./9. Juli 1974, hier: Gespräch der Innenminister beider Staaten"; PA-AA, B 82, Bd. 1.153, Fernschreiben der bundesdeutschen Botschaft in Paris an das AA, 23.8.1975, „deutsch-franzoesiche [sic] zusammenarbeit auf dem gebiet der inneren sicherheit, hier: konsultation zwischen bm maihofer und staats- und innenminister poniatowski".

Arbeitsgruppe zu allgemeinen Fragen der Inneren Sicherheit wurde dabei nochmals in Unterarbeitsgruppen unterteilt, deren Aufgabengebiete sich auf „Verbrechensbekämpfung", „Terrorismus und Nachrichtendienste" sowie „Harmonisierung der Gesetzgebung und Grenzkontrollen" erstreckten[36].

In den Sitzungen der Expertengruppen ging es zu einem großen Teil um praktische Probleme – so beispielsweise die Herstellung von Kontakten durch die Benennung fester Ansprechpartner in Ministerien und Sicherheitsbehörden, die Einrichtung bis dahin nicht existierender Kommunikationswege (etwa Telex-Verbindungen), die Suche nach klaren Regeln für die Kooperation der Sicherheitsbehörden (etwa bei grenzüberschreitenden Fahndungen und Observationen oder hinsichtlich der Überlassung von Auskünften und Beweismitteln) sowie die Festlegung von Mechanismen, um regelmäßig Informationen auszutauschen oder gemeinsame Nachforschungen anzustellen. Inhaltlich standen dabei vor allem zwei Herausforderungen im Zentrum der Bemühungen: der Terrorismus und die irreguläre Migration.

Die Ergebnisse der deutsch-französischen Arbeitsgruppen sind ambivalent zu bewerten. In einigen Bereichen konnten durchaus konkrete Resultate in Form von Absprachen oder Abkommen erzielt werden: So wurde am 22. August 1975 durch einen Briefwechsel der beiden Innenministerien vereinbart, dass sich ihre Zusammenarbeit auf dem Gebiet der Luftsicherheit künftig nach festgelegten „Leitsätzen" richten solle. Vorgesehen war insbesondere eine gegenseitige Unterrichtung und Abstimmung bei drohenden oder bereits eingetretenen Anschlägen gegen den zivilen Luftverkehr, eine Koordinierung präventiver Kontrollmaßnahmen an den Flughäfen sowie ein kontinuierlicher Erfahrungsaustausch auf Ministerialebene[37]. Die Arbeiten der Unterarbeitsgruppe ‚Terrorismus und Nachrichtendienste' führten im September 1975 zu einer Grundsatzabsprache in Bezug auf internationale Fahndungsmaßnahmen nach Terroristen. Demnach sollten sich die Sicherheitsbehörden in solchen Fällen künftig besonders weitgehend unterstützen. Insbesondere wurde die Möglichkeit eröffnet, Beamte als ‚technische Berater' in „das Hoheitsgebiet des anderen Staates zu entsenden" und grenzüberschreitende Observation durchzuführen[38]. Im Rahmen der Unterarbeitsgruppe ‚Verbrechensbekämpfung' wurden Schritte zur Verbesserung des polizeilichen Datenaustauschs beschlossen: So wurde bereits Mitte der 1970er Jahre eine direkte Telexverbindung zwischen Police Judiciaire und Bundeskriminalamt installiert, über die elektronisch gespeicherte Daten zu gestohlenen Kraftfahrzeugen übermittelt wurden; 1976 strebten die Ministerialbeamten eine Ausdehnung des Datenaustauschs auf den Bereich der Personenfahndung an[39]. Und am 2. Februar 1977 wurde erstens ein Ab-

---

[36] BA B 136/14278, Material des BMI: Daten zur Entwicklung im Bereich der inneren Sicherheit seit 1969, o. D.

[37] Vgl. PA-AA, B 82, Bd. 1.153, Fernschreiben der bundesdetuschen Botschaft in Paris an das AA, 23. 8. 1975, „deutsch-franzoesiche [sic] zusammenarbeit auf dem gebiet der inneren sicherheit, hier: konsultation zwischen bm maihofer und staats- und innenminister poniatowski"; sowie BA B 136/16493, „LEITSÄTZE für die Zusammenarbeit der BUNDESREPUBLIK DEUTSCHLAND und FRANKREICH auf dem Gebiet der Luftsicherheit – Abwehr äußerer Gefahren –", o. D.

[38] Vgl. BA B 106/146550, Ergebnisprotokoll über die Sitzung der deutsch-französischen Arbeitsgruppe „Terrorismus und Nachrichtendienste" am 1./2. 9. 1975 in Hahnenklee, o. D.

[39] Vgl. PA-AA, B 82, Bd. 1.196, Ergebnisniederschrift des BMI „über die Sitzung der deutsch-französischen Arbeitsgruppe ‚Innere Sicherheit' am 7./8. Oktober 1976 in Paris", Oktober 1976.

kommen über die gegenseitige Hilfe im Katastrophenfall unterzeichnet sowie zweitens ein von der Unterarbeitsgruppe ‚Verbrechensbekämpfung' erarbeitetes Abkommen zur bilateralen polizeilichen Zusammenarbeit im Grenzgebiet, das insbesondere die Fahndung nach Straftätern in den Grenzregionen erleichtern sollte[40].

Positiv bewerteten beide Seiten auch die generellen Fortschritte der Unterarbeitsgruppe ‚Harmonisierung der Gesetzgebung und Grenzkontrollen'. Diese tagte parallel zu einer anderen, europäischen Expertengruppe, welche am 9./10. Dezember 1974 vom Europäischen Rat eingesetzt worden war und den Auftrag erhalten hatte, Möglichkeiten zur Schaffung einer europäischen Pass-Union und zum Abbau der Identitätskontrollen an den EG-Binnengrenzen zu prüfen[41]. Während es sich jedoch auf EG-Ebene anfänglich als sehr schwierig erwies, zu greifbaren Ergebnissen zu kommen[42], befassten sich die deutschen und französischen Beamten durchaus konstruktiv mit konkreten Problemen, so etwa der Suche nach gemeinsamen Methoden der Grenzkontrolle und nach Möglichkeiten eines effektiven Informationsaustauschs sowie der Organisation von Nachforschungen über irreguläre Immigration. Dabei war die deutsch-französische Arbeitsgruppe freilich nicht als Konkurrenz, sondern als Avantgarde der europäischen Bemühungen gedacht[43].

Die deutsch-französische Zusammenarbeit der Innenministerien war jedoch für die bundesdeutsche Seite nicht durchgehend befriedigend: So gestalteten sich die Treffen oftmals sehr aufwendig und verliefen nicht immer konfliktfrei[44]. Auch konnten nicht auf allen Gebieten die angestrebten Ziele durchgesetzt werden[45]. Und selbst

---

[40] Der Text des Abkommens findet sich in PA-AA, B 82, Bd. 1.228.
[41] Vgl. Gerhard Kunnert, Touristen aus EU-Drittstaaten als potenzielle Terroristen? Ein kritischer Blick auf Ursprünge, Entwicklung und aktuelle Tendenzen der EU-Außengrenzpolitik, in: Michael Gehler/Andreas Pudlat (Hrsg.), Grenzen in Europa, Hildesheim u. a. 2009, S. 211–268, hier S. 216.
[42] Die Arbeit der EG-Arbeitsgruppe führte rund ein Jahr später, am 1./2. Dezember 1975, zu einem Beschluss des Europäischen Rats in Rom, ab 1978 einen einheitlichen europäischen Pass einzuführen. Vgl. AAPD 1977, Bd. 1, Dok. 131, S. 671–682, hier S. 680, Anm. 33, Aufzeichnung des MD Blech (AA), 26.5.1977, „Vierertreffen zu Berlin-Fragen in Paris am 31.5./1.6.1977". Realisiert werden konnte die Einführung des europäischen Reisepasses jedoch erst in den 1980er Jahren.
[43] Vgl. etwa PA-AA, B 82, Bd. 1.196, Ergebnisniederschrift des BMI „über die Sitzung der deutsch-französischen Arbeitsgruppe ‚Innere Sicherheit' am 7./8. Oktober 1976 in Paris", Oktober 1976.
[44] Dies gilt besonders für die Unterarbeitsgruppe ‚Terrorismus und Nachrichtendienste', in der darüber hinaus auch Abstimmungsschwierigkeiten mit den betroffenen Diensten für Probleme sorgten. Vgl. beispielsweise BA B 106/146550, Ergebnisniederschrift des BMI über eine Besprechung am 18.2.1975 im BMI, 4.3.1975, „Deutsch-französische Zusammenarbeit auf dem Gebiet der inneren Sicherheit"; BA B 106/146550, Schreiben des MD Smoydzin (BMI) an den Generaldirektor der französischen Polizei Verger (französisches Innenministerium), 5.2.1975. Umstritten war unter anderem die Frage, über welche Stellen der Nachrichtenaustausch effizient gebündelt werden könnte. Vgl. hierzu die Vorgänge in BA B 106/106861 sowie PA-AA, B 82, Bd. 1.196, Ergebnisniederschrift über die Sitzung der deutsch-französischen Arbeitsgruppe ‚Innere Sicherheit' am 7./8. Oktober 1976 in Paris, Oktober 1976.
[45] Beispielsweise hatte das BMI angestrebt, dass gemeinsame Fahndungsmaßnahmen nach Terroristen nicht lediglich durch eine Grundsatzabsprache, sondern durch eine Richtlinie geregelt werden sollten – was jedoch vorerst an französischen Widerständen scheiterte. Vgl. PA-AA, B 82, Bd. 1.196, Ergebnisniederschrift über die Sitzung der deutsch-französischen Arbeitsgruppe ‚Innere Sicherheit' am 7./8. Oktober 1976 in Paris, Oktober 1976. Die Bemühungen der Ar-

nach erfolgreichem Festschreiben konkreter Vereinbarungen war nicht gewährleistet, dass die Zusammenarbeit dann wie vorgesehen funktionierte[46]. Die deutsch-französische Kooperation der Innenministerien verlor im weiteren Verlauf der 1970er Jahre erheblich an Dynamik, und die Arbeitsgruppen tagten nur noch selten, vor allem aufgrund französischen Desinteresses[47].

An die breitere Öffentlichkeit drang von der deutsch-französischen Kooperation der Innenministerien kaum etwas. Zwar wurden wiederholt nach Innenministertreffen Pressekommuniqués herausgegeben. Diese beschränkten sich jedoch zumeist auf sehr allgemeine und letztlich wenig informative Erklärungen, deren Hauptanliegen es war, Handlungsfähigkeit angesichts aktueller Herausforderungen zu demonstrieren. Auffallend ist, dass in diesen für die Presse bestimmten Texten zumeist die Terrorismusbekämpfung in einer Weise in den Vordergrund gestellt wurde, die proportional nicht den von den Expertengruppen behandelten Inhalten entsprach. Sofern das Thema Immigrationskontrolle überhaupt anklang, geschah dies meist entweder in extrem knapper Form oder indirekt, indem die Öffnung der Grenzen und die Reisefreiheit als positive Kontexte der Kooperation hervorgehoben wurden[48]. Auch der Bundestag wurde so gut wie gar nicht über die Arbeit der deutsch-französischen Expertengruppen informiert. Dieser Mangel an Öffentlichkeit – und damit auch an demokratischer Kontrolle – kann freilich nicht allein den Akteuren in Regierung und BMI angelastet werden: Weder von Seiten der Medien noch im Parlament gab es nennenswerte Bemühungen um Information[49].

---

beitsgruppe ‚Verbrechensbekämpfung', ein Abkommen über die allgemeine Zusammenarbeit von Polizeibehörden „bei der Abwehr und Bekämpfung von Gefahren für die Innere Sicherheit" auf den Weg zu bringen, führten zu keinem Ergebnis – allerdings nicht nur wegen deutsch-französischer Abstimmungsschwierigkeiten, sondern auch wegen Konflikten zwischen BMI und Bundesjustizministerium. Vgl. PA-AA, B 82, Bd. 1.196, Ergebnisniederschrift des BMI „über die Sitzung der deutsch-französischen Arbeitsgruppe ‚Innere Sicherheit' am 7./8. Oktober 1976 in Paris", Oktober 1976. Erst 1987 sollte eine Vereinbarung über die allgemeine polizeiliche Zusammenarbeit zwischen der Bundesrepublik und Frankreich getroffen werden.

[46] So etwa in der Arbeitsgruppe ‚Luftsicherheit'. Vgl. PA-AA, B 82, Bd. 1.196, Ergebnisniederschrift des Referats BMI „über die Sitzung der deutsch-französischen Arbeitsgruppe ‚Innere Sicherheit' am 7./8. Oktober 1976 in Paris", Oktober 1976.

[47] Vgl. BA B 106/78834, Schreiben des ORR Schneider (BMI), 27. 4. 1979, „TREVI-Zusammenarbeit, hier: Sitzung der Arbeitsgruppe I am 11./12. April 1979 in Paris".

[48] Vgl. z. B. BA B 136/25202, Fernschreiben der bundesdeutschen Botschaft in Paris an das AA, 23. 8. 1975, „deutsch-franzoesische zusammenarbeit auf dem gebiet der inneren sicherheit, konsultationen zwischen bm maihofer und staats- und innenminister poniatowski (22. 8.)" [Text des Pressekommuniqués], 23. 8. 1975; BA B 136/15684, Auszug aus der Niederschrift über die Konsultationen des Herrn Bundeskanzlers mit Präsident Giscard d'Estaing in Nizza am 12./13. 2. 1976, o. D.

[49] Eine exemplarische Durchsicht des Spiegels, der Frankfurter Allgemeinen Zeitung und der Süddeutschen Zeitung hat ergeben, dass diese Blätter allenfalls in extrem knapper und oberflächlicher Form über deutsch-französische Innenministertreffen oder den Abschluss deutsch-französischer Vereinbarungen im Bereich der Inneren Sicherheit berichteten. In den Plenarprotokollen und Drucksachen des Deutschen Bundestages ließen sich keine Belege dafür ausmachen, dass das Parlament ausführlicher über die deutsch-französische Zusammenarbeit der Innenministerien informiert worden wäre oder dass es parlamentarische Anfragen hierzu gegeben hätte. Zu einem ähnlichen Ergebnis kommt mit Blick auf alle EU-Staaten für die 1990er Jahre Neil Walker, The accountability of European police institutions, in: European Journal on Criminal Policy and Research 1 (1993), S. 34–52.

Insgesamt bewertete das BMI die bilaterale Kooperation mit Frankreich positiv. Dies lag nicht nur in den – so Bundesinnenminister Werner Maihofer 1975 – „sehr nützlichen" Vereinbarungen begründet, die erzielt werden konnten. Von wohl noch größerer Bedeutung war, dass sich Frankreich im Sommer 1975 grundsätzlich mit den bundesdeutschen Plänen für eine Ausdehnung der Kooperation auf den Kreis der EG-Staaten einverstanden erklärte und sich bereit zeigte, aktiv an einer entsprechenden Initiative mitzuwirken[50].

Synthese und Ausblick

Zusammenfassend ist festzuhalten, dass die Bemühungen des BMI um eine internationale Kooperation auf dem Gebiet der Inneren Sicherheit von Anfang an durch europäische Integrationsziele motiviert waren[51], gingen doch Sicherheitsexperten davon aus, dass die politisch gewollte Öffnung der EG-Binnengrenzen nur dann vertretbar sei, wenn gleichzeitig gemeineuropäische Ausgleichsmaßnahmen vereinbart würden. Unmittelbar ausgelöst wurden energische Schritte des BMI jedoch durch ein Ereignis, das nicht im Kontext des Integrationsprozesses stand: durch das Olympia-Attentat im Jahr 1972. Das Attentat ließ erstens das Projekt einer dauerhaften Zusammenarbeit der für die Innere Sicherheit zuständigen EG-Ministerien besonders dringlich erscheinen und sorgte zweitens dafür, dass die Terrorismusbekämpfung zunächst in den Mittelpunkt der Bemühungen rückte. Das BMI stellte freilich bald klar, dass es vor dem Hintergrund der Europäischen Integration eine Kooperation auf allen Gebieten der Inneren Sicherheit anstrebte.

Bei den Bemühungen des BMI um eine europäische Zusammenarbeit waren die beiden Themen Terrorismusbekämpfung und Ausländerkontrolle von Anfang an zentral. Die ersten Entwürfe des BMI gingen von einem direkten Zusammenhang aus: Der transnationale Terrorismus wurde im Wesentlichen als außereuropäisches Problem aufgefasst, das unter anderem mit ausländerrechtlichen Mitteln angegangen werden müsse. Zwar sollte sich diese Einschätzung aufgrund des zunehmend grenzüberschreitenden Operierens auch westdeutscher Terroristen im Laufe der 1970er Jahre ändern. Das Thema Immigrationskontrolle blieb jedoch ein zentrales Anliegen der Kooperation. Dies war unter anderem auf die französischen Prioritäten zurückzuführen. Insgesamt waren so der Terrorismus und die irreguläre Immigration die beiden wichtigsten Themen, die während der 1970er Jahre auf dem Wege einer ständigen Zusammenarbeit der EG-Staaten angegangen werden sollten[52].

---

[50] Vgl. BA B 136/25202, Schreiben des Bundesinnenministers Maihofer an den Chef des Bundeskanzleramts StS Schüler, 28.8.1975, „Mein Gespräch mit dem französischen Innenminister am 22. August 1975 in Paris", o. D.

[51] Eine Diskussion der Erklärungskraft verschiedener integrationstheoretischer Ansätze in Bezug auf die Entstehung einer europäischen Innenpolitik bietet Knelangen, Das Politikfeld innere Sicherheit im Integrationsprozess, S. 335–349.

[52] Das in den 1970er Jahren ebenfalls drängende Problem der Rauschgiftkriminalität wurde von der ‚Pompidou-Gruppe' in einem weniger formellen Rahmen behandelt, der nicht im Kontext der EG-Politik zu verorten ist.

Die Bedeutung der deutsch-französischen Zusammenarbeit der Innenministerien in den 1970er Jahren bestand vor allem in ihrer Vorbildfunktion für die europäische Zusammenarbeit: Ganz wie vom BMI angestrebt, entstand ab 1975/76 eine dauerhafte Kooperation im Bereich der Inneren Sicherheit unter den neun EG-Staaten. Diese sogenannte TREVI-Zusammenarbeit[53] bestand in intergouvernementalen Treffen auf der Ebene der für die Innere Sicherheit zuständigen Minister, Hoher Beamter und von Experten aus Ministerien und Sicherheitsbehörden[54]. Zu erheblichen Teilen war TREVI von den ab 1972 entwickelten bundesdeutschen Vorstellungen und von den deutsch-französischen bilateralen Erfahrungen mitbestimmt[55]: Sowohl was die Gebiete anbelangt, auf die sich die Kooperation erstreckte, als auch hinsichtlich der angestrebten Maßnahmen ist eine weitgehende Kontinuität festzustellen. Die deutsch-französischen Weichenstellungen trugen somit wesentlich dazu bei, dass Immigration auch auf europäischer Ebene primär als Problem der Inneren Sicherheit aufgefasst und im Kontext von Kriminalität und Terrorismus gesehen und behandelt werden sollte.

Für eine Öffnung der europäischen Binnengrenzen gingen 1984 wiederum vom deutsch-französischen Tandem neue Impulse aus: Im ‚Saarbrücker Abkommen' vom 13.7.1984 kündigten die beiden Staaten den völligen Abbau der Grenzkontrollen, gemeinsame Kontrollen an den Außengrenzen und eine Harmonisierung von Einreise- und ausländerrechtlichen Bestimmungen an. Weitere Weichenstellungen erfolgten mit der Einheitlichen Europäischen Akte von 1986 und vor allem im Zuge des Schengen-Prozesses ab 1985[56]. Die bis dahin nicht an den institutionellen Rahmen der EG gebundene Kooperation in den Bereichen Justiz und Inneres sollte mit dem Vertrag von Maastricht von 1992 zur sogenannten Dritten Säule der EU erklärt werden. Der intergouvernementale Charakter der Zusammenarbeit blieb freilich auch dabei unangetastet. Mit dem Vertrag von Amsterdam 1997 schließlich wurden Teile der Politikbereiche ‚vergemeinschaftet', jedoch schaffte erst der 2009 in Kraft getretene Vertrag von Lissabon den Sonderstatus der ehemals Dritten Säule der EU grundsätzlich ab und unterstellte sie der supranationalen Gemeinschaftsmethode[57].

Unter freilich teilweise gewandelten Vorzeichen gehören dabei auch heute noch der internationale Terrorismus und die irreguläre Immigration aus Nicht-EU-Staaten zu den zentralen Problemen des Politikfeldes Innere Sicherheit. Dabei hat die über lange

---

[53] TREVI steht für ‚Terrorismus, Radicalisme, Extrémisme, Violence Internationale'. Der Name verweist aber wohl gleichzeitig auch auf den Trevi-Brunnen in Rom, in dessen Nähe das Treffen stattfand. Vgl. Knelangen, Das Politikfeld innere Sicherheit im Integrationsprozess, S. 91, Anm. 94.

[54] Weder die Europäische Kommission noch das Europäische Parlament noch andere EG-Institutionen waren hieran beteiligt.

[55] Formal ging TREVI auf eine britische Initiative zurück: Auf dem Europäischen Rat in Rom im Dezember 1975 hatte Großbritannien eine entsprechende Kooperation vorgeschlagen und war damit einer deutsch-französischen Initiative zuvorgekommen. In der Durchführung des Vorhabens jedoch war der bundesdeutsche Einfluss von maßgeblicher Bedeutung.

[56] Vgl. Knelangen, Das Politikfeld innere Sicherheit im Integrationsprozess, S. 105–138.

[57] Vgl. ebd., S. 139–331; Valsamis Mitsilegas/Jörg Monar/Wyn Rees, The European Union and Internal Security. Guardian of the People?, Basingstoke u. a. 2003. Zu den neuen Regelungen im Vertragswerk von Lissabon vgl. Monar, Die Vertragsreformen von Lissabon in den Bereichen Inneres und Justiz.

Zeit allein repressiv ausgerichtete Politik zur Verhinderung irregulärer Migration der EU den bitteren Vorwurf, eine ‚Festung Europa' zu sein, eingebracht. Erst in jüngster Zeit gibt es konkrete Ansätze in der europäischen Politik, die das Migrationsproblem nicht mehr ausschließlich im Kontext der europäischen Inneren Sicherheit verorten, sondern umfassend migrations- und entwicklungspolitische Aspekte zu verbinden suchen[58].

---

[58] Vgl. Sandra Lavenex, Länderprofil Europäische Union, in: focus MIGRATION, Nr. 17, März 2009, S. 6f.; http://focus-migration.hwwi.de/typo3_upload/groups/3/focus_Migration_Publikationen/Laenderprofile/LP_17_EU.pdf [2.10.2012].

Forschungsliteratur und gedruckte Quellen

Eric Agrikoliansky, La gauche, le libéralisme politique et les droits de l'homme, in: Jean-Jacques Becker/Gilles Candar (Hrsg.), Histoire des gauches en France, Bd. 2, Paris 2005, S. 524–541.
Akten zur Auswärtigen Politik der Bundesrepublik Deutschland. Hrsg. im Auftrag des Auswärtigen Amts vom Institut für Zeitgeschichte.
Raymond Aron, Les articles de politique internationale dans *Le Figaro* de 1947 à 1977, Bd. 3: Les Crises (Février 1965 à avril 1977), Paris 1997.
Raymond Aron, La Révolution introuvable. Réflexions sur les événements de mai, Paris 1968.
Philippe Artières/Laurent Quéro/Michelle Zancarini-Fournel (Hrsg.), Le groupe d'information sur les prisons. Archives d'une lutte, Paris 2003.
Amin Ash (Hrsg.), Post-Fordism. A Reader, Oxford/Cambridge 1994.
Robert Badinter (Hrsg.), Liberté, libertés. Réflexions du comité pour une charte des libertés, Paris 1976.
Ralf Balke, Israel, 3. neu bearb. Aufl., München 2007.
Arnulf Baring, Gustav Heinemann und der Machtwechsel, in: Regina Krane (Hrsg.), Nachdenken. Gustav Heinemann und seine Politik, Bonn 1999, S. 41–53.
Arnulf Baring, Machtwechsel. Die Ära Brandt-Scheel, Stuttgart 1982.
Alain Barjot (Hrsg.), La sécurité sociale, son histoire à travers les textes, Bd. 3: 1945–1981, Paris 1988.
Raymond Barre, Une politique pour l'avenir, Paris 1981.
Ulrich Beck, Risikogesellschaft. Auf dem Weg in eine andere Moderne, Frankfurt am Main 1986.
Jean-Jacques Becker, Crises et alternances 1974–1995, Paris 1998.
Jean-Jacques Becker, Crises et alternances 1974–2000, Paris 2002.
Daniel Bell, The Coming of Post-Industrial Society: A Venture in Social Forecasting, New York 1973, deutsche Ausgabe: Die nachindustrielle Gesellschaft, Reinbek bei Hamburg 1979.
Manfred Beller, Lenz in Arkadien: Peter Schneiders Italienbild von Süden betrachtet, in: Arcadia, Sonderheft: Horst Rüdiger zum 70. Geburtstag, Januar 1978, S. 91–105.
Alain Beltran, La question énergétique en France de 1960 à 1974: dépendance, crise et rôle de l'État, in: Éric Bussière (Hrsg.), Georges Pompidou face à la mutation économique de l'Occident 1969–1974, Paris 2003, S. 191–223.
Uwe Berlit/Horst Dreier, Die legislative Auseinandersetzung mit dem Terrorismus, in: Fritz Sack/Heinz Steinert (Hrsg.), Analysen zum Terrorismus, Bd. 4.2: Protest und Reaktion, Opladen 1984, S. 227–318.
Jacques Berne, La campagne présidentielle de Valéry Giscard d'Estaing en 1974, Paris 1981.
Patrick Bernhard, Zivildienst zwischen Reform und Revolte. Eine bundesdeutsche Institution im gesellschaftlichen Wandel 1961–1982, München 2005.
Serge Berstein/Jean-François Sirinelli (Hrsg.), Les années Giscard. Les réformes de société, Paris 2007.
Adolf M. Birke, Die Bundesrepublik Deutschland. Verfassung, Parlament und Parteien 1945–1998, 2. Aufl., ergänzt und aktualisiert von Udo Wengst, München 2010.
Ernst Bloch, Das Prinzip Hoffnung, Frankfurt am Main 1959.
François Bloch-Lainé, Pour une réforme de l'entreprise, Paris 1963.
Frank Bösch, Die Krise als Chance. Die Neuformierung der Christdemokraten in den siebziger Jahren, in: Konrad H. Jarausch (Hrsg.), Das Ende der Zuversicht? Die siebziger Jahre als Geschichte, Göttingen 2008, S. 296–312.
Frank Bösch, Macht und Machtverlust. Die Geschichte der CDU, Stuttgart/München 2002.
Jean Bothorel, Histoire du septennat giscardien, 19 mai 1974–22 mars 1978, Bd. 1: Le Pharaon, Paris 1983.
Patrice Bourdelais, L'Age de la vieillesse, Paris 1997.
Julian Bourg, From Revolution to Ethics. May 1968 and Contemporary French Thought, Montreal 2007.
Christophe Bourseiller, Les maoïstes. La folle histoire des gardes rouges français, Paris 2008.

Karl Dietrich Bracher, Politik und Zeitgeist. Tendenzen der siebziger Jahre, in: ders./Wolfgang Jäger/Werner Link, Republik im Wandel 1969-1974. Die Ära Brandt, Stuttgart 1986, S. 283-406.
Willy Brandt, Über den Tag hinaus. Eine Zwischenbilanz, Hamburg 1974.
Gilles Breton, Libertés publiques et droits de l'homme, Paris 2009.
Bernard Brillant, Les clercs de 68, Paris 2003.
Patrick Bruneteaux, Maintenir l'ordre, Paris 1996.
Günter Buchstab mit Denise Lindsay (Bearb.), Barzel: „Unsere Alternativen für die Zeit der Opposition". Die Protokolle des CDU-Bundesvorstands 1969-1973, Düsseldorf 2009.
Der Bundesminister für Arbeit und Sozialordnung (Hrsg.), Mitbestimmung – Mitbestimmungs-Gesetz, Montan-Mitbestimmung, Betriebsverfassung, Bonn 1976.
Oldrich Bures, EU Counterterrorism Policy. A Paper Tiger?, Farnham 2011.
Karl Carstens, Erinnerungen und Erfahrungen, hrsg. von Kai von Jena und Reinhard Schmoeckel, Boppard am Rhein 1993.
Peter Chalk, West European Terrorism and Counter-Terrorism. The Evolving Dynamic, Houndmills/London 1996.
Sophie Chauveau, L'économie de la France au 20e siècle, Paris 2000.
Jacques Chevallier, L'État de droit, Paris 1994.
Michael Scott Christofferson, French Intellectuals Against The Left. The Antitotalitarian Moment of the 1970s, New York/Oxford 2004.
Vincent Cloarec/Henry Laurens, Le Moyen-Orient au 20e siècle, Paris 2010.
Samy Cohen, De Gaulle et Israël. Le sens d'une rupture, in: Élie Barnavi/Saul Friedländer (Hrsg.), La politique étrangère du Général de Gaulle, Paris 1985, S. 192-202.
Samy Cohen/Marie-Claude Smouts (Hrsg.), La politique extérieure de Valéry Giscard d'Estaing, Paris 1985.
Michèle Cotta, Secrets d'État, Bd. 2: 1977-1988, 15 octobre 1977, Paris 2008.
Christopher Daase, Die RAF und der internationale Terrorismus. Zur transnationalen Kooperation klandestiner Organisationen, in: Wolfgang Kraushaar (Hrsg.), Die RAF und der linke Terrorismus, Bd. 2, Hamburg 2006, S. 905-929.
Matthias Dahlke, Demokratischer Staat und transnationaler Terrorismus. Drei Wege zur Unnachgiebigkeit in Westeuropa 1972-1975, München 2011.
Ralf Dahrendorf, Krise der Demokratie? Eine kritische Betrachtung, in: Daniel Frei (Hrsg.), Überforderte Demokratie?, Zürich 1978, S. 55-72.
Dominique Dessertine/Olivier Faure, Combattre la tuberculose, Lyon 1988.
Thierno Diallo, La politique étrangère de Georges Pompidou, Paris 1992.
Démocratie et pauvreté. Du quatrième ordre au quart monde. Actes du colloque de Caen organisé par ATD QUART MONDE, octobre 1989, Paris 1991.
Jürgen Dittberner, Die FDP. Geschichte, Personen, Organisation, Perspektiven. Eine Einführung, Wiesbaden 2005.
Anselm Doering-Manteuffel/Lutz Raphael, Nach dem Boom. Perspektiven auf die Zeitgeschichte seit 1970, Göttingen 2008.
Marnix Dressen, Les établis, la chaîne et le syndicat. Évolution des pratiques, mythes et croyances d'une population d'établis maoïstes, 1968-1982. Monographie d'une usine lyonnaise, Paris 2000.
Denis Duez, L'Union européenne et l'immigration clandestine. De la sécurité intérieure à la construction de la communauté politique, Brüssel 2008.
Abba Eban, Personal Witness. Israel Through My Eyes, New York 1992.
Bernhard Ebbinghaus/Jelle Visser, The Societies of Europe: Trade Unions in Western Europe since 1945, London 2000.
Horst Ehmke, Mittendrin. Von der großen Koalition zur Deutschen Einheit, Berlin 1994.
Joachim Samuel Eichhorn, Durch alle Klippen hindurch zum Erfolg. Die Regierungspraxis der ersten Großen Koalition (1966-1969), München 2009.
The Encyclopedia of the Arab-Israeli Conflict. A Political, Social, and Military History, Bd. 4: Documents, Santa Barbara 2008.
Jean-Pierre Faugère/Colette Voisin, Le système financier et monétaire international. Crises et mutations, Paris 2005.

Bernd Faulenbach, Die Siebziger Jahre – ein sozialdemokratisches Jahrzehnt?, in: Archiv für Sozialgeschichte 44 (2004), S. 1–37.
Jean Fourastié, Les trente glorieuses. Ou la révolution invisible de 1945 à 1975, Paris 1979.
La France du XXe siècle. Documents d'histoire, présentés par Olivier Wieviorka et Christophe Prochasson, Paris 1994.
Robert Frank/Geneviève Dreyfus-Armand/Maryvonne Le Puloch, Marie-Francoise Lévy/Michelle Zancarini-Fournel, Crises et conscience de crise. Les années grises de la fin de siècle, in: Vingtième siècle Nr. 84, 2004, S. 75–82.
Matthias Frese/Julia Paulus/Karl Teppe (Hrsg.), Demokratisierung und gesellschaftlicher Aufbruch. Die sechziger Jahre als Wendezeit der Bundesrepublik, Paderborn 2003.
Jörg Friedrichs, Fighting Terrorism and Drugs. Europe and international police cooperation, London/New York 2008.
Henri Froment-Meurice, Vu du Quai, Paris 1998.
Marc Fumaroli, Les abeilles et les araignées, in: La querelle des anciens et des modernes. XVIIe–XVIIIe siècles, Paris 2001, S. 55–76.
Albrecht Funk, Das deutsche System der Inneren Sicherheit im Prozeß der Europäisierung, in: Hans-Jürgen Lange (Hrsg.), Staat, Demokratie und Innere Sicherheit in Deutschland, Opladen 2000, S. 291–309.
Alexander Gallus, Zäsuren in der Geschichte der Bundesrepublik, in: Hans-Peter Schwartz, Die Bundesrepublik Deutschland: Eine Bilanz nach 60 Jahren, Köln/Weimar/Wien 2008, S. 35–56.
Johan Galtung, Gewalt, Frieden und Friedensforschung, in: Dieter Senghaas (Hrsg.), Kritische Friedensforschung, Frankfurt am Main 1971, S. 55–104.
Jean Garrigues, Les Patrons et la politique de Schneider à Seillière, Paris 2002.
André Gauron, Histoire économique et sociale de la Cinquième République, Bd. 2: Années de rêve, années de crise: 1970–1981, Paris 1988.
André Gauron, Quelques détails sur le plan Fourcade in: Jean-Jacques Becker/Pascal Ory, Crises et alternances 1974–2000, Paris 2002, S. 66–74.
Andrew Geddes, Immigration and European Integration. Beyond fortress Europe?, Manchester/New York ²2008.
Alain Geismar/Serge July/Erlyne Morane, Vers la guerre civile, Paris 1969.
Martin H. Geyer, Rahmenbedingungen: Unsicherheit als Normalität, in: Geschichte der Sozialpolitik in Deutschland seit 1945. Hrsg. vom Bundesministerium für Arbeit und Soziales und Bundesarchiv, Bd. 6: Bundesrepublik Deutschland 1974–1982. Neue Herausforderungen, wachsende Unsicherheiten. Bandherausgeber: Martin H. Geyer, Baden-Baden 2008, S. 1–109.
Ingrid Gilcher-Holtey, „Die Phantasie an die Macht". Mai 68 in Frankreich, Frankfurt am Main 1995.
Yves Girard, Un neutron entre les dents, Paris 1997.
Valéry Giscard d'Estaing, Démocatie française, Paris 1976.
Valéry Giscard d'Estaing, L'état de la France, Paris 1981.
Valéry Giscard d'Estaing, Le pouvoir et la vie, Bd. 2, Paris 1991.
Alain Glucksmann, Fascismes: l'ancien et le nouveau, in: Les Temps Modernes, Nr. 310 bis, 1972, S. 266–334.
Boris Gobille, Mai 68, Paris 2008.
Manfred Görtemaker, Geschichte der Bundesrepublik Deutschland. Von der Gründung bis zur Gegenwart, München 1999.
Bernhard Gotto/Horst Möller/Jean Mondot/Nicole Pelletier (Hrsg.), Krisen und Krisenbewusstsein in Deutschland und Frankreich in den 1960er Jahren, München 2012.
Helga Grebing, Willy Brandt. Der andere Deutsche, München 2008.
Pascal Grisé, Georges Pompidou et la modernité. Les tensions de l'innovation 1962–1974, Brüssel 2006.
Herbert Gruhl, Ein Planet wird geplündert. Die Schreckensbilanz unserer Politik, Frankfurt am Main 1975.
Pierre Guillaume, Du désespoir au salut: les tuberculeux aux XIXe et XXe siècle, Paris 1986.
Pierre Guillaume, Histoire sociale de la France au XXe siècle, Paris 1992.
Pierre Guillaume, Un projet, la Nouvelle société, in: Bernard Lachaise/Gilles Le Béguec/Jean-François Sirinelli (Hrsg.), Jacques Chaban Delmas en politique, Paris 2007, S. 185–223.

Pierre Guillaume, Un siècle d'histoire de l'enfance inadaptée. L'OREAG 1889–1989, Paris 1989.
Sylvie Guillaume, L'action gouvernementale: la gestion de la fin du septennat, in: Serge Berstein/Jean-François Sirinelli (Hrsg.), Les années Giscard 1978–1981. Les institutions à l'épreuve?, Paris 2010, S. 57–73.
Sylvie Guillaume, L'avènement des libéraux, in: Jean Garrigues/Sylvie Guillaume/Jean-François Sirinelli (Hrsg.), Comprendre la Ve République, Paris 2010, S. 307–326.
Sylvie Guillaume, La France contemporaine, chronologie commentée (1959–1989), Paris 1991.
Sylvie Guillaume, Le petit et moyen patronat, Bordeaux 2004.
Sylvie Guillaume/Pierre Guillaume, Réformes et réformisme dans la France contemporaine, Paris 2012.
Jürgen Habermas, Legitimationsprobleme im Spätkapitalismus, Frankfurt am Main 1973.
Jürgen Habermas, Stichworte zur „Geistigen Situation der Zeit", Bd. 1, Frankfurt am Main 1979.
Jens Hacke, Staat in Gefahr. Die Bundesrepublik der 1970er Jahre zwischen Legitimationskrise und Unregierbarkeit, in: ders./Dominik Geppert (Hrsg.), Streit um den Staat. Intellektuelle Debatten in der Bundesrepublik 1960–1980, Göttingen 2008, S. 188–206.
Hervé Hamon/Patrick Rotman, Génération, Bd. 2: Les années de poudre, Paris 1988.
Charles-Noël Hardy (Hrsg.), Imaginer l'avenir. Propositions libérales établies par les clubs Perspectives et Réalités, Paris 1972.
Jacques Harstrich, 20 ans de police politique, Paris 1991.
Heinz Gerhard Haupt/Jörg Requate (Hrsg.), Aufbruch in die Zukunft. Die 1960er Jahre zwischen Planungseuphorie und kulturellem Wandel. DDR, CSSR und Bundesrepublik im Vergleich, Weilerswist 2004.
Siegfried Heimann, Die Sozialdemokratische Partei Deutschlands, in: Richard Stöss (Hrsg.), Parteien-Handbuch. Die Parteien der Bundesrepublik Deutschland 1945–1980, Bd. 4, Opladen 1986, S. 2025–2216.
Pierre Jakez Héliaz, Le Cheval d'orgueil, Paris 1975.
Wilhelm Hennis/Peter Kielmansegg/Ulrich Matz (Hrsg.), Regierbarkeit. Studien zu ihrer Problematisierung, 2 Bde., Stuttgart 1977/79.
Ulrich Herbert, Geschichte der Ausländerpolitik in Deutschland, München 2001.
Claudia Hiepel, Willy Brandt und Georges Pompidou. Deutsch-französische Europapolitik zwischen Aufbruch und Krise, München 2012.
Histoire de la France rurale. Sous la direction de Georges Duby, Georges Bertrand, Hugues Neveux, Maurice Agulhon et Michel Gervais, Paris 1975.
Eric Hobsbawn, Age of Extremes. The short twentieth century, 1914–1991, London 1994; deutsche Ausgabe: Das Zeitalter der Extreme. Weltgeschichte des 20. Jahrhunderts, München 1995.
Hans Günter Hockerts, Rahmenbedingungen: Das Profil der Reformära, in: Geschichte der Sozialpolitik in Deutschland seit 1945. Hrsg. vom Bundesministerium für Arbeit und Soziales und Bundesarchiv, Bd. 5: Bundesrepublik Deutschland 1966–1974. Eine Zeit vielfältigen Aufbruchs. Bandherausgeber: Hans Günter Hockerts, Baden-Baden 2006, S. 1–155.
Hans Günter Hockerts/Winfried Süß, Der Wohlfahrtsstaat in einer Zeit vielfältigen Aufbruchs. Zur sozialpolitischen Bilanz der Reformära, in: Hans Günter Hockerts (Hrsg.): Geschichte der Sozialpolitik in Deutschland seit 1945, Bd. 5: Bundesrepublik Deutschland 1966–1974. Eine Zeit vielfältigen Aufbruchs, Baden-Baden 2006, S. 943–962.
Peter Hoeres, Von der „Tendenzwende" zur „geistig-moralischen Wende". Konstruktion und Kritik konservativer Signaturen in den 1970er und 1980er Jahren, in: VfZ 61 (2013), S. 93–119.
Bruce Hoffman, Terrorismus – der unerklärte Krieg. Neue Gefahren politischer Gewalt, Bonn 2007.
Jens Hohensee, Der erste Ölpreisschock 1973/74. Die politischen und gesellschaftlichen Auswirkungen der arabischen Erdölpolitik auf die Bundesrepublik Deutschland und Westeuropa, Stuttgart 1996.
Robert Horvath, „The Solzhenitsyn Effect". East European Dissidents and the Demise of the Revolutionary Privilege, in: Human Rights Quarterly 29 (2007), S. 879–907.
François Hourmant, Le désenchantement des clercs. Figures de l'intellectuel dans l'après-mai 1968, Paris 1998.

Jim House/Neil Macmaster, Paris 1961: Algerians, State Terror, and Memory, Oxford 2006.
Stefan Hradil/Holger Schmidt, Angst und Chancen. Zur Lage der gesellschaftlichen Mitte aus soziologischer Sicht, in: Herbert-Quandt-Stiftung (Hrsg.), Zwischen Erosion und Erneuerung. Die gesellschaftliche Mitte in Deutschland. Ein Lagebericht, Frankfurt am Main 2007, S. 163–225.
Ronald Inglehart, The Silent Revolution. Changing Values and Political Styles among Western Publics, Princeton 1977.
Wolfgang Jäger, Die Innenpolitik der sozial-liberalen Koalition 1969–1974, in: Karl Dietrich Bracher/Wolfgang Jäger/Werner Link, Republik im Wandel 1969–1974. Die Ära Brandt, Stuttgart 1986, S. 13–160.
Wolfgang Jäger/Werner Link, Republik im Wandel 1974–1982. Die Ära Schmidt, Stuttgart 1987.
Martin Jander, Isolation. Zu den Haftbedingungen der RAF-Gefangenen, in: Wolfgang Kraushaar (Hrsg.), Die RAF und der linke Terrorismus, Bd. 2, Hamburg 2006, S. 973–983.
Konrad H. Jarausch (Hrsg.), Das Ende der Zuversicht? Die siebziger Jahre als Geschichte, Göttingen 2008.
Konrad H. Jarausch, Verkannter Strukturwandel. Die siebziger Jahre als Vorgeschichte der Probleme der Gegenwart, in: ders. (Hrsg.), Das Ende der Zuversicht? Die siebziger Jahre als Geschichte, Göttingen 2008, S. 9–26.
Fabien Jobard, Ce que Mai fit à la police, in: Philippe Artières/Michelle Zancarini-Fournel (Hrsg.), Les années 68. Une histoire collective (1962–1981), Paris 2008, S. 577–582.
Michel Jobert, Mémoires d'avenir, Paris 1974.
Samir Kassir/Farouk Mardam-Bey, Itinéraires de Paris à Jérusalem. La France et le conflit israélo-arabe, Bd. 2: 1958–1991, Paris 1993.
Wolther von Kiersitzky (Bearb.), Mehr Demokratie wagen. Innen- und Gesellschaftspolitik 1966–1974 (= Willy Brandt. Berliner Ausgabe; Bd. 7), Bonn 2001.
Henry Kissinger, Years of Renewal, New York 1999.
Wilhelm Knelangen, Das Politikfeld innere Sicherheit im Integrationsprozess. Die Entstehung einer europäischen Politik der inneren Sicherheit, Opladen 2001.
Franz König, Soziallehre und Kirche, Wien 1977.
Wolfgang Kraushaar, Achtundsechzig. Eine Bilanz, Berlin 2006.
Wolfgang Kraushaar, 1968 als Mythos, Chiffre und Zäsur, Hamburg 2000.
Wolfgang Kraushaar, Der nicht erklärte Ausnahmezustand. Staatliches Handeln während des sogenannten Deutschen Herbstes, in: ders. (Hrsg.), Die RAF und der linke Terrorismus, Bd. 2, Hamburg 2006, S. 1011–1025.
Martin Kriele, Legitimationsprobleme in der Bundesrepublik, München 1977.
Gerhard Kunnert, Touristen aus EU-Drittstaaten als potenzielle Terroristen? Ein kritischer Blick auf Ursprünge, Entwicklung und aktuelle Tendenzen der EU-Außengrenzpolitik, in: Michael Gehler/Andreas Pudlat (Hrsg.), Grenzen in Europa, Hildesheim u. a. 2009, S. 211–268.
Paul-Marie de La Gorce, La politique arabe du Général de Gaulle, in: Élie Barnavi/Saul Friedländer, La politique étrangère du Général de Gaulle, Paris 1985, S. 179–191.
Peter Laemmle, Büchners Schatten. Zur Rezeption von Peter Schneiders Lenz, in: Akzente, Heft 5, Oktober 1974, S. 469–478.
Markus Lammert, Die französische Linke, der Terrorismus und der „repressive Staat" in der Bundesrepublik in den 1970er Jahren, in: VfZ 59 (2011), S. 533–560.
Henry Laurens, La question de, Bd. 4: 1967–1982. Le rameau d'olivier et le fusil du combattant, Paris 2011.
Karl Lauschke, Mehr Demokratie in der Wirtschaft. Die Entstehungsgeschichte des Mitbestimmungsgesetzes von 1976, Bd. 1, Düsseldorf 2006.
Sandra Lavenex, The Europeanisation of Refugee Policies. Between human rights and internal security, Aldershot 2001.
Sandra Lavenex, Länderprofil Europäische Union, in: focus MIGRATION, Nr. 17, März 2009.
Jean-Pierre Lefebvre, La traversée de la neige, préface, in: Georg Büchner, Lenz. Nouvelle, suivi de Monsieur L..., de Jean Frédéric Oberlin et de Le Dialogue dans la montagne, de Paul Celan, Paris 2007, S. 7–19.
Jean-Pierre Le Goff, Mai 68. L'héritage impossible, Paris 1998.

Paul Legoll, Charles de Gaulle et Konrad Adenauer. La cordiale entente, Paris 2004.
Michel Lelart, Le système monétaire international, Paris 2003.
Emmanuel Le Roy Ladurie, Montaillou, village occitan de 1294 à 1324, Paris 1975.
Ludger Lindlar, Das missverstandene Wirtschaftswunder. Westdeutschland und die westeuropäische Nachkriegsprosperität, Tübingen 1997.
Werner Link, Außen- und Deutschlandpolitik in der Ära Schmidt 1974–1982, in: ders./Wolfgang Jäger, Republik im Wandel 1974–1982. Die Ära Schmidt, Stuttgart 1987, S. 273–432.
Peter Lösche/Franz Walter, Die FDP. Richtungsstreit und Zukunftszweifel, Darmstadt 1996.
Burkhart Lutz, Der kurze Traum immerwährender Prosperität. Eine Neuinterpretation der industriell-kapitalistischen Entwicklung im Europa des 20. Jahrhunderts, Frankfurt am Main 1989.
Jean-François Lyotard, La condition postmoderne. Rapport sur le savoir, Paris 1979.
Sabine Manke, Brandt anfeuern. Das Misstrauensvotum 1972 in Bürgerbriefen an den Bundeskanzler. Ein kulturwissenschaftlicher Beitrag zu modernen Resonanz- und Korrespondenzphänomenen, Marburg 2008.
Raymond Marcellin, L'ordre public et les groupes révolutionnaires, Paris 1969.
Herbert Marcuse, Der eindimensionale Mensch. Studien zur Ideologie der fortgeschrittenen Industriegesellschaft, München 1994.
Herbert Marcuse, Repressive Toleranz, in: ders./Robert Paul Wolff/Barrington Moore, Kritik der reinen Toleranz, Frankfurt am Main 1966, S. 91–128.
Margaret Mead, Le fossé des générations, Paris 1971.
Donella H. Meadows/Dennis L. Meadows/Jørgen Randers/William W. Behrens III, Die Grenzen des Wachstums. Bericht des Club of Rome zur Lage der Menschheit, Stuttgart 1972.
Golda Meir, Mein Leben, Hamburg 1975.
Thomas Mergel, Krisen als Wahrnehmungsphänomene, in: ders. (Hrsg.), Krisen verstehen. Historische und kulturwissenschaftliche Annäherungen, Frankfurt am Main 2010, S. 9–21.
Thomas Mergel, Propaganda nach Hitler. Eine Kulturgeschichte des Wahlkampfs in der Bundesrepublik 1949–1990, Göttingen 2010.
Gabriele Metzler, Staatsversagen und Unregierbarkeit in den siebziger Jahren?, in: Konrad H. Jarausch (Hrsg.), Das Ende der Zuversicht? Die siebziger Jahre als Geschichte, Göttingen 2008, S. 234–261.
Hélène Miard-Delacroix, Deutsch-französische Geschichte, Bd. 11: Im Zeichen der europäischen Einigung. 1963 bis in die Gegenwart, Darmstadt 2011, französische Ausgabe: Le défi européen, de 1963 à nos jours, Villeneuve d'Ascq 2011.
Albert Michel (Hrsg.), Raymond Barre. Un homme singulier dans la politique française, Paris 2010.
Alf Mintzel, Geschichte der CSU. Ein Überblick, Opladen 1977.
Alf Mintzel, Die Christlich-Soziale Union, in: Richard Stöss (Hrsg.), Parteien-Handbuch. Die Parteien der Bundesrepublik Deutschland 1945–1980, Bd. 2, Opladen 1986, S. 661–718.
Valsamis Mitsilegas/Jörg Monar/Wyn Rees, The European Union and Internal Security. Guardian of the People?, Basingstoke u. a. 2003.
Jörg Monar, Die Vertragsreformen von Lissabon in den Bereichen Inneres und Justiz: verstärkte Handlungsfähigkeit, Kontrolle und Differenzierung, in: Integration 32 (2009), S. 379–388.
Jean Mondot, Mauriac, séismographe des relations franco-allemandes des années 1960?, in: Bernhard Gotto/Horst Möller/Jean Mondot (Hrsg.), Krisen und Krisenbewusstsein in Deutschland und Frankreich in den 1960er Jahren, München 2012, S. 205–213.
Jean Monneret, La phase finale de la guerre d'Algérie, Paris u. a. 2010.
Daniela Münkel, John F. Kennedy – Harold Wilson – Willy Brandt: „Modernes" Image für moderne Zeiten, in: dies./Lu Seegers (Hrsg.), Medien und Imagepolitik im 20. Jahrhundert. Deutschland, Europa, USA, Frankfurt am Main/New York 2008, S. 25–47.
Daniela Münkel, Politiker-Image und Wahlkampf. Das Beispiel Willy Brandt: vom „deutschen Kennedy" zum „deutschen Helden", in: Bernd Weisbrod (Hrsg.), Die Politik der Öffentlichkeit – die Öffentlichkeit der Politik. Politische Medialisierung in der Geschichte der Bundesrepublik, Göttingen 2003, S. 55–76.
Daniela Münkel, Willy Brandt und die „vierte Gewalt". Politik und Massenmedien in den 50er bis 70er Jahren, Frankfurt/New York 2005.

Oswald von Nell-Breuning, Gerechtigkeit und Freiheit. Grundzüge katholischer Soziallehre, München 1985.
Oswald von Nell-Breuning, Mitbestimmung, Landshut 1950.
Karlheinz Niclauß, Kontroverse Deutschlandpolitik. Die politische Auseinandersetzung in der Bundesrepublik Deutschland über den Grundlagenvertrag mit der DDR, Frankfurt am Main 1979.
Elisabeth Noelle/Peter Neumann (Hrsg.), Jahrbuch der öffentlichen Meinung 1968–1973, Allensbach/Bonn 1974.
Eva Oberloskamp, Das Olympia-Attentat 1972. Politische Lernprozesse im Umgang mit dem transnationalen Terrorismus, in: VfZ 60 (2012), S. 321–352.
Kurt Oesterle, Stammheim. Die Geschichte des Vollzugsbeamten Horst Bubeck, Tübingen 2003.
Dieter Paas, Frankreich: Der integrierte Linksradikalismus, in: Henner Hess/Martin Moerings/Dieter Paas/Sebastian Scheerer/Heinz Steinert, Angriff auf das Herz des Staates. Soziale Entwicklung und Terrorismus, Frankfurt am Main 1988, S. 169–278.
Erwin Panofsky, Die Renaissancen der europäischen Kunst, Frankfurt am Main 1979.
Parti Communiste Français, Vivre libre. Projet de déclaration des libertés soumis à la discussion des Français, Paris 1975.
Laurence Pellegrini, Regards croisées: Valéry Giscard d'Estaing vu par *Die Zeit* et Helmut Schmidt vu par *Le Nouvel Observateur*, in: Allemagne d'aujourd'hui, Nr. 191, 2010, S. 135–147.
Pauline Peretz, La France et la guerre du Kippour, in: Revue d'Histoire diplomatique 120 (2006), Heft 2, S. 143–156.
Georg Picht, Die deutsche Bildungskatastrophe. Analyse und Dokumentation, Olten 1964.
Petra Platen, Zwischen Dableiben und Verschwinden. Zur Kontinuität im Werk von Peter Schneider, München 2006.
Presse- und Informationsamt der Bundesregierung (Hrsg.), Bundeskanzler Brandt. Reden und Interviews, 2 Bde., Melsungen 1971/1973.
Gideon Rafael, Destination Peace. Three Decades of Israeli Foreign Policy. A Personal Memoir, London 1981.
Thomas Raithel/Andreas Rödder/Andreas Wirsching (Hrsg.), Auf dem Weg in eine neue Moderne? Die Bundesrepublik Deutschland in den siebziger und achtziger Jahren, München 2009.
Maurice Rajsfus, Mai 68. Sous les pavés, la répression (mai 1968–mars 1974), Paris 1998.
Pierre Razoux, L'affaire des vedettes de Cherbourg. Pourquoi Paris a laissé faire, in: Historia, novembre 2000, S. 36–40.
René Rémond, Frankreich im 20. Jahrhundert. Zweiter Teil: 1958 bis zur Gegenwart, Stuttgart 1995.
Gerhard A. Ritter/Merith Niehuss, Wahlen in Deutschland 1946–1991. Ein Handbuch, München 1991.
Michel Rocard, Si la Gauche savait. Entretiens avec Georges-Marc Benamou, Paris 2005.
Andreas Rödder, Die Bundesrepublik Deutschland 1969–1990, München 2004.
Anne Rohstock, Von der „Ordinarienuniversität" zur „Revolutionszentrale"? Hochschulreform und Hochschulrevolte in Bayern und Hessen 1957–1976, München 2010.
Jan-Dirk Rosche, Katholische Soziallehre und Unternehmensordnung, Paderborn u. a. 1988.
François de Rose, La France et la défense de l'Europe, Paris 1976.
Miriam Rosman, La France et Israël 1947–1970. De la création de l'État d'Israël au départ des vedettes de Cherbourg, Paris 2009.
Eric Roussel, Georges Pompidou, Paris 1984.
Serge Savoie, RG. La traque d'Action Directe, Paris 2011.
Axel Schildt, Die Sozialgeschichte der Bundesrepublik Deutschland bis 1989/90, München 2007.
Axel Schildt/Karl Christian Lammers/Detlef Siegfried (Hrsg.), Dynamische Zeiten. Die 60er Jahre in den beiden deutschen Gesellschaften, Hamburg 2000.
Kay Schiller/Christopher Young, The 1972 Munich Olympics and the Making of Modern Germany, Berkeley u. a. 2010.
Boris Schilmar, Der Europadiskurs im deutschen Exil 1933–1945, München 2004.

Peter Schindler, Datenhandbuch zur Geschichte des Deutschen Bundestages 1949 bis 1999. Gesamtausgabe in drei Bänden. Eine Veröffentlichung der Wissenschaftlichen Dienste des Deutschen Bundestages, Baden-Baden 1999.
Helmut Schmidt, Außer Dienst. Eine Bilanz, München 2008.
Helmut Schmidt, Weggefährten. Erinnerungen und Reflexionen, Berlin 1996.
Ute Schmidt, Die Christlich Demokratische Union Deutschlands, in: Richard Stöss (Hrsg.), Parteien-Handbuch. Die Parteien der Bundesrepublik Deutschland 1945-1980, Opladen 1986, S. 490-660.
Dominique Schnapper, L'Europe des immigrés, Paris 1992.
Peter Schneider, Ansprachen, Berlin 1980 [Erstausgabe 1970].
Peter Schneider, Antwort an einen anonymen Kritiker, in: ders., Atempause. Versuch, meine Gedanken über Literatur und Kunst zu ordnen, Reinbek bei Hamburg 1977, S. 202-203.
Peter Schneider, Lenz. Eine Erzählung, Berlin 1973.
Peter Schneider, Rebellion und Wahn. Mein '68, Köln 2008.
Peter Schneider, Rede an die deutschen Leser und ihre Schriftsteller [1968], in: ders., Ansprachen, Berlin 1980 [Erstausgabe 1970], S. 29-38.
Peter Schneider, ...schon bist du ein Verfassungsfeind. Das unerwartete Anschwellen der Personalakte des Lehrers Kleff, Berlin 1975.
Peter Schneider, „Wir haben Fehler gemacht", in: ders., Ansprachen, Berlin 1980 [Erstausgabe 1970], S. 7-14.
Ralf Schnell, Die Literatur der Bundesrepublik. Autoren, Geschichte, Literaturbetrieb, Stuttgart 1986.
Wulf Schönbohm, Die CDU wird moderne Volkspartei. Selbstverständnis, Mitglieder, Organisation und Apparat 1950-1980, Stuttgart 1985.
Hans-Peter Schwarz, Der Ort der Bundesrepublik in der deutschen Geschichte, Opladen 1996.
Sabine Seggelke, Der französische Präsident Valéry Giscard d'Estaing und die Massenmedien. Vom „Kennedy à la française" zum skandalierten „Monarchen", Remscheid 2004.
Luciano Segreto, La politique américaine et la crise du système monétaire international (1968-1973). Vers le flottement général des monnaies, in: Éric Bussière (Hrsg.), Georges Pompidou face à la mutation économique de l'Occident 1969-1974, Paris 2003, S. 31-38.
Jean-François Sirinelli, Désenclaver l'histoire. Nouveaux regards sur le XXe siècle français, Paris 2013.
Jean-François Sirinelli, Deux intellectuels dans le siècle, Sartre et Aron, Paris 1995.
Jean-François Sirinelli (Hrsg.), Dictionnaire historique de la vie politique française au XX siècle, Paris 2003.
Jean-François Sirinelli, L'histoire politique à l'heure du *transnational turn*: l'agora, la Cité, le monde... et le temps, in: Revue historique N° 658 (2011).
Jean-François Sirinelli, Les vingt décisives. Le passé proche de notre avenir 1965-1985, Paris 2007.
Thomas Skelton Robinson, Im Netz verheddert. Die Beziehungen des bundesdeutschen Linksterrorismus zur Volksfront für die Befreiung Palästinas (1969-1980), in: Wolfgang Kraushaar (Hrsg.), Die RAF und der linke Terrorismus, Bd. 2, Hamburg 2006, S. 828-904.
Hartmut Soell, Helmut Schmidt. Macht und Verantwortung, München 2008.
Isabelle Sommier, La violence politique et son deuil. L'après 68 en France et en Italie, Rennes 2008.
Georges-Henri Soutou, L'Alliance incertaine. Les rapports politico-stratégiques franco-allemands, 1954-1996, Paris 1996.
Georges-Henri Soutou, L'anneau et les deux triangles: les rapports franco-allemands dans la politique européenne et mondiale de 1974 à 1981, in: Serge Berstein/Jean-François Sirinelli (Hrsg.), Les années Giscard. Valéry Giscard d'Estaing et l'Europe 1974-1981, Paris 2006, S. 107-123.
Georges-Henri Soutou, Le Président Pompidou et les relations entre les Etats-Unis et l'Europe, in: Journal of European Integration History 6 (2000), Nr. 2, S. 111-146.
Georges-Henri Soutou, Les présidents Charles de Gaulle et Georges Pompidou et les débuts de la coopération politique européenne: du plan Fouchet au plan Fouchet light, in: Relations Internationales, Nr. 140, 2009, S. 3-19.

Georges-Henri Soutou, Mitläufer der Allianz? Frankreich und der NATO-Doppelbeschluss, in: Philipp Gassert/Tim Geiger/Hermann Wentker (Hrsg.), Zweiter Kalter Krieg und Friedensbewegung. Der NATO-Doppelbeschluss in deutsch-deutscher und internationaler Perspektive, München 2011, S. 363–376.
Georges-Henri Soutou, Notice sur la vie et les travaux de Raymond Barre (1924–2007), lue lors de la séance du 12 avril 2010, Paris 2010.
Jean-Marie Soutou, Un diplomate engagé. Mémoires 1939–1979, Paris 2011.
Torsten Stein/Christian Meiser, Die Europäische Union und der Terrorismus, in: Die Friedens-Warte 76 (2001), S. 33–54.
Ulf G. Sternberger (Hrsg.), „In der Strafsache gegen Andreas Baader, Ulrike Meinhof, Jan-Carl Raspe, Gudrun Ensslin wegen Mordes u. a.". Dokumente aus dem Prozeß, Frankfurt am Main 1977.
Georg Stötzel/Martin Wengeler/Karin Böke, Kontroverse Begriffe. Geschichte des öffentlichen Sprachgebrauchs in der Bundesrepublik Deutschland, Berlin 1995.
Winfried Süß, „Wer aber denkt für das Ganze?" Aufstieg und Fall der ressortübergreifenden Planung im Bundeskanzleramt, in: Matthias Frese/Julia Paulus/Karl Teppe (Hrsg.): Demokratisierung und gesellschaftlicher Aufbruch. Die sechziger Jahre als Wendezeit der Bundesrepublik, Münster 2003, S. 349–377.
Tim Szatkowski, Karl Carstens. Eine politische Biographie, Köln u. a. 2007.
Volkmar Theobald (Hrsg.), Von der Europäischen Union zur „Europäischen Sicherheitsunion"? Die Gemeinsame Politik der Inneren Sicherheit in der EU, Berlin 1997.
Dietrich Thränhardt, Geschichte der Bundesrepublik Deutschland, Frankfurt am Main 1996.
Angelika Timm, Israel. Geschichte eines Staates seit seiner Gründung, 3., durchges. und erw. Aufl., Bonn 1998.
Maurice Vaïsse, La grandeur. Politique étrangère du général de Gaulle 1958–1969, Paris 1998.
Jean-Marie Verdier, Le Rapport Sudreau, in: Revue internationale de droit privé 28 (1976), S. 771–783.
Jeremy Waddington, La syndicalisation en Europe. Étendue du problème et éventail des réponses proposées par les syndicats. Document de travail pour l'Université d'été de la CES/ETUI-REHS des dirigeants syndicaux européens, Florence 1–2 juillet 2005.
Matthias Wächter, Helmut Schmidt und Valéry Giscard d'Estaing. Auf der Suche nach Stabilität in der Krise der 70er Jahre, Bremen 2011.
Neil Walker, The accountability of European police institutions, in: European Journal on Criminal Policy and Research 1 (1993), S. 34–52.
Franz Walter, Die SPD. Vom Proletariat zur Neuen Mitte, Berlin 2002.
Wolfram Weimer, Deutsche Wirtschaftsgeschichte. Von der Währungsreform bis zum Euro, Hamburg 1998.
Albrecht Wellmer, Terrorismus und Gesellschaftskritik, in: Jürgen Habermas (Hrsg.), Stichworte zur „Geistigen Situation der Zeit", Bd. 1, Frankfurt am Main 1979., S. 265–293.
August Winkler, Der lange Weg nach Westen, Bd. 2: Deutsche Geschichte vom „Dritten Reich" bis zur Wiedervereinigung, München 2000.
Andreas Wirsching, Abschied vom Provisorium. Geschichte der Bundesrepublik Deutschland 1982–1990, Stuttgart 2006.
Edgar Wolfrum, Die Bundesrepublik Deutschland 1949–1990, Stuttgart 2005.
Edgar Wolfrum, Die geglückte Demokratie. Geschichte der Bundesrepublik Deutschland von ihren Anfängen bis zur Gegenwart, Stuttgart 2006.
Richard Wolin, The Wind from the East. French Intellectuals, the Cultural Revolution and the Legacy of the 1960s, Princeton/Oxford 2010.
David Yost, La France et la sécurité européenne, Paris 1985.
Michelle Zancarini-Fournel, Changer le monde et changer sa vie, in: dies./Philippe Artières (Hrsg.), Les années 68. Une histoire collective (1962–1981), Paris 2008, S. 403–443.
Francis Zamponi, Raymond Marcellin, le Fouché breton, in: Robert Faligot/Jean Guisnel (Hrsg.), Histoire secrète de la Ve République, Paris 2006.

Abkürzungen

AA	Auswärtiges Amt
AAPD	Akten zur Auswärtigen Politik der Bundesrepublik Deutschland
AdsD	Archiv der sozialen Demokratie
AFEP	Association française des entreprises privées
AIE	Agence internationale de l'énergie
AN	Archives nationales
Anm.	Anmerkung
ASSEDIC	Association pour l'emploi dans l'industrie et le commerce
ATD	Agir Tous ensemble pour la Dignité
Aufl.	Auflage
BA	Bundesarchiv
Bd./Bde.	Band/Bände
bearb.	bearbeitet
Bearb.	Bearbeiter/in
BfV	Bundesamt für Verfassungsschutz
BGBl	Bundesgesetzblatt
BK	Bundeskanzler
BKA	Bundeskanzleramt
BM	Bundesminister
BMI	Bundesministerium des Innern
BSN	Boussois-Souchon-Neuvecelle
BT-Drs.	Bundestagsdrucksache
bzw.	Beziehungsweise
ca.	circa
CAP	Centre d'Analyse et de Prévision
CDD	Contrats à durée déterminée
CDI	Contrats à durée indéterminée
CDU	Christlich-Demokratische Union Deutschlands
CEE	Communauté économique européenne
cf.	confer
CFDT	Confédération française démocratique du travail
CFTC	Confédération française des travailleurs chrétiens
CGC	Confédération générale des cadres
CGE	Compagnie Générale des Eaux
CGPME	Confédération générale des petites et moyennes entreprises
CGT	Confédération générale du travail
CGT-FO	Confédération générale du travail – Force ouvrière
CNI	Centre national des indépendants
CNPF	Conseil national du patronat français
CRS	Compagnies républicaines de sécurité
CSSR	Tschechoslowakische Sozialistische Republik
CSU	Christlich-Soziale Union in Bayern
d. h.	das heißt

DDR	Deutsche Demokratische Republik
ders.	derselbe
DGB	Deutscher Gewerkschaftsbund
dies.	dieselbe
DM	Deutsche Mark
Dok.	Dokument
durchges.	durchgesehen
DVD	Digital Versatile Disc
Ebd.	Ebenda
éd.	éditeur
EDF	Électricité de France
EDV	Elektronische Datenverarbeitung
EG	Europäische Gemeinschaft
ENA	École Nationale d'Administration
entst.	entstanden
EPR	European Pressurized Water Reactor
EPZ	Europäische Politische Zusammenarbeit
erw.	erweitert
et al.	et alii
EU	Europäische Union
EWG	Europäische Wirtschaftsgemeinschaft
f./ff.	folgend/fortfolgend
FAR	Fraction Armée Rouge
fr.	français
FDP	Freie Demokratische Partei
FMI	Fonds monétaire international
FU	Freie Universität
FO	Foreign Office
FU	Freie Universität
GG	Grundgesetz
GIP	Groupe d'information sur les prisons
GP	Gauche Prolétarienne
GRECE	Groupement de recherches et d'études pour la civilisation européenne
GSG 9	Grenzschutzgruppe 9
Hrsg.	Herausgeber(in)
Ibid.	Ibidem
id.	idem
IEP	Institut d'Études Politiques
IFOP	Institut français d'opinion publique
IfZ	Institut für Zeitgeschichte
IMK	Innenministerkonferenz
insbes.	insbesondere
INSEE	Institut de la Statistique et des Etudes Economiques
IVG	Interruption volontaire de grossesse
JCR	Jeunesse communiste révolutionnaire
JFK	John F. Kennedy

JORF	Journal Officiel de la République Française
Kap.	Kapitel
KSZE	Konferenz über Sicherheit und Zusammenarbeit in Europa
KPdSU	Kommunistische Partei der Sowjetunion
KVAE	Konferenz über vertrauensbildende Maßnahmen und Abrüstung in Europa
M.	Monsieur
MAE	Archives du Ministère des Affaires étrangères
MBFR	Mutual and Balanced Force Reductions
MD	Ministerialdirektor
MDg	Ministerialdirigent
Medef	Mouvement des entreprises de France
MR	Ministerialrat
MRP	Mouvement républicain populaire
n°	numéro
NATO	North Atlantic Treaty Organization
n^{lle}	nouvelle
N+N	Neutrale und nicht Pakt-gebundene Staaten
NPD	Nationaldemokratische Partei Deutschlands
Nr.	Nummer
o. D.	ohne Datum
OAPEC	Organization of Arab Petroleum Exporting Countries
OAS	Organisation armée secrète
ONU	Organisation des Nations Unies
op. cit.	opere citato
OPEP	Organisation des pays exportateurs de pétrole
OREAG	Orientation Rééducation Enfants Adolescents Gironde
ORR	Oberregierungsrat
ORFT	Office de radiodiffusion-télévision française
OTAN	Organisation du Traité de l'Atlantique du Nord
p./pp.	page/pages
PA-AA	Politisches Archiv des Auswärtigen Amts
PCF	Parti communiste français
PDG	Président-directeur général
PESC	Politique étrangère et de sécurité commune
PIB	Produit intérieur brut
PME	Petites et moyennes entreprises
PS	Parti socialiste
PSU	Parti socialiste unifié
RAF	Rote Armee Fraktion
RDA	République démocratique allemande
RFA	République fédérale d'Allemagne
RG	(Direction centrale des) Renseignements généraux
RPR	Rassemblement pour la République
S.	Seite
S.C. Res.	United Nations Security Council Official Resolutions

s. o.	siehe oben
SACEUR	Supreme Allied Commander Europe
SALT	Strategic Arms Limitation Talks
SFIO	Section française de l'Internationale ouvrière
SME	Système monétaire européen
SNCF	Société Nationale des Chemins de fer française
sog.	sogenannt
SPD	Sozialdemokratische Partei Deutschlands
ss.	suivantes
StGB	Strafgesetzbuch
t.	tome
TF 1	Télévision Française 1
TGV	Train à grande vitesse
TNP	Traité de non-prolifération nucléaire
TREVI	Terrorisme, Radicalisme, Extrémisme, Violence Internationale
TVA	Taxe sur la valeur ajoutée
u. a.	unter anderem
UDF	Union pour la Démocratie Française
UN	United Nations
UNEDIC	Union nationale interprofessionnelle pour l'emploi dans l'industrie et le commerce
UNO	United Nations Organization
URSS	Union des Républiques Socialistes Soviétiques
USA/U.S.	United States of America
v.	von
VBM	Vertrauensbildende Maßnahmen
Verf.	Verfasser
VfZ	Vierteljahrshefte für Zeitgeschichte
Vgl.	Vergleiche
WBA	Willy-Brandt-Archiv
WVO	Warschauer Vertragsorganisation
z. B.	zum Beispiel

Personenregister

Aboville, Benoît de   115f.
Adenauer, Konrad   7f., 25, 31, 93
Andréani, Jacques   114
Apel, Hans   94f.
Aron, Raymond   30, 107, 139, 156

Baader, Andreas   5, 147-150, 153-155, 157f.
Badinter, Robert   26, 142, 145
Bahr, Egon   6
Balladur, Edouard   26, 28f.
Barre, Raymond   23, 25, 27, 30, 32, 61, 64, 67, 92, 95, 98, 100, 154
Baverez, Nicolas   30
Bébéar, Claude   29
Benoist, Alain de   30
Berger, Senta   36
Bernasconi, René   28
Beveridge, William Henry   62, 64
Biedenkopf, Kurt   14
Bismarck, Otto von   96, 103
Blanqui, Louis-Auguste   157
Böckler, Hans   75
Böll, Heinrich   149, 153, 158
Boulin, Robert   66
Bourdet, Claude   154, 159
Brandt, Willy   4-9, 14, 16, 31-44, 56, 72, 75, 91f., 99, 107f., 149, 153, 157f.
Breschnew, Leonid   93, 97, 102, 108f., 111
Buback, Siegfried   5, 148, 151
Büchner, Georg   81
Byrd, Robert Carlisle   92

Camus, Albert   157
Carstens, Karl   20
Carter, Jimmy   91-103, 109, 112, 115
Casanova, Jean-Claude   30
Ceyrac, François   27f.
Chaban-Delmas, Jacques   23, 26f., 61, 64, 66, 70
Chirac, Jacques   24-26, 28f., 61, 63, 92, 99
Clappier, Bernard   94
Clavel, Maurice   149
Cohn-Bendit, Daniel   148, 156
Couve de Murville, Maurice   122-124
Cresson, Edith   29
Croissant, Klaus   148, 154, 158f.

Daniel, Jean   156f.
Delius, Friedrich Christian   79, 85f.
Delors, Jacques   26
Delp, Alfred   77
Drenkmann, Günter von   5, 147f.

Duchet, Roger   24
Dumont, René   47
Duquesne, Jacques   156
Dutschke, Rudi   79, 89, 157
Duve, Freimut   158
Duverger, Maurice   153

Eban, Abba   122, 127-129, 132
Ehmke, Horst   4, 38f.
Enzensberger, Hans Magnus   79
Erhard, Ludwig   8, 25
Eschkol, Levi   122, 127
Eucken, Walter   30
Evers, Carl-Heinz   41
Eytan, Walter   122

Fabius, Laurent   26, 67
Faure, Edgar   24
Ferry, Jules   66
Ferry, Luc   30
Fest, Joachim   152
Finkelkraut, Alain   30
Ford, Gerald   91
Foucault, Michel   144
Fourcade, Jean-Pierre   27, 58, 94f.
Furet, François   30

Gaddafi, Muammar al   132
Gandois, Jean   28f.
Gattaz, Yvon   28f.
Gauchet, Marcel   30
Gaulle, Charles de   8, 25, 93, 101, 103, 106f., 121-126, 129, 133f., 136, 141, 150
Gaus, Günther   41
Geißler, Heiner   14
Geismar, Alain   137, 139, 142
Genscher, Hans-Dietrich   100-102, 165-168
Gingembre, Léon   27f.
Giscard d'Estaing, Valéry   7f., 23-40, 43f., 55, 61, 68, 75, 91-103, 105f., 108-111, 114, 145, 172
Glucksman, André   30
Goebbels, Joseph   149
Goldberg, Justice   110
Grass, Günter   37, 41f., 149, 153
Gretschko, Andrei Antonowitsch   111
Grosser, Alfred   150, 152f., 158
Guillaume, Günter   5
Guiringaud, Louis de   100f.
Gurion, David Ben   124

Habermas, Jürgen 13, 79, 154
Haby, René 39
Handke, Peter 79, 87
Harpprecht, Klaus 41
Heinemann, Gustav 20, 158, 177
Hitler, Adolf 33, 93, 149, 152
Hollande, François 30
Huré, Francis 132

Jarring, Gunnar 126-129, 133
Jaruzelski, Wojciech 116
Jobert, Michel 130, 132f., 181
Jospin, Lionel 26, 63
Juppé, Alain 29, 63

Kampelmann, Max 115
Kennedy, John F. 34f., 182
Kiesinger, Kurt Georg 6-8
Kiesinger, Kurt-Georg 39
King, Martin Luther 89
Kissinger, Henry 91, 106, 181
Kleist, Heinrich von 157
Klemperer, Victor 88
Kohl, Helmut 5-7, 9, 14, 19, 20, 44, 99
Korsch, Karl 157
Kurras, Karl-Heinz 88

Larguiller, Arlette 155
Laroque, Pierre 61, 64
Léotard, François 29
Lévy, Bernard Henri 30, 146
Lipkowski, Jean de 127
Lorenz, Peter 5, 151
Luxemburg, Rosa 157, 163

Madelin, Alain 23, 26, 29
Maihofer, Werner 149, 173
Mao Tse-Tung 82, 157
Marcellin, Raymond 135f., 138-142, 146, 167f.
Marcuse, Herbert 89, 153
Marseille, Jacques 30
Marx, Karl 30, 81, 157
Massu, Jacques 136
Mauroy, Pierre 67
Mead, Margaret 49
Meinhof, Ulrike 147-149, 151f., 156
Meins, Holger 147
Meir, Golda 126-129, 131
Mélenchon, Jean-Luc 30
Mende, Erich 15
Meroz, Yohanan 122
Méry, Guy 98
Messmer, Pierre 61, 132f.
Minc, Alain 30

Mitterrand, François 23, 25f., 28f., 35, 61, 67, 99, 131, 145, 153f., 159
Moreau, Yves 154
Morel, Pierre 117
Müller-Armack, Alfred 30

Nasser, Gamal Abdel 122, 126
Nell-Breuning, Oswald von 77
Nixon, Richard 52, 106, 130

Olcay, Osman 127
Ossietzky, Carl von 149

Pannekoek, Anton 157
Pinay, Antoine 24, 27, 29
Poher, Alain 143
Poincaré, Raymond 27
Pompidou, Georges 8f., 31, 33, 52, 61, 67, 75, 92, 105-109, 111, 118, 121, 126, 130-136, 168, 173
Poniatowski, Michel 138
Ponto, Jürgen 5, 151

Quiliès, Paul 28

Rafael, Gideon 122
Reagan, Ronald 26, 29, 103
Rebuffel, Lucien 29
Rémond, René 24, 40, 183
Revel, Jean-François 30
Riboud, Antoine 27
Robin, Gabriel 91, 93, 109, 111
Rocherau de la Sablière, Bertrand Edmond 124
Rogers, William Pierce 126, 128f.
Röpke, Wilhelm 30
Rosanvallon, Pierre 30
Roux, Ambroise 28f.

Sapir, Pinchas 133
Sarkozy, Nicolas 26, 30
Sartre, Jean-Paul 29f., 135, 137, 144f., 147-150
Savary, Alain 67
Scheel, Walter 6, 8, 15, 20, 34, 42, 108, 166
Schiller, Friedrich 81, 157, 164, 183
Schleyer, Hanns Martin 5, 19, 89, 151, 153f.
Schmidt, Helmut 4-9, 15, 21, 31f., 35, 39, 56f., 59, 75, 91-100, 102f., 113, 153-159
Schneider, Peter 27, 79-82, 84-90
Schröder, Gerhard (Bundesaußenminister) 20
Schröder, Gerhard (Bundeskanzler) 37
Schumann, Maurice 106-108, 126f., 130
Schumann, Robert 150
Schwartz, Laurent 145

Seillière, Ernest Antoine 27f.
Serisé, Jean 27
Servan-Schreiber, Jean-Jacques 8, 30, 38
Smoydzin, Werner 165-167, 169, 171
Sorman, Guy 30
Soutou, Jean-Marie 100-102
Springer, Axel 79, 89
Stoleru, Lionel 65
Strauß, Franz Josef 14, 19, 153
Sudreau, Pierre 70, 72
Suleiman, Ezra 27

Thatcher, Margaret 26, 29
Timm, Uwe 79, 127, 133

Védrine, Hubert 117
Vetter, Heinz-Oskar 41
Vidal-Naquet, Pierre 145
Vladimir Lenin 157
Vogel, Joachim 39

Wagenbach, Klaus 79
Waldheim, Kurt 127
Wehner, Herbert 5, 33
Weiss, Peter 87
Wresinski, Joseph 66

Zola, Emile 62

Autorinnen und Autoren

Bernhard Gotto, Wissenschaftlicher Mitarbeiter am Institut für Zeitgeschichte München – Berlin

Pierre Guillaume, Honorarprofessor für Zeitgeschichte an der Universität Michel de Montaigne Bordeaux 3

Sylvie Guillaume, emeritierte Professorin für Zeitgeschichte an der Universität Michel de Montaigne Bordeaux 3

Veronika Heyde, Lehrbeauftragte an der Ludwig-Maximilians-Universität München

Markus Lammert, Stipendiat des Bundesministeriums für Bildung und Forschung am College of Europe in Natolin/Warschau

Hélène Miard-Delacroix, Professorin an der Universität Paris IV, Sorbonne

Horst Möller, emeritierter Professor für Neuere und Neueste Geschichte an der Ludwigs-Maximilians-Universität München, 1992 bis 2011 Direktor des Instituts für Zeitgeschichte München – Berlin

Jean Mondot, emeritierter Professor für Germanistik an der Universität Michel de Montaigne Bordeaux 3, ehemaliger Präsident der Société Internationale d'études du XVIIIe siècle

Eva Oberloskamp, Wissenschaftliche Mitarbeiterin am Institut für Zeitgeschichte München – Berlin

Nicole Pelletier, Professorin für Germanistik an der Universität Michel de Montaigne Bordeaux 3, Leiterin der Forschungsgruppe CLARE (Cultures Littératures Arts Représentations Esthétiques)

Bernard Poloni, Professor an der Universität Paris IV, Sorbonne

Verena Sattler, Wissenschaftliche Mitarbeiterin am Institut für Zeitgeschichte München – Berlin

Jean-Francois Sirinelli, Professor für Zeitgeschichte am Institut d'études politiques de Paris, Direktor des Centre d'histoire de Sciences Po

Jean-Henri Soutou, emeritierter Professor für Zeitgeschichte an der Universität Paris IV, Sorbonne

Udo Wengst, emeritierter Honorarprofessor für Zeitgeschichte an der Universität Regensburg, 1992 bis 2012 stellvertretender Direktor am Institut für Zeitgeschichte München – Berlin

www.ingramcontent.com/pod-product-compliance
Lightning Source LLC
Chambersburg PA
CBHW061348300426
44116CB00011B/2043